岩　波　現　代　文　庫

兵士たちの戦後史

戦後日本社会を支えた人びと

吉田　裕

Yutaka Yoshida

学術 416

岩波書店

目　次

序章　一つの時代の終わり

〝明治も遠く〟と、詠《よ》んだ人があったが、同じように、何回か雪が降ると、やがて、〝昭和も遠く〟という詞《ことば》が、ごく自然に、人の口の端《は》に上るようになるだろう。〔中略〕

ただ、その時、淋しいのは、その昭和に於て、若いままで散って行った多くの友が、その死の意味が、降りしきる雪片の中に、遠く、遠く、小さく、小さくなって行くことだ。

最後に戎衣〔軍服〕の乱れを直し、己が死も、死の意味も、人類の歴史の流れの上に必要なのだと、自分に言いきかせ、自分を納得させ、そしてその上で、最後に己が面《おもて》を、静かに天に向け、そして祖国に向けた若者たちは居たのである。私の友のK、S、T、F、みな、そのようにして、その短い生涯を閉じている。

（井上靖「昭和も遠く」『すばる』一九八九年六月号）

消えゆく戦友会

一つの時代が終わろうとしている。二〇〇八年八月一五日付の『毎日新聞』は、二〇〇六年度末の軍人恩給本人受給者数が二六万三〇七五人、平和祈念事業特別基金が恩給欠格者に対して実施している特別記念事業に申請し、給付を受けた元兵士の数が、二〇〇八年七月現在で一三万七八九四人に上ることから、両者を合算して、「兵士体験者は少なくとも約40万人が生存しているとみられる」としている。特別記念事業とは、軍務についていた期間が所定の期間を満たしていないため軍人恩給を受給できない元兵士(恩給欠格者)に対する慰労のため、軍歴に応じて記念品や金券を贈る事業だが、すべての恩給欠格者が申請をしているわけではない。軍人恩給に関しても申請をしていない元兵士が存在している。したがって、約四〇万人という数値は、生存者数のおおまかな下限を示していると考えられる。

一方、総務省特別基金事業推進室「平和祈念事業の経緯」(二〇〇八年四月八日)は、「恩給欠格者」の「推定現存者」数を約七〇万人(平均約八二歳)としている(http://www.soumu.go.jp/main_sosiki/kenkyu/heiwakinen/pdf/080408_1_si3.pdf 二〇一一年六月六日参照)。

また、二〇〇八年度の軍人恩給本人受給者数は、『毎日新聞』と同じ方式で計算すると一九万二五二六人(総務省人事・恩給局「統計調査等業務の最適化に基づく恩給統計概要」http://www.soumu.go.jp/main_sosiki/jinji/onkyu_toukei.html、二〇一一年六月一五日参照)だから、両者の合計は、約八九万人となる。このあたりが一応の上限ということになるだろう。なお、直近の数値では、二〇一〇年三月末の軍人恩給本人受給者数は、約一六万二〇〇〇人にまで落ち込んでいる(総務省人事・恩給局恩給業務課「恩給総計からみた恩給受給者の状況」http://www.soumu.go.jp/main_content/000093118.pdf、二〇一一年六月一五日参照)。敗戦時における陸海軍の総兵力が約七八九万人だから(厚生省社会・援護局援護50年史編集委員会監修『援護50年史』ぎょうせい、一九九七年)、いずれにせよ大幅な減少である。

軍隊経験者の減少を最もよく示しているのが、戦友会の解散である。二〇〇七年八月一四日付『朝日新聞』は、戦友会について、「最盛期は5千～1万数千あったとされるが、平均年齢は80歳を超え、解散や休止が相次ぐ。いまも実質的に活動しているのは「1割程度ではないか」(戦友会関係者)という」と報じている。少し具体的に見てみると、靖国神社「国家護持」を目的にして結成された「全国戦友会連合会」の解散が二〇〇二年、陸軍少年飛行兵出身者の全国組織、「少飛会」の会報終刊が二〇〇四年、海軍経理学校出身者がつくる「浴恩会」の解散が二〇〇五年、旧海軍関係者でつくる「海交会全国連合会」の事務局解散が二〇〇七年である。

本書の目的

そうした時代の節目にあたって、本書は、アジア・太平洋戦争を戦い、そして生き残った元兵士たちの戦後史を記録することを意図している。彼らの戦後史にこだわりたいのは、次の理由による。第一には、戦争の時代をより深く理解するためには、その戦争の戦後史を視野に入れる必要があると考えるからである。まず何よりも、関係諸国との講和や国交回復、賠償や内外の戦争犠牲者に対する補償など、いわゆる戦後処理は、戦争の歴史そのものと密接不可分の関係にある。また、戦争の残した傷痕の深さを知るためには、戦後史の分析が欠かせない。さらに、一人一人の戦争体験の問題に関しても、その人の戦後の歩みとの関係が重要な意味を持つ。この点に関連して、蘭信三は、「満蒙開拓を語りつぐ会」の活動について、次のように書いている(蘭信三「オーラル・ヒストリー実践と歴史との〈和解〉」『日本オーラル・ヒストリー研究』第五号、二〇〇九年)。

しかしながら、体験者はその出来事のみを生きたのではなく、その体験を秘めながらもその後の人生を生き抜いている。筆舌に尽くしがたい体験を秘めながら、その後の人生をどのように生き抜いてきたのか、その体験をどのように思想化してきたのかは、非常に大切なことがらである。

第二には、生き残った兵士たちの様々な営為が、戦後日本の政治文化を社会の奥深いところで規定していると考えられるからである。二〇〇〇年に実施された「世界価値観調査2000」(ミシガン大学社会調査研究所を中心にした国際プロジェクト)には、「もし戦争が起こったら、国のために戦うか」という興味深い質問が含まれている(電通総研・日本リサーチセンター編『世界60カ国価値観データブック』同友館、二〇〇四年)。この質問に対する日本の回答は、「はい」=一五・六%、「いいえ」=四六・七%、「わからない」=三七・七%、であり、「はい」と答えた人の割合は、データのある三六カ国中で最下位だった。ちなみに、アメリカは「はい」=六三・三%、「いいえ」=二五・五%、「わからない」=一一・二%、である。NHKが一九七三年から五年ごとに実施している「日本人の意識」調査では、「日本のために役にたちたい」と考える人の割合は常に七〇%前後だから(NHK放送文化研究所編『現代日本人の意識構造[第七版]』日本放送出版協会、二〇一〇年)、日本人の多くは、非軍事的な貢献を望んでいるのだと考えられる。そうした政治文化を生み出した歴史的背景について、本書では考察を加えてみたい。

その際、留意したいと考えたのは、次の四つの点である。一つは、できる限り、兵士や下士官を中心に彼らの戦後史を跡づけてみたいということである。そのことは将校であった人々の戦後史を重視しないということを全く意味しない。ただ、陸軍士官学校や海軍兵学校出身の正規将校であれ、一般大学出身の予備将校であれ、彼らは当時の日本社会の中にあっては、学歴の高い階層に属していた。戦後も社会的にも成功を収め、まとまった回想記などを執筆する機会と能力にめぐまれた人々である。これに対し、兵士や下士官の場合には、そうした機会や能力とは無縁であった人々が少なくない。しかし、彼らは将校に対して、軍隊の中では数の面で圧倒的な多数派であった。それにもかかわらず記録に乏しい彼らの戦後史をたどるためには、特別な手立てが必要である。

どんな手立てがあるのか、あれこれ考えあぐねているうちに、数年前から、靖国神社の図書館、「靖国偕行文庫」の所蔵文献の中に戦友会の会報などの資料が急速に増えつつあることに気づいた。戦友会の解散に伴って、関係者が会報などを靖国偕行文庫に寄贈していたのである。また、「しょうけい館―戦傷病者史料館―」や奈良県立図書情報館の「戦争体験文庫」にも多くの元兵士の戦争体験記が所蔵されているのを知った。「兵士たちの戦後史」を解明するためには、これはきわめて貴重な文献類である。まず何よりもその本格的な分析に取り組んでみる必要がある。

もう一つの留意点は、「戦争の記憶」に対する関心のたかまりを背景にして、歴史学や民俗学の分野で、戦死者の「慰霊祭」や戦争記念碑などに対する研究が急速に進展してきたことである。これらの研究成果を積極的に取り入れることができるならば、新たな研究の展開が可能となるだろう。

三つ目は、自身の立ち位置の問題だが、あの戦争に直接のかかわりを持たなかったという「特権者」の高みから、彼らの戦後史を裁断してはならないということである。一九五四年生まれの私は完全な「戦無派」世代の研究者であり、あの戦争の直接の当事者ではない。しかし、私はあの戦争とは全く無縁のところで、自己形成をとげたわけでは決してない。成田龍一『「戦争経験」の戦後史』(岩波書店、二〇一〇年)はこの点を次のように論じている。

戦争の経験は、あらゆる意味においてその人の人生を規定するがゆえに、戦争を語ることは自らのアイデンティティを確認する作業となり、戦争とどう向いあい、戦争をどう受け止めるかによって「主体」が形づくられる。

このことは、直接に戦争を生き経験した世代のみならず、戦後に成長した世代にとっても同様である。

自分自身の戦争への向きあい方もまた問われているのだという自覚を持って、「兵士たちの戦後史」を描いてみたい。なお、この問題では、私と同世代で東京新聞社会部長の菅沼堅吾(一九五五年生まれ)が、自責の念をこめて、自分たちの世代は、「戦争体験の風化を許した最初の世代になるかもしれない」と書いていることに励まされる思いがした(菅沼堅吾「はじめに」東京新聞社会部編『あの戦争を伝えたい』岩波書店、二〇〇六年)。私にも同様の自覚があったからである。

四つ目の留意点は、自分自身の心の揺れをどこまで自覚しながら歴史分析を行うことができるかという問題である。作家の井上靖は、本章の扉に掲げたような印象的な文章を書き残している。中村草田男の「降る雪や明治は遠くなりにけり」を意識した文章だが、この文章の前半部分に強い共感を覚える自分と、この文章の後半部分に強い違和感を覚える自分自身がいる。そもそも若手研究者時代の私は(これも「遠くなりにけり」だが)、日本軍の戦争犯罪の解明に大きな関心を持っており、その最初のまとまった著作が『天皇の軍隊と南京事件』(青木書店、一九八六年)だった。日本軍の戦争犯罪の研究が本格化したのも、ちょうど、その頃である。しかし、その時から、戦争犯罪の論証だけに関心があったわけでは必ずしもなく、同書の「あとがき」に、「そうした元兵士の方々の感情のひだと接点を持ちながら、僕は僕自身の南京事件論を展開できたのであろうか」と書いているように、その時代を生きなければならなかった兵士たちの内面にも眼を向けなければならないという思いはあった。そして、時の流れとともにそうした気持ちは、ますます強くなっていた。そうした心の揺れをどこまで自覚しながら、「兵士たちの戦後史」を叙述できるか、先行研究がほとんど存在しない分野であるだけに、あまり自信はないが、思い切って足を踏み出してみたい。

＊本書で引用した元兵士の文章には、独特の文体や用語法が多く、誤記・誤植の可能性を思わせる場合も少なくない。しかし、明確な誤記・誤植以外は原文を尊重することとした。

第一章　敗戦と占領

約五〇〇の私信を検閲、調査した結果、次のことが明らかになった。復員兵たちの考え方は強いアパシーで染めあげられている。帰郷すると、彼らは、きわめてしばしば、彼らの以前の家がもはや存在しないことを発見した。ある場合には、彼らの家族も行方が知れなかった。ほとんど全ての検閲された私信には、民間人の「冷たい」態度への言及がある。民間人たちは、戦争と敗北を、帰還兵たちの責任に帰そうとする傾向がある。まさに彼らのために帰還兵は非常な苦難を蒙ったというのに。

（アメリカ太平洋陸軍総司令部民間諜報局編「定期概要報告」第三号［一九四六年一〇月一日付］川島高峰監修・解説『占領軍治安・諜報月報』第一巻、現代史料出版、二〇〇一年）

1　戦場の諸相

餓死・海没死・特攻死

敗戦後における元兵士たちの意識を探る前提としては、彼らがどのような戦争を戦い、彼らの戦友たちが、どのように死んでいったかを理解する必要がある。以下、拙稿「アジア・太平洋戦争の戦場と兵士」(倉沢愛子ほか編『岩波講座 アジア・太平洋戦争5』岩波書店、二〇〇六年)などを中心にして、簡単にみておくことにしたい。なお、以下では一九四一年一二月八日に開始された戦争をアジア・太平洋戦争とよぶことにする。

第一に指摘できるのは、戦病死という名の事実上の餓死者が大量に発生したことである。日中戦争以降の軍人・軍属の戦没者数は、二三〇万人だが、このうち、栄養失調による餓死者と、栄養失調による体力の消耗の結果、病気に対する抵抗力をなくし、マラリアなどの伝染病に感染して病死した広義の餓死者との合計は、正確な統計が残されていないという限界があるものの、一四〇万人(餓死率＝六一%)に達すると推定されている(藤原彰『餓死した英霊たち』青木書店、二〇〇一年)。これに対して、秦郁彦「第二次世界大戦の日本人戦没者像」(『軍事史学』第一六六号、二〇〇六年)は、アジア・太平洋戦争中の餓死率＝三七％と藤原推計を下方修正しているが、その場合でも、秦自身が認めているように、「内外の戦史に類を見ない異常な高率であることに変わりはない」。このような多数の餓死者が生じた原因としては、国力を無視した戦線の拡大、補給を無視した無謀な作戦計画、制空・制海権の喪失による輸送の途絶、軍事医療体制の不備などを指摘することができる。

第二は、多数の人間が、艦船や輸送船の沈没によって戦没したことである。この海没死に関しても、正確な統計が残されていないが、秦前掲論文は、陸軍の軍人・軍属＝一九万一〇〇〇人以上、海軍の軍人・軍属＝一二万二〇〇〇人以上、船員＝六万一〇〇〇人以上、合計三七万四〇〇〇人以上が海没死したと推定している。なお、秦推計によれば、これ以外に、民間人便乗者、連合軍捕虜、外国人労働者、「慰安婦」など二万五〇〇〇人以上が海没死している。日露戦争における陸海軍軍人の戦死者数＝八万八一三三人と比較するならば、約四〇万人の人間が、いわば「溺れ死」んだというこの数値の異常さがよく理解できる。よく知られているように、日本海軍は伝統的にアメリカ主力艦隊との艦隊決戦のみを重視し、海上護衛戦を軽視してきた。このため、アメリカ海軍の潜水艦部隊などの活躍によって、多数の船舶が失われたのである。なお、アジア・太平洋戦争中に日本海軍は、事故によるものを含めて一二八隻もの潜水艦を失っている（日本海軍潜水艦史刊行会編『日本海軍潜水艦史』非売品、一九七九年）。これに対して、日本軍の攻撃によって沈没した米海軍潜水艦は三七隻にすぎない(宮本三夫『太平洋戦争 喪われた日本船舶の記録』成山堂書店、二〇〇九年)。

第三には、従来の戦争では決して見られなかった戦死のありようとして、特攻死が初めて登場したことがあげられる。特攻隊(特別攻撃隊)による攻撃としては、航空機による連合軍艦船への体当たり攻撃(航空特攻)のほかに、「震洋」などのモーターボートによる水上特攻、人間魚雷「回天」による水中特攻などがあった。

旧陸海軍の特攻隊関係者で組織する特攻隊戦没者慰霊平和祈念協会(前身は、特別攻撃隊慰霊顕彰会)がまとめた『特別攻撃隊全史』(非売品、二〇〇八年)は、この第五改訂版(最終版)で、初めて、一九四五年四月、沖縄海域に出撃し撃沈された戦艦「大和」とその護衛艦の戦死者を「準特別攻撃隊戦没者」と認定した。その背景には、連合艦隊の作戦命令や「大和」を率いた第二艦隊司令長官、伊藤整一中将の出撃時の訓示の中に「海上特攻隊」の文字があるにもかかわらず、「大和」などの戦死者には、二階級特進などの措置がとられなかったことに対して不満を抱く関係者が少なくなかったという事情がある。正規の特攻隊の戦死者であれば、最低でも二階級以上の進級が定められていたため、二階級特進の措置がとられなかったことは、国としては「大和」の戦死者を「特別攻撃隊戦没者」として認定しなかったことを意味している。そのため、特攻隊戦没者慰霊平和祈念協会は、苦肉の策として、「大和」などの戦没者を「準特別攻撃隊戦没者」として認定したことになる。そこには、特攻死をより価値のある殉国の死として位置付け、戦死者の序列化をはかろうとする旧軍の論理が見え隠れするが、生き残った兵士たちの意識にはもっと複雑なものがあったようである。「大和」の生き残りから取材した栗原俊雄は、二階級特進問題について、次のように書いている(栗原俊雄『戦艦大和』岩波新書、二〇〇七年)。

生還者の間でも、この問題は関心を集めている。元見張員の川濵光勇に話を聞いた時のことだ。話の中で私が「あの水上特攻作戦では……」と問いかけると、川濵が語気を強めた。「特攻といってもね、我々のは異例中の異例なんですよ。だってすべて強制で、志願の機会はなかった。それに特攻で亡くなった人が受けるはずの待遇もなかった。国を守るために戦っていた。別に昇進したくて戦争していたわけじゃない。しかし、なぜそんな扱いなのか。死んでまで差別されなければならないのか。納得できないんです」

航空特攻の場合は、特攻隊に志願するか否かの意思確認が、形式的な形であるにせよ、一人一人に対してなされるのが通常の形である。ところが、「大和」の場合は、連合艦隊の命令に基づく「海上特攻隊」だから、文字通りの強制である。そして、この作戦で、米軍機の攻撃によって、一〇隻の艦隊のうち、「大和」のほか、護衛にあたっていた「矢矧《やはぎ》」など五隻が沈没した。米軍側は日本側の対空砲火などで、戦闘機、攻撃機、雷撃機計一〇機と一二名の搭乗員を失っただけである。それに対して、日本側の戦死者は、三七〇〇名に達する。まさに、一方的な戦闘である。川潟の発言からは、強制された無謀な特攻作戦に対する憤りを感じとることができる。

特攻による戦死者数は、特攻の定義によって、かなりの幅がでるが、航空特攻だけでも、陸軍＝一三二七人、海軍＝二六一六人の戦死者を出している(山口宗之『陸軍と海軍〔増補版〕』清文堂、二〇〇五年)。この特攻という「異形の死」に関しては、命中率や破壊力からみて、果たしてどれだけの軍事的意味があったのか、という問題からはじまって、特攻戦法を採用した責任者は誰か、志願という形をとっているものの、「志願」することを事実上強制されたのではないか、また、特攻隊員の主力は少年飛行兵や一般大学出身の学徒兵であり、陸軍士官学校、海軍兵学校出身の正規将校は温存されたのではないか、といった問題等々にいたるまで、検討すべき課題が数多く残されている(吉田裕「戦争と特攻隊――いま、問われているもの」『歴史地理教育』二〇〇八年八月号)。

第四に、自殺(自決)や自殺の強要、軍医や衛生兵などによる重度の傷病兵の殺害、投降しようとする兵士の殺害などが、かなりの割合に達すると考えられることである。アジア・太平洋戦争における最大の激戦の一つであった硫黄島の戦闘に参加した独立機関砲第四四中隊の鈴木英之助は、次のように書いている(小笠原戦友会編『小笠原兵団の最後』原書房、一九六九年)。

栗林中将〔硫黄島守備隊の最高指揮官、栗林忠道陸軍中将〕ならずとも誰か将校で「無駄な死をせず敵の手に渡れ」という勇敢な発言のできる人がいたら、もっともっと多くの人命が助かったと残念でならない。どこの壕でも将校が先頭に立って捕虜になるのを自分は見なかった。彼等はこっそりと秘密裏に捕虜になるのであった。〔中略〕敵弾で戦死したと思われるのは三〇％程度。残り七割の日本兵は次のような比率で死んだと思う。

六割　自殺（注射で殺してくれと頼んで楽にして貰ったものを含む）
一割　他殺（お前が捕虜になるなら殺すというもの）
一部事故死（暴発死、対戦車戦斗訓練時の死等）。

同書の編者も、日本軍の戦死者総数、約二万人のうち、「降伏を潔しとせず自殺の道を選んだ数は一万前後になるのではないか（軍医が注射で処置した者と本人の願い出により処置されたものを含む）」と書いている。この軍医による「処置」は、日本軍の体質に深く根ざした問題だった。一九二四年に制定された「陣中要務令」や、一九三五年制定の「陣中要務令改正案」には、退却などの際に、傷病兵を戦場に残置して敵の手に委ねることをやむをえない措置として認める規定が存在していた。それが、一九四〇年制定の「作戦要務令　第三部」では、そうした規定が姿を消し、「死傷者は万難を排し敵手に委せざる如く努むるを要す」と改正されたのである（前原透『日本陸軍用兵思想史』天狼書店、一九九四年)。このころから、傷病兵の「処置」が日本軍の中で常態化してゆくが、一九三九年のノモンハン事件で多数の兵士がソ連軍の捕虜になったことが、日本軍上層部に衝撃を与え、その結果として、このような改正が行われたのだろう。

戦場での「学習」

開戦当初の日本陸海軍は、米軍や英軍の戦力や戦意を過小評価していた。連合軍の反攻が開始されてもこの傾向は、ほとんど改善されなかった。情報や戦訓を系統的に分析し、組織の中で共有していく能力が日本軍の上層部には完全に欠けていたからである。しかし、第一線の指揮官や連合軍と直接戦っている戦場の将兵たちの中には、連合軍との戦力格差や連合軍の装備の優秀さ、日本軍の組織の問題点などについて、新しい認識を持ち始めていた人たちもいた。

一九四二年五月に生起した珊瑚海海戦は、史上最初の空母同士の海戦だった。結果は、日本側が小型空母一隻沈没、アメリカ側が大型空母一隻沈没、駆逐艦一隻沈没、給油艦一隻沈没であり、日本側が戦術的にはやや優勢だったが、米機動部隊の戦意には旺盛なものがあった。空母部隊を率いた第五航空戦隊司令官の原忠一少将は、内地に帰還した際に、海軍省人事局員の大井篤中佐に、「アメリカは強いですぞ」と語ったという(井上成美伝記刊行会編『井上成美』非売品、一九八二年)。

また、日米地上部隊が激突した最初の本格的戦闘であるガダルカナル島攻防戦(一九四二年八月—四三年二月)においても、第二師団の中隊長として、米軍陣地を攻撃して部隊が全滅した経験を持つ勝股治郎(陸軍士官学校第五一期)は、「小生は我陸軍第二師団の尖兵中隊長としてガダルカナル島ルンガ飛行場(中略)南側米軍第一線陣地に遭遇戦的夜襲を敢行し、全軍の最先頭に立ち米軍鉄条網を乗り越え(中略)米陣内に入った。そこで見たものは、一見軽微のようだった米軍陣地は〝我々の常識を根本的に覆した鉄壁である〟ということであり、そこで小生は朧気ながら〝我々は戦法を根底から変えねばならない〟と気付いた」と書いている(勝股治郎『ガダルカナル島戦の核心を探る』文京出版、一九九六年)。

さらに、実際の戦闘の中で、米軍と日本軍との相違を認識させられた者もいた。海軍の戦闘機、「零戦」のパイロットだった岩下邦雄(元海軍大尉)は、一九四四年の硫黄島上空での空中戦の終了後に、撃墜されて落下傘降下した米軍パイロットを救出するため、米軍が潜水艦や飛行艇を出動させるのを目撃しているが、その時の驚きを次のように語っている(神立尚紀『零戦 最後の証言Ⅱ』光人社、二〇〇〇年)。

この勇敢な飛行艇は、わが隊の松場少尉にあえなく撃墜されましたが、人命救助のためには危険をかえりみず全力をつくす米軍のやり方には、敬服するより驚かされました。戦争という極限の場面では、とことんまで生き延びようという、粘りづよい強靭な精神力が必要です。同時に、人の命を尊重するという一番大切なことがなおざりにされたことに、敗戦の最大の原因が存在しているように思えてなりません。

注目しておきたいことは、一九四四年七月のサイパン島陥落の頃から、日本軍の士気の低下がしだいに明白になってきたことである。サイパン島での日本軍守備隊の全兵員数は約四万四〇〇〇人だが、このうち二三〇〇人が米軍の捕虜となり、その中には少佐、中佐クラスの高級将校が含まれていた。四一年一月、東条英機陸相が布達した「戦陣訓」は、従来、日本軍の中で根強かった捕虜となることを恥辱とする思想を公式に定式化し、投降を禁じていた。一九四三年五月にはアッツ島の日本軍守備隊約二五〇〇人が全滅(玉砕)しているが、この時の捕虜は二九人で全兵力の一%強である。ところが、サイパン島では、全兵力の約五%が米軍の捕虜になっているのである(秦郁彦『日本人捕虜(下)』原書房、一九九八年)。

欧米系の外国人とほとんど接触したことのない当時の平均的日本人にとって、捕虜となって捕虜収容所に収容されることは、初めての「アメリカ体験」を意味した。フィリピン戦線で、敗戦後、米軍の捕虜収容所に入った大澤明彦(一九二一年生まれ)は、米軍のレーション(野戦食)を与えられて、「日本軍の搭乗員用の航空糧食も、これにはとてもかなうものではなかった。舌の先にとろけるバター、甘いチョコレート、この世の物とも思われない美味さだ」と感じ、気さくに煙草を分け与える米兵に、「びっくりするやら恐縮するやらであった」。大澤は、収容所での体験について、「信じられないような膨大な物量、機械化された迅速な建設作業、初めて接するかつての敵、アメリカンデモクラシーの国の兵隊とのコミュニケーション、生活に必要なナマの英会話、動脈硬化的な軍国主義からの解放、それこそ私たちにとって、新しい展開というべきか、戦中、戦後のまさに吹き荒れる嵐の境界線に立たされたのである」と総括している(大澤明彦『海軍電信兵戦記』光人社NF文庫、二〇〇八年)。

2　敗戦と復員

陸海軍の自壊現象

一九四五年八月一四日、日本政府は、連合国のポツダム宣言を最終的に受諾することを連合国側に通告、翌一五日には昭和天皇がその事実をラジオを通じて国民に伝え(玉音放送)、長い苛酷な戦争がようやく終わった。ソ連軍が侵攻してきた南樺太や千島列島、中国戦線などでは、依然として戦闘が続いていたとはいえ、日本政府は連合国に無条件降伏したのである。

陸海軍の軍人の中には、敗戦という現実を受け入れようとしなかった人々もいた。八月一四日には、陸軍省の一部の将校が、翌日正午に放送する予定の天皇の「終戦の詔書」の録音盤を奪取して、降伏を阻止しようとした。彼らは近衛師団の一部を動かして皇居を占拠したが、すぐに鎮圧された。海軍の厚木飛行場でも、小園安名大佐を司令官とする第三〇二航空隊が「徹底抗戦」を主張して、飛行機でビラをまくなどしたが、小園司令官の逮捕によって、鎮圧された。

このような小規模な反乱が沈静化する中で、日本軍の軍紀の急速な崩壊が始まる。特に日本国内に展開していた部隊の場合は、命令のないまま、逃亡、離隊する将兵が相次ぎ、中には、軍用機で帰郷する者まで現われた。憲兵司令部本部長は、各憲兵隊司令官宛の電報(一九四五年八月二六日付)の中で、「陸海軍航空部隊及其他の部隊中、復員、解隊に当り恣《ほしいまま》に若くは所属長の誤れる指示により飛行機、自動車等に搭乗帰省し各地飛行場、広場、道路等に乗捨てたるもの少しとせず」として、この件に関する捜査と報告を求めている(北博昭編『戦後の皇軍　重松憲兵少佐綴』不二出版、一九九九年)。航空隊の近くに妻子を住まわせていた西村晃(海軍飛行科予備学生第一四期)の場合は、妻に飛行服を着せ赤ん坊を落下傘に包んで搭乗させ、自分の操縦する軍用機で徳島航空隊から大阪に帰郷している。後に俳優となった西村晃は、東京12チャンネルの人気番組「あゝ戦友あゝ軍歌」の中で、このエピソードを語ったが、放映後に電話や手紙での抗議が相次いだ。海軍の特年兵だったある男性は、「それが敗戦の混乱時とはいえ、国民の血の一滴といわれていたガソリンを使って、それが将校の特権とばかりに飛行機で逃げ出したなどもってのほかだ」という内容の投書を寄せている（沼田幸二・東京12チャンネル編著『あゝ戦友 あゝ軍歌』東京十二音楽出版、一九七一年）。特年兵とは、満一四歳以上一六歳未満の者から採用した海軍の少年兵の一つだが、この男性の投書は敗戦当時の国民感情を代弁したものとみることもできるだろう。

なお、西村自身は、後年、「五十年経ったいま、いろんなことで日本は謝罪しなければならない立場にあるわけです。そして自分自身のなかにも、一つの負い目を持っているんです。〔中略〕アジアに対するわれわれの行為は、侵略戦争だったということに対する謝罪であるわけです」という発言を残している（「フォーラム「学徒出陣」を考える」『海軍第一四期会会報特集版』一九九二年）。

また、海軍特攻隊の基地であった九州の鹿屋航空隊では、特攻隊は米軍に大きな損害を与えているので、進駐してくる米軍に航空隊関係者は処刑されるというデマが流れ、パニック状態となった将兵の大規模な逃亡が始まった。その結果、八月二二日には、帰郷を急ぐ兵士が鈴なりになった満員列車が、えびの第二山ノ神トンネル内で故障して立ち往生し、機関車から出る煤煙と火炎などで五十数名が事故死するという惨事まで発生している（白川節夫編『鎮魂 復員列車の悲劇』非売品、一九九四年）。同様の事態は第五航空艦隊に所属する九州、中国、四国地方の航空基地でも発生しており、「各航空基地は大混乱を生じ恐慌状態に陥り、施設・軍需品の監視保管員も令なくしてその配備を撤し逃走する始末で、物資の略奪も野放し状態」となった。この状況を前にして米内光政海軍大臣は、九月一〇日、井上成美海軍大将に第五航空艦隊に対する特別査閲を命じているが、その報告書の中で、井上大将は、「恐慌状態を呈したのは、上級幹部の早期出隊が主因であることを強く指摘」しているという(後藤新八郎『日本海軍復員概史』非売品、一九七七年)。要するに、上級幹部が最初に逃げ出したのである。

また、離隊する個々の将兵が、軍が備蓄していた大量の衣料品、食糧品、医薬品、その他の物資を勝手に持ち逃げしたことも「火事場どろぼう」的な行為として、国民の大きな反感を買い、国民の間には、反軍感情が急速に広がっていった。岐阜県知事の九月一九日付の報告「最近に於ける復員将兵の挙措を繞《めぐ》る民心の動向に関する件」は、この点を次のように報じている(吉田裕「戦後改革と逆コース」吉田裕編『日本の時代史26　戦後改革と逆コース』吉川弘文館、二〇〇四年)。

終戦直後に於ける県民の動揺は日時の経過と共に逐次平静に復し〔中略〕「戦争が済んで良かつた」との安堵感を持ちつゝあり。然るに之が半面戦争を此処迄《このところまで》導いたるは軍閥並に軍幹部の責任なりとなし非難の声多し。加ふるに復員将兵の軍需物資の持帰りは各方面に囂々たる非難を生じ、殊に救済行届かざる戦災者、今後の生活不安を持つ戦死者遺族、満鮮より復員せる帰還軍人、生活必需物資の不足に喘ぐ農民労働者等の非難は極めて深刻なるものありて漸やく反軍的思想に走らんとし、「将来日本が軍を再興せんとしても軍の現状を見ては極めて困難だ」等の意向を洩すもの漸増しつつあり。

外地に駐留していた日本軍の場合は、部隊組織を維持したまま連合軍の捕虜収容所に収容されている部隊が多かったため、軍隊の自壊現象は日本本土の場合ほどではなかった。しかし、そこでも軍隊内秩序の動揺が確実に進行していた。ビルマ方面に展開していた第三三軍の「第三十三軍状況報告」(一九四六年七月)は、「大部の軍隊は、多かれ少なかれ、終戦前の日本軍隊の面影を喪失して居り、目下外見軍紀を保つて居るものも、従来の情誼的心理に基くものが多い。故に各キャンプ共に離隊逃亡、上官侮辱、上官暴行、窃盗、瀆職等悪質の犯罪が其の跡を絶たない」と指摘している(厚生省引揚援護局史料室『南方軍復員史別冊』一九五七年一〇月)。同状況報告はまた、「日本軍隊の軍紀風紀弛緩の主なる原因」として、「一時極めて粗悪の給養と苛酷なる労務を課した為、将兵の思想が悪化し、特に、指揮官が部下に命令の厳正なる実行を要求し得ない心境に立到つたこと」、「誤れる思想に基く軍隊に対する観念の変化」、「各級指揮官が穏便主義に陥り、積極的に部下を指導監督するを怠つたこと」などをあげている。ちなみに、ビルマなど英連邦軍の管轄下の地域では、劣悪な待遇のもとで、捕虜を労働力として酷使したことが知られている。

陸海軍の復員の開始

敗戦の時点で、日本本土には四三六万名、海外には三五三万名、合計で七八九万名もの陸海軍の諸部隊が配備されていたが、戦争が終わると、この大部隊の復員が日本政府の大きな課題となった。復員とは軍を戦時状態から平時状態に復帰させ軍務を解除することをいうが、この時期は、陸海軍の将兵を帰還させ、軍そのものを解体するという広義の意味で、この言葉を使用していた。

日本本土に配備されていた諸部隊の場合、軍隊の自壊現象が始まっていたこともあって、復員は急速に進み、一九四五年中には、ほとんどの部隊が復員を終え、兵士たちは各自の故郷にもどることができた。海外の部隊の場合は、船舶の不足もあって、復員はかなり遅れたが、米軍による艦船の提供などにより、一九四七年中には、ようやく復員を終えた。ただし、満州・南樺太・千島列島などで、ソ連軍に降伏した将兵(一部、民間人を含む)は、シベリアなどに送られ強制労働に従事させられたため、復員は大幅に遅れた。これは、武装解除後、日本軍将兵を直ちに復員させることを約束したポツダム宣言第九項に明確に違反した行為である(シベリア抑留)。また、ソ連側による強力な政治・思想教育の影響もあって、抑留者の中には深刻な対立や反目が生じ、多くの将兵が深い心の傷を負うことになる。シベリアに抑留された日本人の数は、約六〇万前後、劣悪な環境のもとでの強制労働によって、八万人を超える死者が出たとされている(栗原俊雄『シベリア抑留』岩波新書、二〇〇九年)。抑留者の帰国は一九五〇年までにほぼ終わったものの、最終的な帰国の終了は一九五六年である。

復員の開始に伴って、ラジオでは一九四六年一月から、「復員だより」の放送が開始された。復員船の入港予定や乗船者の告知のための番組である。さらに、七月からは、「尋ね人」の放送が始まる。民間人も含めた「特定の個人についての消息を尋ねる異例の番組であ」り、「聴取者からの手紙を読み上げて消息を知る人に情報の提供を呼びかけたが、肉親や知人の消息を知りたい、あるいは留守家族に消息を伝えたいという切実な思いを込めた手紙が続々と寄せられた」という。放送開始から四九年六月までの三年間に取り上げた放送依頼は一万九五一五件に達し、番組自体は一九六二年三月まで、一五年九カ月も続いている(日本放送協会編『20世紀放送史(上)』日本放送出版協会、二〇〇一年)。映画評論家の岩崎昶は、「この放送ほど戦争のために受けた人間の悲しみや苦しみや浮き沈みをまざまざと思わせる、ドラマチックな番組はなかったといえる。〔中略〕日本の歴史あって以来、これほど人間同士がおたがいから切りはなされ見失ったことはなかった。人びとはみんな大声で名をよびあい、叫びかわし、必死に手をのばして尋ねあったのであった。その悲痛な叫び、切ない探索をいまの人は知らない。想像もできない」と書いている(岩崎昶『映画にみる戦後世相史』新日本出版社、一九七三年)。同時にまた、この「尋ね人」は、敗戦という冷厳な現実を人々に想起させる番組でもあった。『昭和萬葉集　巻九　昭和二十五年〜二十六年』(講談社、一九七九年)から、次の二首を拾っておく。

敗れたる国はかなしも六とせ経てラジオは日毎尋ね人せる　村上徹

五度目の敗戦記念日を迎へし今日いまだ続けゐる「尋ね人」の放送　荻野進吉

復員船の船内で

次に復員船への乗船から下船までの過程を具体的に見てみよう。日本の敗戦は、中国や東南アジアの人々からすれば、日本の苛酷な軍政からの解放を意味した。そして、抑圧されていた怒りは日本兵に向けられた。一九四六年四月、佐世保港に中国戦線から復員した高橋大治郎(敗戦時、伍長)は、集結地、天津での出来事を次のように回想している(高橋大治郎『私の戦記』非売品、一九八一年)。

やっと無蓋貨車に乗ることが出来た安堵に「ホッ」としていると、バラバラと、何処からとなく小石が飛んで来た。(中略)よく見ると、線路向いの柵の方から中国の子供たちが、我々目がけて投げているのだった。口々に何かわめきながら、その顔は子供ながらに憎悪の様相を見せていた。(中略)しかし、子供たちをしてこのような行動に駆り出させたその誘因に考えを及ぼす時、これが本当の、中国国民の我々への決別の心なのであろうと思われた。私は、何のために命を賭し、青春をすり減らして今まで過ごして来たのであろう。この五年に亘る歳月の空しさを、無蓋車上でつくづくと考えさせられていた。

フィリピンのルソン島で終戦を迎えた金井英一郎(陸軍主計少尉)の体験も強烈である。一九四六年六月に復員が決まった金井たちの部隊は、マニラ市内に入ったところで、フィリピン人の群衆から、「殺せ、殺せ」、「首を絞めろ、首を絞めろ」の罵声を浴び、乗車していたトレーラーに石やビン、割れたコップなどが投げ込まれた。米兵がカービン銃を空に向けて発砲し、ようやく難を避けられた。その後、無事に乗船することができたが、復員船がマニラ港を離れる時、期せずして「ラバウル小唄」の替え歌の大合唱が起こったという。金井は、その時の情景を次のように書いている(金井英一郎『白骨山河』文芸社、二〇〇二年)。

さらばルソンよ／もう来るものか
二度と来ませぬ／孫子の代までも
声を揃えて／デッキに歌う
恋し／日本の／山や川

最後の〝恋し／日本の／山や川〟のくだりにかかると、みんな声が詰まる。ぐーっとこみあげてきて、咽喉が詰まってしまうのだ。みんなそうらしい。みんないっせいに声をつまらせ、こぼれる涙を拭こうともせずに、足をふんばって力いっぱい歌っている。

続けて金井は、当時の自分の心境を率直に次のように、回想している。被害者意識が強く加害者としての自覚が希薄であること、戦死した戦友への後ろめたさの感覚もこの時点では希薄であることに注目したい。

こんなに苦労をかけやがって。修羅の戦場だった。悪魔の棲む山だった。いま、その地獄の島から脱出しようとしている。悪魔とは誰のことだ。誰が、この何の罪も無いこの島を地獄にしたのだ。めちゃくちゃに破壊してしまったのだ。……そんな反省はまだ湧いてこない。そしてたくさんの戦友の白骨が、この島の山野に散乱している。われわれは、そんななかを奇しくも生き延びて、いま現に帰還船のなかに居る。そんななんとなく感じる後ろめたさは、この時にはまだ薄い。

復員船の中では、上官に対する吊し上げやリンチも公然と行われた。階級による厳格な軍隊内秩序に対する兵士たちの怒りが爆発したのである。一九四六年六月、ニューギニアのサルミから、復員船に乗船して帰国した深津信義(衛生下士官)によれば、台湾の「高雄港を出港した頃から、あっちこっちの部隊で、憎まれていた下士官や将校が兵隊に吊るし上げられ始めた。(中略)日本が近くなるに連れて一部の者の煽動に乗り、だんだん酷くなってきた」。彼らは、「『もう軍隊はなくなったのだ。上官も何もない。みんな平等な国民なのだ。今まで散々酷いことをされた恨みを、思い知らせてやる。』こんなことをいいながら、代わる代わる上官をリンチに掛け」たという(深津信義『鉄砲を一発も撃たなかったおじいさんのニューギニア戦記』日本経済新聞社、二〇〇三年)。復員船を運航している海軍の軍人の中でも、秩序は崩れ始めていた。小林茂は、「戦時中の反動で、各所でつるし上げが横行し、「夕凪」(復員船・元駆逐艦)も博多でその洗礼を受けた。甲板の上で、先任将校以下の士官が一列に並び、数十名の乗員が取り囲んだかたちで行われた。腕力ざたはなかった。そして首謀者らしい者たちは、ここで下船していった」と回想している(小林茂「甲板上で士官つるし上げ」珊瑚会編『あゝ復員船』騒人社、一九九一年)。

船内でのリンチや吊し上げは、新聞でも報道されている。一九四六年七月二日付の『朝日新聞』は、復員船「辰春丸」で、「戦犯裁判」と称する上官に対する大規模な暴行事件が発生し、将校三三名(うち中隊長二名)、准尉六名、下士官一六名が暴行をうけ、「入院を要するもの三十三名で足腰のたゝぬものが三名もある」と報じている。これに対して同紙「声」欄にいくつもの投書があった(朝日新聞社編『声1』朝日文庫、一九八四年)。復員兵の岸上秀雄は、「復員者が将校に対しリンチを加えた船内裁判の記事を見て、自分は少なからず快感を覚えました。これはどこの復員部隊の幹部らも当然受くべき最小の制裁です。戦時中彼らの私欲のままに手となり足となり、生死も顧みず奴隷のように働かされた兵隊にとって、不満の爆発するのは当然です」と指摘し(七月九日付)、同じ復員兵の栗田昇も、「上官に対する兵の不満は当然で、船上リンチの兵には絶対に罪はない。もし、兵に罪ありという人あらば、兵の労苦を知らぬ人である」としている(同前)。朝日新聞社の投書係によれば、このリンチ事件に対し、「かつての上官の暴虐を暴露した」投書が一五日現在で一六通あり、将校の立場を擁護したものは二通しかなかったという(七月一六日付)。

なお復員は中部太平洋など、アメリカ軍管轄地域から開始されたが、補給が途絶した孤島からの復員兵には、栄養失調者が多かった。横須賀港で防疫・看護業務に従事していた日本赤十字社の看護婦、高橋澄江は、「最初の帰還兵士は、南方の孤島からで、むしろのようなものを身体にまとっただけの姿での上陸でした。これが日本の兵隊かと驚きました。どんなに御苦労と飢餓に堪えた事か、やせこけて目だけがギョロギョロしていて真黒で素足の人も沢山いて、見ただけで栄養失調が分かるほどでした」と回想している(高橋澄江「復員船入港」佐藤セン編『帰還船を迎えて　第九〇三救護班　追憶の記』非売品、一九八〇年)。また復員に従事した病院船「氷川丸」の病院長・武藤経世は、南方地域の「各地で患者と復員兵を収容したのですが、戦争精神病患者の多いのには驚きました。各地で約五〇名の、これらの患者を収容したのですが、そのうち五名は、航海中または停泊中に投身したのです。夜間の場合は救助することができなかったのが、今でも暗い思い出となっています」と語っている(高橋茂『氷川丸物語』かまくら春秋社、一九七八年)。

復員兵への冷ややかな視線

ここで、国民意識の動向を少し詳しく見ておこう。敗戦を予期していなかった一般の国民は、敗戦という重い現実によって、打ちのめされ、呆然自失状態に陥った。しかし、国民意識は急速に変化していく。すでにみた九月一九日付の岐阜県知事の報告(二二頁)が端的に示しているように、戦争が終わり生きながらえたという安堵感や解放感が広がっていく一方で、悲惨な敗戦に導いた軍人を中心にした国家指導者に対する批判や反発が大きな高まりを見せた。また、くり返しになるが、国内の諸部隊から離隊・復員する将兵による軍需物資の持ち逃げも軍人に対する不信感を決定的なものとした。さらに、GHQの対日占領政策が、このような傾向に拍車をかけた。

すでに、米軍がアジア・太平洋戦争中から実施していた対日心理作戦では、軍部と国民・天皇との間に「くさびを打ち込む」ことが重視されていた。つまり、米軍は、日本の軍部は、強力な情報統制と情報操作によって、国民だけでなく、天皇をも欺いたのだ、国民もそして天皇自身も、軍部を中心にした軍国主義勢力の犠牲者なのだ、ということを強調することによって、日本を戦争終結の方向に誘導しようとしたのである。この対日心理作戦の手法が対日占領政策にも援用されることによって、すべての責任を軍部に転嫁しようとする国民意識が形成されていくことになる(ジョン・ダワー著、三浦陽一ほか訳『敗北を抱きしめて 増補版(下)』岩波書店、二〇〇四年)。

そして、一九四六年五月三日に開廷し、四八年一一月一二日に刑の宣告を行った極東国際軍事裁判、いわゆる東京裁判でも、軍部、特に陸軍の責任が重視されることになった。有罪の判決を受けた二五人の被告のうち、陸軍の軍人は一五人、海軍の軍人は二人、残る八人だけが文官である。また、死刑となった七人のうち、広田弘毅だけが文官であり、他の六人は、全て東条英機以下の陸軍軍人だった。

それでは、こうした中で、日本社会は、どのようにして、復員兵を迎えたのだろうか。もちろん、個々の家族は、彼らを温かく迎えいれた。家族との再会の喜びについては、『昭和萬葉集　巻七　昭和二十年～二十二年』(講談社、一九七九年)所収の歌から何首かあげておきたい。

還り来し夫のかたへに飯を盛るかかる日恋ひて十年経にけり　中本幸子
涙浮べ駅に迎ふる母見れば生きゐしことは斯くもうれしき　小国孝徳
父さんと駈け駈け寄りくる愛し子に胸せまり来て声とはならず　守住徳太郎

また、一九四六年には田端義夫の歌う歌謡曲、「かえり船」が大ヒットしているが、この歌を聞く復員兵の家族の様子を、田端は次のように書いている(田端義夫『オース！オース！オース！——バタヤンの人生航路』日本放送出版協会、一九九一年)。

戦後間もなく、仕事の関係でわたしは大阪駅によく出かけた。プラットホームに立っていると復員兵を乗せた列車が入ってきた。父、母、妻、子ども、恋人。いろいろな人が出迎えている。そこへ駅のスピーカーから「かえり船」が。

波の背の背に　ゆられてゆられ
月の潮路の　かえり船
霞む故国よ　小島の沖じゃ
夢もわびしく　よみがえる
（清水みのる・詞）

皆、じーっと聞いている。涙を流している人もいた。

復員兵にとっても、「かえり船」は、故国に生きて帰ることのできた安堵と喜びとも重なって、強い印象を残した歌となった。シベリアで抑留され、一九四八年六月に帰還命令が出された柴草清治にも、復員船上の演芸会で船員がこの歌を歌うのを聞き、「一種哀調を帯びた歌声につい聞き惚れて居た」記憶がある。柴草は、「今でも私の一番好きな流行歌である。あれから既に四十余年の歳月が流れ、老いた我が身にも「帰り船」のメロデーを聞く度《たび》、唄ふ度、其の頃の想い出が彷彿として眼前に浮かんで来ます」と書いている（柴草清治「帰り船」服部菊雄・森岡通豈編『第一五九飛行場大隊 その戦歴と追想（続編）』非売品、一九九二年）。

しかし、社会全体の復員兵に対する態度は冷ややかなものだった。巨大な政治勢力と化して権力を乱用した軍部や特権的地位にあった軍上層部に対する反感・反発が、復員兵全体に向けられたのである。一九四七年九月に復員した元第一一航空通信連隊の丹羽敏明は、復員列車の窓から強引に乗り込もうとした一般の民間人を復員兵たちが列車の外へ押し戻そうとしたところ、「お前ら兵隊が負けたから内地の者まで惨めな思いをさせられるんだ。この敗残兵野郎が！」と悪態をつかれる、という経験をしている。丹羽は、「「敗残兵」という一言がみんなの胸にぐさりと突き刺さった」と書いている(丹羽敏明『降伏軍人ものがたり』非売品、二〇〇四年)。

とりわけ戦前・戦中はある種のヒーローだったパイロットたちへの反動には大きなものがあったようだ。零戦のパイロットだった小町定(一九二〇年生まれ)は、復員して故郷の石川県に帰ったところ、「戦争中は軍神だとかなんだとか言っていたのに、こんどは戦争犯罪を恐れて東京から逃れてきた、あれは戦犯だと遠巻きにして見られるようになり、そのうち「目下アメリカのMP(憲兵)が真珠湾攻撃に参加した海軍パイロットを捜索している、つかまったら銃殺だそうだ」というデマがひろがりました。敗戦でがらりと態度が変わり、そんな言い方をされるといい気持ちはしません」と回想している(川崎浹『ある零戦パイロットの軌跡』トランスビュー、二〇〇三年)。同じ零戦パイロットの進藤三郎(元海軍少佐)の場合も、「ある日、焼けあとを歩いていると、遊んでいた子供たちが「見てみい、あいつは戦犯じゃ。戦犯が通りよる」と石をなげつけてきた」。進藤の写真は戦争中、何度も新聞に掲載されていたため、子供たちも「海鷲、進藤少佐」の顔を知っていたのである(前掲『零戦　最後の証言Ⅱ』)。

復員兵にとって、さらに苛酷な事例もあった。敗戦に伴い、本隊の土浦航空隊に復帰するため、第一六期予科練習生を引率して谷田部航空隊を出発した時のことを、神保威「石もて打たれし終戦時の思い出」(『海軍第一四期会会報』第一二号、一九八五年)は次のように書いている。予科練(海軍飛行予科練習生)とは、海軍の少年航空兵養成制度である。

帰隊するに当たり上官より、「裏門より出発せよ」との命令で裏門を出ると、多くの民間人が我々を憎悪の目で眺めていた。我々も肩を落とし、目をさげて黙々と行進する。と、突然、その群衆の一部から、「お前たちがもっと一生懸命、戦闘をしなかったから負けたのだ」という怨嗟の声が発せられ、そのうち群衆の罵声が一段と大きくなってきた。そして行進の列に石が投げられ、顔に、頭に、体に当たってきた。練習生は歯をくいしばり、黙々と行進する。その時、私は訳のわからぬ涙が出てきた。日本人のだれもが考えなかった敗戦という事実。何も知らず予科練にあこがれ、飛行機乗りにあこがれ、そして数か月とは言いながら、力いっぱい軍人生活を過ごしてきた若者。わずか、十四、五歳の少年たちである。その若者たちに同じ日本人が石を投げつけ罵声を浴びせるとは。民間人も敗戦のくやしさ、空しさを、軍人に向けてのウップン晴らしの行為であったのだろう。しかし、我々は涙を出すことすらできない悔しさで、この民間人の行為に耐えて本隊へと行進を続けてきた。そんな感情が思わず私の涙となったのかもしれない。やがて、気持ちも落ち着いてきた時、また、訳の分からぬくやしさで涙の出てきたことを思い出す。

東京裁判やBC級裁判が始まり、新聞が日本軍の戦争犯罪について盛んに報じるようになったことも、こうした傾向に拍車をかけた。フィリピンからの復員兵である西川保は、「声」欄への投書の中で、「正直に「比島から帰りました」と言おうものならたちまち、「比島では兵隊さんが大変悪いことをしたそうですね」とあたかも戦争犯罪人のようにいわれ、はなはだ迷惑する」と書いている(『朝日新聞』一九四六年二月一五日付)。西川には戦争犯罪は、「軍閥の罪であって、兵士の罪でない」という意識が強すぎるが、復員兵の感情の率直な表明ではあるだろう(前掲『声1』)。

傷痍軍人の場合も同様である。日本傷痍軍人会編『日本傷痍軍人会十五年史』(非売品、一九六七年)が、日中戦争以降の時代を、「一言にして言えば「傷痍軍人華やかなりし時代」であった」と位置付けているように、総力戦体制の下で、国家的・国民的支援が強化され、傷痍軍人は名誉ある存在となった。一九四三年五月、米軍機に撃墜されて右手を失い帰国、大阪駅から担架にのせられて列車に乗車しようとした戦闘機パイロットの山本忠は、その時のことを、「ホームの人達は、「白衣の傷痍軍人」ということで感謝の目礼で送っていた。ところがその時、一人の「おばあさん」が近づいて来て、私の担架にお賽銭を投げて拝んでくれた。当時の傷痍軍人はそれ程国民の崇敬の的であった」と回想している(山本忠『一傷痍軍人の半生』非売品、一九九〇年)。一九三九年のノモンハン事件で左眼と左腕を負傷して帰国した大熊開市の場合も、「大阪港に着き埠頭を見ると出迎えの人で大変だった、(中略)タクシー、バスは勿論、映画、芝居、銀座に出かけてコーヒーをのんでも、銭を出しても取る店はなかった」という(大熊開市「思い出」埼玉県傷痍軍人会・埼玉県傷痍軍人妻の会編『終戦五十周年記念誌』非売品、一九九五年)。

しかし、敗戦後は状況が一変する。復員後、傷痍軍人の今成猛夫は、満員列車に強引に乗り込もうとしてきた復員兵と思われる数人を、負傷している左足をかばおうとして車外に押し返そうとしたところ、まわりの乗客から、「「跛《ビッコ》内へ入れ」と怒鳴られた。その刹那、何とも堪え難い怒りが込み上げて来て思わず、拳が相手の顔を殴った」。今成は、戦時中の扱いと比べて、「これ程までに変心の激しいことに憤懣やる方ない」と書いている(今成猛夫「日本人の浮薄を慨く」同前書)。

敗戦の実感

また復員兵に敗戦を実感させたのは、進駐してきた米兵相手の売春婦、「パンパン」の存在だった。木村涼子「戦後つくられる「男」のイメージ――戦争映画にみる男性性の回復の道程」(阿部恒久ほか編『男性史3』日本経済評論社、二〇〇六年)が指摘するように、「敗戦はすなわち「日本男児」の〈敗北〉を意味していた」からである。一九四三年に現役兵として入営し、一九四六年六月博多港で復員した西村政英は、復員直後の印象について、「浮浪者の群れ、アメリカ軍と戯れるパンパンと言われる女の姿。タヌキかキツネかは知らないけれども、けばけばしく、毒々しい安物の化粧姿、プカプカ吹かす煙草片手姿と、モンペ姿はどうひいき目に見ても不似合いでしたが、これも敗戦国民の恥も外聞もなく生きようとする一つの姿かと、悲しくも体から血のひくような思いになりました」と回想している(西村政英『敗残兵物語』教育報道社、一九八一年)。また、上等兵としてインドシナで敗戦を迎え、一九四六年五月に復員した加藤徹も、復員後、東京、上野の闇市に行った時の印象を、「敗戦国とはこんなものか、ケバケバしく装った若い女性がアメリカ兵に抱きつく様に二人も三人も絡み付きながら混雑の中で傍若無人というか、なんといえば良いのか目をそむけたくなる」と書いている(加藤徹『従軍三度 私の小さな歴史』ヒューマンドキュメント社、一九八六年)。

さらに、私信のやりとりの中では、より露骨な嫌悪感が示されている。米軍は占領期に、日本人の意識を探るために、手紙などの郵便物に対する検閲を実施しているが、軍国主義復活をもくろむ勢力として、復員兵は監視の主要な対象であり、その手紙には常に大きな関心が払われていた。アメリカ太平洋陸軍総司令部民間諜報局編「定期概要報告」第四号(一九四六年一〇月一五日付)は、「私信検閲」の部の「復員日本兵の反応」という項目の中で、「ジェラシー」という小見出しを付けられた、次のような私信の一部を引用している(前掲『占領軍治安・諜報月報』第一巻)。

a　横浜:真っ赤な衣服を身につけ口紅を塗った若い娘たちが、連合軍の兵士たちと浮かれている。日本の女たちの伝統的な美点はどこへ行ってしまったのだろう。私には、私が、まだ、どこかよその国にいるような感じがする。

b　神戸:若い娘たちが、占領軍の黒人兵と戯れているのを見ると、私は泣きたいような気がする。

c　熊本:日本の娘たちの中には、連合軍の猿たちのおかげで分別を失い、数片のチョコレートと引き替えに、ためらわずに自分の貞操を売り渡す者たちがいる。くたばれ、低能なくそ女。

こうした国内の状況の中で、復員兵が感じる空しさや、挫折感、屈辱感に関しては、中国戦線で陸軍少尉として、敗戦を迎えた古庄金治がその心象風景を巧みに表現している。一九四六年一月、佐世保港で復員した時の状況を、古庄は、短歌を交えながら、次のように書いている(古庄金治『青春の雲は流れて』紀元社出版、一九七七年)。少し長いが、引用する。

途中焼野原があり、土煙りを立て、米進駐軍がジープで通り過ぎる。また故郷を守った老人が婦人が、

道会える人あれども御苦労の

言の葉もなく　ただ呆然と

戦いに敗れたわれわれであると思えば腹も立たないのだが、しかし、かつての大和撫子は今はどうだろう。米進駐軍の兵士と共に……

手をとりて歩く姿の娘を見よ

英霊は泣く　英霊は泣く

戦いは昨日の風かと娘等は

ジープで土の煙立てつつ

われわれはもう涙も出ない。〔中略〕長い長い戦いに故郷は田も畑も荒れている。そして、人の心も。一億火の玉となって戦ったのだが、今はすっかり燃え果てて、ただ国敗れて山河ありの詩のように淋しい。もう何にも見えない。下を向き黙々と佐世保駅にと急ぐ、戦いは昨日の夢だと自分に言いきかせながら……〔中略〕

列車は超満員である、網棚には多くの荷物が乗せられ、通路は足の置場もない位だ。どこから乗ったのだろうか、復員軍人も見かける。その中に〔戦死者の遺骨を入れた〕白木の箱を胸に抱いた兵もいるのだが……

敗戦の祖国はかくも憐れなり

英霊立てぞ　席譲る人もなし

つわものは一億民の身に代り

戦いしもの　傷つきしもの

問題は、なぜこれほどまでに国民の反応が冷ややかだったのか、ということである。引揚援護庁「復員史(未定稿)」(浜井和史編『復員関係史料集成』第一〇巻、ゆまに書房、二〇一〇年)は、陸軍の復員に関して、「今次の敗戦となるや、全軍何れも、―戦にこそ敗れたりとは言え―せめて国民から惜しまれつゝ散り度く思わざるはなかつたのであつた。然るに事実は正に反対で、飽くなき激しい咎は死屍に対して迄加えられ、その冷たい世論は復員に対し大きな制約を及ぼした」と指摘している。同文書は、その上で、冷ややかな世論の第一の理由を、「軍自体に於いて反省すべき数々が少くなかつた」として、「所謂政治干与　封建性　世界観の貧困　非科学性　独善　等」に求めている。軍部の政治化、軍人の独善性、軍の非合理的、非人間的体質、そうしたものに対する反発が、敗戦によって一気に噴出したのである。

また、中国戦線での従軍経験を持つ「兵隊作家」の伊藤桂一の指摘も重要である。伊藤は、日本の敗因は、「日本の軍隊が、真に民族自身の軍隊でなかった」点にあり、「天皇の権力を利用した軍閥の駆り出した軍隊は、(中略)天皇の名において戦うべきことを強制し、皮肉にも、そのために敗けたのである」として、次のように書いている(伊藤桂一『草の海――戦旅断想』文化出版局、一九七〇年)。

私たち天皇の軍隊は、終戦後、武器なき集団として故国に帰ってきた。迎えてくれたのは、それぞれの近親者だけである。私たちは民族自身のために戦ったのではなかったから、祖国の土を踏んでも、祖国の人たちと、まるで他人同士のようにしか接しなかった。前線も銃後も、ともに惨憺たる目にあいながら、互いをいたわり合うことさえしなかったのである。このようなみじめな敗け方をした国は、古来、歴史上にその例をみないだろう。

復員兵の社会復帰

それでは、復員兵たちは、どのような形で、日常生活の中に復帰し、あるいは戦後の日本社会に適応していったのだろうか。復員した兵士たちが直面した最大の課題の一つは就職難、生活難の問題だった(木村卓滋「復員――軍人の戦後社会への包摂」前掲『日本の時代史26　戦後改革と逆コース』)。香川県知事の内務大臣宛報告書、「治安情報に関する件」(一九四五年一〇月四日付)も、この問題について、「復員将兵の就職状況は応徴者の復帰と相俟つて相当困難なる状態下にありて、目下大体五割乃至六割程度の就職を見たるも之が大半は帰農者なるが為め就職の不安なきも、反面応召前に於ける非労働者に於ては就職の難渋漸次濃化しつゝあり」と指摘している(粟屋憲太郎編『資料　日本現代史２』大月書店、一九八〇年)。五―六割が就職したといっても、その大部分は農民であり、国民徴用令によって、本来の生業を放棄させられ軍需産業などで働いていた応徴者がもどってくることもあって、就職状況が悪化していること、特に「応召前に於ける非労働者」の就職難が深刻であることがわかる。ここでいう「非労働者」とは、少年兵、下士官、正規将校など、軍隊以外の一般社会で就職した経験を持たない者、学徒兵などを指すものと考えられる。

その一方で、敗戦に伴う生活難や価値観の崩壊は、復員兵の一部を犯罪に走らせた。田中集団司令部「復員帰還輸送に関する情報記録(第一号)」(一九四六年一月一五日付)は、「帰還将兵の動静を見るに内地上陸第一歩と共に(中略)或は排他利己に奔《はし》り或は物慾に堕するもの少なからずして軍需品の横流、闇商、甚だしきは強盗への転化を見るの状況にあり」と指摘している(アジア歴史資料センター、C08010801200)。また、「特攻くずれ」という言葉が象徴するように、復員兵を犯罪の温床とするような見方が広がった。しかし、復員兵＝犯罪者という見方には、かなりの誇張があったようだ。「復員者の犯罪率は高く、それは戦闘の経験と軍隊生活とに由来する」という仮説を検証した平野龍一・森岡茂「復員者の犯罪」(『法務資料』第三三一号、一九五四年)は、いくつかの留保はつけながらも、「兵役と戦後犯罪との直接の関係を消極的にではあるが否定し得た様に思ふ」と結論付けている。

さらに、復員に伴う様々な悲劇があった。一つは「生きていた英霊」の問題である。新潟県の場合、「戦死として死亡公報が発令され、これに基づいて戸籍の処理も終り、中には立派な墓碑も建てられている者等で終戦後生還した者」が一〇八人もいた（新潟県民生部援護課編『新潟県終戦処理の記録』新潟県、一九七二年）。敗戦後もジャングルに潜伏し、その後、米軍に収容された者もいたし、玉砕部隊の場合は、状況不明のため、最後の「万歳突撃」を行った日をもって戦死の日と認定するなどの便宜的処置が取られていたためである。

また、逆縁婚の問題も重要である。逆縁婚とは、夫に死なれた女性が、夫の兄弟と再婚することを言う。アジア・太平洋戦争では、本人たちの意思に関わりなく、父母・祖父母・親戚などが、戦死した兄の妻を弟と再婚させる事例が農村部で見られ、無理のある結婚となるケースが少なくなかった。『婦人倶楽部』一九五二年五月号の付録、『婦人のための法律早わかり 身の上相談実例集』には、夫が日立の工場で爆死した「未亡人」が、姑から夫の弟（八歳歳下）との再婚を強要されているという身の上相談が載っている。この相談に対して、回答者が、結婚は「あなたの自由意志で決定すべきです」と回答した上で、「田舎の人としてみれば、逆縁は当然のことと思っているので、新潟あたりでも、結婚当時おしっこの世話をしていた、二十才も年下の弟と結婚させられたという、未亡人があるくらいです」と述べていて、逆縁婚が特殊な事例ではなかったことがわかる。また、「二代継」とよばれる福島県下の逆縁婚を調査した田中実は、「この調査の範囲では、幸福な家庭生活を営んでいたとみられる事例は、むしろ少なかつたようにすら思われる。何よりも、逆縁婚は、当事者のあいだの自発的ないし自然的な愛情によつて出発したものでなく、かえつて兄の死亡という偶発的な事件から、「やむをえず」・「いやいやながら」・「反対しきれず」・「何ということなく」……出発しているのである」と結論づけている(田中実「逆縁婚の一断面――福島県下における調査から」『法学研究』第三〇巻第一〇号、一九五七年)。

この逆縁婚が「生きていた英霊」と結びつくと、深刻な悲劇が生まれる。死んだはずの兵士が復員した時、妻がすでに弟と再婚していたというケースである。前掲『昭和萬葉集　巻七　昭和二十年〜二十二年』には、鱒元登美数の「シベリヤの奥地に夢見し吾が妻を還りて見れば弟の妻」という歌が収録されている。

なお、ガダルカナル島で戦死した将兵の慰霊活動を行っている団体の一つに、戦死者の遺族や生き残りの将兵によって組織されている「福岡ホニアラ会」がある。同会が実施したある時の現地慰霊巡拝の際に、遺族の男性の一人が、ジャングルの中で穴を掘り、何かを埋めていた。その場所は、その男性の兄が亡くなった野戦病院のあったところである。同会の上村清一郎によれば、この男性は数年前に妻に先立たれていて、埋めたのは妻の写真のようだったという。男性は戦死した兄の妻と結婚しており、「奥様をお兄さんにお返ししていたのかもしれません」と上村は語っている。また、上村によれば、朝倉甘木地域のガダルカナル戦死者の中だけでも、五人の戦死者の妻が夫の兄弟と再婚している(渡辺考『餓島巡礼』海鳥社、二〇〇五年)。

「戦後民主主義」への反発と受容

復員兵の社会復帰の問題を考える上で、重要な論点の一つとなるのは、彼らが、「戦後民主主義」を、どのような形で受け入れていったのか、という問題である。川本三郎『今ひとたびの戦後日本映画』(岩波書店、一九九四年)が指摘しているように、「「大日本帝国」が突然「民主日本」になったからといって、すぐにその現実に追いつくことは、戦場を経験した者であればあるほど出来はしない。頭の中ではいくら日本は新しく再生したと理解していても、心情が、肉体がそれに追いつかない。客観的には戦後を生きていながら、主観的には戦中を生きる。そういう二重構造を生きる者として大きく浮き上がってくるのが「復員兵」」だからである。

確かに、アメリカ太平洋陸軍総司令部民間諜報局編「定期概要報告」に収録されている私信検閲の記録をみてみると、復員兵の中に、軍隊生活への郷愁、国家主義・軍国主義・日本精神への強い信念、「栄光の帝国陸海軍」の将兵であったという誇り、ともに戦った戦友への連帯感、戦後の民主主義や個人主義への反発などが、根強く存在していることがわかる。「定期概要報告」第七号(一九四六年一二月一日付)は、「私信検閲」の部の「復員兵の反応」の項で、復員兵の状況について、「彼らはただ単に状況に身をゆだねているわけではない。彼らは日本の軍事的栄光の時代を待ち望んでいる。そして、極端に保守的な見解を表明している」と概括している(前掲『占領軍治安・諜報月報』第二巻、二〇〇一年)。

おりから、日本国内では、GHQの非軍事化・民主化政策に触発され、激しいインフレのもとでの生活の窮乏化にも後押しされながら、様々な社会運動が大きな高揚をみせ、特に共産党の主導する急進的な労働運動が大きな広がりをみせていた。復員兵はこれに強く反発した。同じく「定期概要報告」第八号(一九四六年一二月一五日付)は、「私信検閲」の「復員兵の反応」の中で、「復員兵からのほぼ一〇〇の手紙は、現在の日本におけるストライキの波に対して抗議している。彼らの大部分はコミュニストを非難し、民主的な労働運動の発展に共感を示している手紙は一つもない」と指摘している(同前書)。

しかし、彼らも生活者である以上、非軍事化・民主化の波の中で、次第に現実を受け入れていくようになる。「定期概要報告」第一一号(一九四七年二月一日付)に収録されている特別報告、「旧軍人の社会復帰」は、「復員兵は明白に民主主義を欲している」として、次のように指摘している(同前書第三巻、二〇〇三年)。

多数の復員兵は戦闘を経て、彼らは軍国主義者にだまされていたことを理解し、現在は、彼らが自分の意見を表明することのできる政府、そして強力な大企業家や国家主義者と関係を持たない政府を望んでいる。〔中略〕大多数の者は、戦争に負けてよかったと感じている。なぜなら、彼らは、それによって、普通の人々が、自分の生活をよりよいものに改善していく機会を見いだしたからだ。〔中略〕概して、彼らは天皇制が日本の政治的必要性と密接に関係しているとして、天皇制が維持されることに賛成している。

そこには、天皇制の存続を望みつつ、社会の民主化を支持するという姿勢を見て取ることができる。また、このような変化の背景には、進駐してきた米軍による「実物教育」も大きな役割を果たしていた。本土防衛部隊の一員として九十九里浜で終戦を迎えた若槻泰雄は、「復員後、初めて進駐軍のアメリカ兵を見たのは丸の内のビル街だった。彼らの軍服のスマートさも目についたが、一番強烈な印象を受けたのは、ブルドーザーが土砂を動かしている光景だった。夜を日に次いで、スコップとつるはしを振るって穴を掘り、モッコをかついで土を運び、陣地造りをしていた者にとっては、この、初めて見る大型機械の働きは驚異的であった。こんな近代装備の軍隊を相手に戦争をしてきた空しさと、戦わされたことに対する怒りが胸のうちを去来した」と回想している（若槻泰雄「〝解放軍〟の押しつけ」『諸君！』二〇〇〇年八月号）。

GHQの対日占領政策

占領期の復員軍人の問題を考える上では、アメリカの対日占領政策が重要な意味を持つ。その政策の基本は、非軍事化・民主化だった。H・トルーマン大統領によって承認され、一九四五年九月二二日に公表された「降伏後に於ける米国の初期の対日方針」には、「日本は完全に武装解除せられ且非軍国主義化せらるべし、軍国主義者の権力と軍国主義の影響力は日本の政治、経済及社会生活より一掃せらるべし、軍国主義及侵略の精神を表示する制度は強力に抑圧せらるべし」と明記されている。

一連の政策のうちで、復員兵の生活に大きな影響を及ぼしたのは、軍人恩給の停止と公職追放である。軍人恩給の停止に関しては、一九四五年一一月二四日付のGHQの覚書、「恩給及び恵与」によって、日本政府に指示があり、これに基づき、四六年二月一日に公布された勅令第六八号、「恩給法の特例に関する件」によって、重度の傷痍軍人を除く総ての軍人・軍属に対する恩給の支給が停止された。

一方、公職追放は、一九四六年一月四日付のGHQの覚書、「公務従事に適さざる者の公職からの除去に関する覚書」に基づいて開始された。追放の対象となったのは、戦争犯罪人、職業軍人、極端な国家主義団体などの有力分子、大政翼賛会、大日本政治会などの有力分子、日本の膨張政策に関与した金融機関や開発機関の役員、占領地の行政長官、その他の軍国主義者や極端な国家主義者などである。これに伴い、追放該当者が、あらたに、中央・地方の官職、官庁と関係の深い特殊会社などの役員、議員などの公職につくことも禁止された。しかし、実際に公職から追放された約二一万人のうち、七九・四%が軍人、一六・六%が政治家であり、官僚や実業家、マスコミ関係者の追放は部分的なものに止まった(増田弘『公職追放論』岩波書店、一九九八年)。

注目する必要があるのは、日本政府の対応である。陸軍の場合でいえば、公職追放の対象となった正規将校の中には、敗戦直前の一九四五年六月に陸軍士官学校を卒業した将校(第五八期)まで含まれている。公職資格審査委員会初代事務局長の渋江操一は、この点につき、「しかし終戦間際に出征した職業軍人、実際には戦闘に参加していなかったのですが、あとになって追放該当者の中に入れたのです。というのは、日本の将来にとって実害が少なく、それでいて追放者数を稼ぐために好都合であったからです」と語っている(増田弘「公職追放審査の実態」『琉大法学』第三九号、一九八六年)。GHQに対して、公職追放者数をできるだけ多くみせるために、職業軍人を犠牲にしようとする発想が見て取れる。この公職追放によって、就職しようとする旧職業軍人の選択肢は、著しく狭められることになったのである。

この第五八期生については、もう少し補足しておきたい。彼らは一九四五年六月卒業組といっても、見習士官の期間があるので、陸軍少尉としての在任期間はわずか一五日間(航空兵科は四五日間)に過ぎない。その意味では、まさに「割を食った」世代だが、第五八期生の同期生会史に掲載された編集委員会名の文章、「続・われらの世代」には、次の一節がある(第五十八期生史編集委員会編『陸軍士官学校第五十八期生　軍官学校第三期生小史』非売品、一九七五年）。彼らへの不条理な処遇を考えるならば、深く考えさせられる文章である。

戦後5年（幼年学校出身者は7年）の間、われわれは公職を追放された。〔中略〕世の中から追払われることの不愉快は、経験した人でなければわからない。軍国主義者との指弾もうけた。〔中略〕しかしわれわれは、自身を犠牲者の位置において、甘え訴えることを、おのれに対して許さなかった。戦争の爪跡は大きく深く、癒やし得ない傷を負うた人は数知れないのである。

また、GHQの意向を受けて、日本政府も旧軍人による団体の結成については、厳しい措置をとった。法務府特別審査局『特審月報』第二巻第五号（一九五一年）によれば、一九四六年一一月九日付の内務省警保局長通牒は、旧正規将校や元憲兵が組織する団体については、「例え其の結成の目的が親睦、相互扶助等のものであつても之を結成せしめないこと、若し結成済の団体を発見した時は直に諭示解散せしむること」、また、旧正規将校や元憲兵が構成員の四分の一を超える団体については、GHQの公職追放に関する「覚書の趣旨に鑑み結成せしめぬよう指導」し、旧正規将校や元憲兵以外の「復員軍人であつても同志的団体は結成せしめないよう指導」すること、などを指示していた（『復刻版　特審月報』第三巻、不二出版、二〇〇八年）。さらに、GHQ自身も復員兵を厳しい監視体制下に置いていた。一九四八年六月、歩兵第一六連隊の元兵士たち二三名が、温泉地の旅館で「あやめ会」と名付けた懇親会(宴会)を開催したところ、米軍から、「昨夜、ガ島の生き残りの一団が、月岡温泉に集会した。何か不穏な計画でも立てたのではないか。至急調査報告せよ」との命令があり、関係者は県警察の係官の事情聴取を受けたという(あやめ戦記刊行会編『あやめ戦記　歩兵第十六連隊と太平洋戦争』非売品、一九七五年)。

占領期には、戦死者の慰霊祭なども厳しく規制されていた。一九四六年一一月付の内務・文部次官通牒、「公葬等について」によって、国または地方公共団体による慰霊祭などの公葬の禁止、「忠霊塔・忠魂碑其の他戦歿者の為の記念碑・銅像等」を公共の施設から撤去すること、などが指示されていたのである。なお、忠魂碑は、特に日露戦争以後、対外戦争の戦死者を祀るために各地に建立されるようになった石碑、忠霊塔は日中戦争以降、戦死者の慰霊・顕彰のために建設された大規模な建造物で、納骨施設を伴うものである。こうした中で、たとえ私的なものであっても、旧軍人による慰霊祭は厳しい監視の対象となったようである。

たとえば、一九四六年九月、第一一期海軍飛行科予備学生の生き残りたちは鎌倉の妙本寺で同期生の戦死者の慰霊祭を行ったが、「米陸軍第八軍情報将校の監視、干渉を受けながらの行事」だった。同年一〇月に行われた第一三期海軍飛行科予備学生の生き残りによる慰霊祭も、GHQ、警察、復員局などの事前了解を取り付けることに苦労し、当日も「機銃を搭載したMP〔米軍憲兵〕のジープが不気味であった」という（海軍飛行科予備学生・生徒史刊行会編『海軍飛行科予備学生・生徒史』非売品、一九八八年）。

旧軍からの継承

しかし、職業軍人の公職追放がなされたといっても、そこには無視することのできない例外があった。旧海軍の場合、その一部の組織の存続がGHQにより認められ、旧海軍軍人の一部は公職追放令の適用外となった。外地から復員する部隊の輸送（非武装の復員船の運航）、日本の港湾や主要航路に敷設された機雷の処理のために多数の人員を必要としたからである。とりわけ、新鋭大型爆撃機B29などによって投下された約一万一〇〇〇個の高性能機雷の掃海は、緊急を要する危険な作業だった。この掃海業務には、一九四五年末の時点で、海防艦をはじめとした三九一隻の艦船と一万九一〇〇人の旧海軍軍人が従事していた。ちなみに、敗戦直後から一九五二年までの時期に、掃海作業中に殉職した掃海要員数は、七七名に達している（鈴木総兵衛『聞書・海上自衛隊史話』非売品、一九八九年）。

これらの海上要員は、その後、海上保安庁（一九四八年設置）、保安庁・警備隊（一九五二年設置）を経て、一九五四年に創設された海上自衛隊に引き継がれてゆくことになる。その結果、旧海軍と海上自衛隊との間には、人的にも精神的にも強い連続性が保持されるようになったのである（前田哲男『自衛隊の歴史』ちくま学芸文庫、一九九四年）。

また、陸上で復員業務や、復員兵や遺家族・留守家族などに対する援護業務に従事する旧軍人も追放の対象とならなかった。復員を担当する中央統轄機関としては、一九四五年一二月に、陸軍省を縮小改組した第一復員省、海軍省を縮小改組した第二復員省が設置されていた。両省は一九四六年六月に復員庁に縮小統合される。その後、その業務は、厚生省復員局（一九四八年一月）、厚生省の外局である引揚援護庁（一九四八年五月）、厚生省引揚援護局（一九五四年四月）などに縮小されつつ継承されてゆく。GHQは、復員業務の円滑な遂行のため、旧陸海軍のエリート将校の一部を公職追放の対象とせず、彼らが復員・援護業務に携わることを黙認したが、ソ連などから旧軍人を意図的に温存しているとの批判もあり、途中で公職追放となって、復員・援護関係機関からパージされた旧軍人も少なくなかった。

＊この間の事情は、未だ不明確な点が多いが、さしあたり、春川由美子「復員省と占領政策」（『軍事史学』第一二一・一二二号、一九九五年）、伊藤智永『奇をてらわず　陸軍省高級副官　美山要蔵の昭和』（講談社、二〇〇九年）を参照。美山は旧軍人に対する援護行政に深くかかわった人物である。

地方の場合も事態は、ほぼ同様である。敗戦に伴って、陸海軍の地方軍事行政機関である連隊区司令部（陸軍）、地方海軍人事部（海軍）は廃止され、一九四五年一二月には新たに地方世話部(旧陸軍関係)と地方復員人事部(旧海軍関係)が設置された。一九四六年六月には、両者が統合されて、都道府県知事の管理下に置かれた地方世話部が設置される。さらに、一九四七年五月の地方自治法の施行により、地方世話部は、各都道府県の世話課として発足する。

岩手県の場合、旧盛岡連隊区司令部に地方世話部と地方復員人事部が設置されている。旧軍の庁舎をそのまま継承したわけである。一九四六年六月には、地方復員人事部は地方世話部に吸収合併されているが、岩手県の復員・援護業務処理機関の幹部職員には、旧正規将校が採用された。一九四七年五月に世話課が設置されるまでの歴代の地方世話部部長四名のうち、元陸軍少将が一名、元陸軍大佐が二名、元海軍大佐が一名である。そして、最後の地方世話部長・新藤多喜男(元陸軍大佐)は、世話課設置後は世話課長に横すべりし、一九五五年まで在任した(岩手県編『援護の記録』非売品、一九七二年)。地方の復員・援護行政は旧軍人の強い影響下にあったものと考えられる。

一九四六年六月、生活苦に喘ぐ戦争未亡人を中心にして、戦争犠牲者遺族同盟が結成され、この同盟の運動を基礎にして、一九四七年一一月には、日本遺族厚生連盟が結成されている。戦争犠牲者遺族同盟の日本遺族厚生連盟への「発展的解消」は、戦争未亡人の運動として始まった遺族運動が男性遺族中心の運動に変質していく過程でもあったが、これには地方世話部の関与と指導があった事実が指摘されている(北河賢三『戦後の出発』青木書店、二〇〇〇年)。さらに、前述したように、四六年一一月付の内務・文部次官通牒、「公葬等について」によって、戦死者の公葬が禁止される以前は、この公葬を地方世話部が積極的に推進していたようである。栃木地方世話部がまとめた小冊子、『遺族 復員者 出征家族の栞』(一九四六年五月)は、「公葬は終戦後の状況に鑑み遠慮して居る町村があると聞いて居ますが、行つてはよくないものでせうか」との問いに、「決してそんな事はありません。只命に従つて御国のために尊い命を捧げられた英霊に対しては寧ろ盛大に実施したい当局の意向であります」と答えている。

しかし、地方世話部の活動がGHQから、疑惑の目をもって見られていたことも確かである。終戦連絡中央事務局政治部「執務報告 第三号」(一九四六年七月一日付)は、「地方世話部は、従来連合軍側から軍再建地下工作の中核機関の嫌疑をかけられ書類金銭の押収、庁舎の占拠等、全国的に事故が絶えない」と指摘している(荒敬編『日本占領・外交関係資料集』第三巻、柏書房、一九九一年)。

変わらない意識

ここまで、反発や様々な試行錯誤をくり返しながら、復員兵が、戦後の日本社会に適応してゆく様を見てきた。しかし、意識の面では、戦前との連続性が色濃く残されていたことにも注意を払う必要がある。吉見義明『草の根のファシズム』(東京大学出版会、一九八七年)は、敗戦後の日本の民衆意識について、「民衆は天皇・天皇制を存置した上での平和・デモクラシーを強く求めていた」が、同時に、「アジアに対する優越感・「帝国」意識」も「崩壊をまぬかれ、敗戦後も頑強に生き続けていた」としているが、この指摘は復員兵の場合にも完全に妥当する。この点に関連して、田中宏巳は、復員船の状況について次のような興味深い指摘をしている(田中宏巳『復員・引揚げの研究』新人物往来社、二〇一〇年)。

出港して間もなく、帰還兵は襟章〔軍服の襟につけて階級や所属を表示する記章〕・階級章を剝いで次々と海に投げ込んだ。長い間兵士を苦しめてきた軍および階級と早く決別したかったにちがいない。〔中略〕中国からの帰還兵には、自分たちは負けていなかったとして襟章を外そうとしない者が多かった。敗れた軍隊にいた兵士には、襟章や階級章は敗北・敗戦の象徴であったが、一方で、決着がつかなかった中国戦線の兵士たちにすれば、日本軍の襟章・階級章は、むしろ誇りであったのであろう。

事実、中国戦線から復員した本間松吉(陸軍兵長)は、上野駅で列車の電気がつかないことに腹をたて、駅員たちともみ合いになった。この時、戦友の一人は、「駅長を出せ、復員兵を馬鹿にするな」と叫び、本間自身も、「俺達は中支の戦勝兵だとも言った」と回想している(本間松吉「復員帰郷」柴田義秋編『中支戦線の山砲隊　武漢五十一大隊のあゆみ』非売品、一九八二年)。

また、朝鮮人や台湾人の軍人・軍属の復員に対して充分な対応がなされなかったことも大きな問題である。金賛汀「日本軍配属朝鮮兵復員の状況」(『在日朝鮮人史研究』第三八号、二〇〇八年)は、「朝鮮人軍人・軍属は日本の敗戦という事態の中で、連合国側の管轄下におかれ、日本政府からは「保護」されることもなく、連合国軍に引き渡され、徴兵された当事者である日本政府からは見捨てられ、日本が主権を取り戻した後も、彼らの生死や復員状況の調査などほとんどなされることがなかったという事実」に注意を喚起している。

第二章　講和条約の発効

旧軍人は終戦以来概ね平静に終始して来たが、昭和二十六年初頭よりの再軍備論の擡頭、八月以降の相次ぐ大巾追放解除と旧中堅将校の警察予備隊幹部採用等により「時代は吾等を必要とする」との自覚から漸次その動向が活潑化して来た。

即ち旧陸士、海兵出身者等の横断的連絡会合の累増、旧軍人の戦記の執筆、時局雑誌等への投稿、意見発表等による文筆活動の漸増、並びに再軍備、防衛問題等の研究会の開催、参加の累増傾向、の外旧高級軍人による対共防衛に関する論議或はその専門的意見書等の政府、其の他要路への送付等が見られたのは注目される点であつた。

（法務府特別審査局『特審月報』第三巻第一号、一九五二年）

1 講和条約の発効と「逆コース」

サンフランシスコ講和条約の特質

一九五一年九月八日に調印され、翌五二年四月二八日に発効したサンフランシスコ講和条約によって、日本政府はまがりなりにも国際法上の戦争状態に終止符を打ち、国際社会への復帰を実現することになった。「まがりなりにも」というのは、冷戦下での東西両陣営の対立の激化を背景にして、この講和条約は「片面講和」となったからである。すなわち、インドなどの三国はアメリカ主導の講和会議への出席を拒否し、ソ連などの三国は会議には出席したものの、条約の内容に反対して調印を拒否した。また、日本が行った侵略戦争の最大の犠牲者であった中国に関しては、一九四九年一〇月に成立した中華人民共和国政府も、中国共産党との内戦に敗れて台湾に逃れていた中華民国政府も、英米間の意見の対立もあって、ともに会議には招請されなかった。

一方、戦争責任問題という観点から見れば、この講和条約は明らかに「寛大な講和」だった。そもそも、この講和条約には、その第一一条で、日本政府が東京裁判の判決を受諾することが明記されているだけで、日本の戦争責任に関する言及は全くない。日本が遂行した戦争を侵略戦争と認定した東京裁判の判決を受諾するという形で、いわば、間接的に戦争責任を認めているに過ぎない。また、中国などの近隣諸国の間に、日本が再び軍事大国として復活することに対する強い危惧が存在したにもかかわらず、軍備の制限条項や民主化を義務づける条項も講和条約の中には、存在しなかった。

　賠償に関しても同様である。敗戦直後は、日本に対して巨額の賠償支払いを要求する計画だったアメリカは、冷戦への移行の中で、同盟国としての日本の経済復興を重視するようになる。このため、講和条約の締結に際しては、対日無賠償政策をとるアメリカ政府の強い圧力の下で、主要交戦国は対日賠償の請求権を放棄した。フィリピン・インドネシア・ビルマ・南ベトナムの四国は請求権の放棄に応じなかったため、日本との二国間交渉によって賠償協定を締結し、日本政府は一九五五年から二〇年間ほどかけて、賠償の支払いを行うことになる。しかし、この時期は日本の高度経済成長の時期にあたっていたため、日本にとっての経済的負担は軽微なものであり、むしろ、賠償支払いは、日本企業の東南アジアに対する進出の経済的「呼び水」となったのである。

　こうして、国際社会への復帰を果たした日本社会においては、戦争責任問題に関するダブル・スタンダードが成立する。具体的にいえば、対外的にはサンフランシスコ講和条約の第一一条で、東京裁判の判決を受諾するという形で、必要最小限度の戦争責任を認めることによって、アメリカの従属的同盟者としての地位を獲得する。しかし、国内ようというようにする上げ棚、は、いるある、否定する事実上、戦争責任の問題を事実上、否定する、あるいは、棚上げにするというように、対外的な姿勢と国内的な取扱いを、意識的にせよ無意識的にせよ、使い分けるような問題の処理の仕方が、それである（吉田裕『日本人の戦争観』岩波現代文庫、二〇〇五年）。

こうした中でアジア諸国への賠償問題は、国民意識の次元でも棚上げもしくは先送りにされる傾向が生じた。一九五五年八月に政府が行った世論調査には、日本政府の立場を色濃く反映したものではあるが、フィリピンやインドネシアからの賠償要求についての質問も含まれている。具体的には、「あなたは、日本の支払える範囲でなら、できるだけ、これらの国々に賠償を支払った方がよいと思いますか、それとも支払う必要はないと思いますか。（支払った方がよいというものに）少々無理しても、早く支払った方がよいと思いますか。今はまだ国民生活がギセイになるから、どうしても無理だと思いますか」というものである。これに対する回答は、「支払った方がよい」＝六二％、「支払う必要がない」＝一九％、「不明」＝一九％、さらに、「支払った方がよい」と答えた人の内訳は、「少々無理しても早く」が全体の一二％、「今は無理」＝四六％、「不明」＝四％、合計で六二％となる（内閣総理大臣官房審議室「戦後10年の回顧と展望――国民の政治的意見」謄写版刷、一九五六年）。かなり限定的な賠償でも、「支払う必要がない」と答える人が、「不明」とならんで、一九％も存在し、限定的な賠償を支払うべきだと考える人も「今は無理」という形で日本人の国民生活を優先させていることがわかる。

経済復興の達成

すでに、占領下の一九四八年頃から、アメリカの対日占領政策の基調は、当初の民主化から大きく変わり始めていた。東側陣営との対決のために、日本の経済的復興と親米保守政権の安定化を重視する政策への転換である。一九五〇年六月二五日に朝鮮民主主義人民共和国軍が大韓民国に侵攻することによって、朝鮮戦争が始まると、対日占領政策の転換はさらに決定的なものとなった。また、一九五〇年代の前半は、朝鮮戦争の勃発に伴う「朝鮮特需」などの影響もあって、日本経済の急速な復興が達成された時期でもあった。主要経済指標が戦前・戦時の最高水準を超えた年度を見てみると、工業生産が一九五五年度、実質国民総生産が一九五四年度、一人当たり国民総生産が一九五七年度、一人当たり個人消費が一九五六年度、というように(三和良一・原朗編『近現代日本経済史要覧』東京大学出版会、二〇〇七年)、日本経済は、五〇年代の半ばには戦争の打撃からほぼ回復していた。経済企画庁『昭和三一年度 年次経済報告』(一九五六年)、いわゆる『経済白書』が、「もはや「戦後」ではない」と高らかに宣言し大きな話題となったのは、この時代を象徴する出来事だった。もちろん、この宣言と国民の生活実感との間には、大きな乖離があったのも事実だが、経済指標だけによって、「戦後」の終焉を判定しようという価値観がしだいに広がりつつあったことを否定することはできないだろう。

「逆コース」のはじまり

同時に、講和条約の発効は、日本の保守派からは、「行きすぎ」とみなされていた占領期の非軍事化・民主化政策を見直す契機ともなった。一九五一年五月、吉田茂首相は、首相の私的諮問機関として、政令諮問委員会を設置し、行政機構・教育制度・独占禁止法・労働関係法・警察制度などの見直しを開始した。その結果、占領期の諸改革の見直しが次々に実現していった。破壊活動防止法の公布(一九五二年七月)、朝鮮戦争の勃発に伴い、すでに一九五〇年八月に設置されていた警察予備隊の保安隊への改変・強化(一九五二年一〇月)、独占禁止法の改正(一九五三年九月)、警察制度の中央集権化を目的にした警察法の改正(一九五四年六月)などである。また、講和条約の調印前後から公職追放された「大物政治家」が追放を解除され、続々、政界に復帰してきていた。いわゆる「逆コース」の時代である。

講和条約の発効は、戦死者の追悼という問題でも大きな変化をもたらした。一九五一年九月一〇日付の文部次官・引揚援護庁次長の通牒、「戦ぼつ者の葬祭などについて」は、従来の制限を緩和して、公務員が民間の慰霊祭等に列席して弔辞を読み、また、地方公共団体の名で花輪や香華料などを贈ること、公務員が遺族を弔問することなどを許可した。さらに、講和条約発効後の五二年一一月六日には、「公共のための功労者、殉職者に対する公葬、慰霊祭は故人生前の信仰を重んじ、および遺族の希望にしたがつて行うならば、地方公共団体が主催して行つても差支ない」との通牒が新たに出されている(神社新報社編『神道指令と戦後の神道』神社新報社、一九七一年)。

このような状況の変化を、具体的に見てみよう。新潟県では、「平和条約の発効により国内の復興とも相まって、戦没者慰霊顕彰の気運がにわかに高まり、各地における慰霊法要が活発とな」った。そして、一九五二年五月二七日には、県主催により、宗教的行事を伴わない「新潟県戦没者追悼法要」を新潟市公会堂において実施している(前掲『新潟県終戦処理の記録』)。

中央レベルでは、一九五二年五月二日に、国の行事として、「全国戦没者追悼式」が新宿御苑で開催されている。この追悼式における吉田茂首相の式辞の一部を次に引用する(『日本遺族通信』第三五号、一九五二年)。

今や平和条約はその効力を生じ、わが国は独立国として再び国際社会に復帰するに至りました。この時に当たり、私は、支那事変以降の全国における戦没者の追悼式を行つて、その冥福を祈り、また、その遺家族諸子の労苦に深く同情の意を表し、再びかゝる大いなる不幸の繰り返されることのないようにと祈念するものでありま す。〔中略〕戦争のため祖国に殉ぜられた各位は、身をもつて尊い平和の礎となり、民主日本の成長発展をのぞみ見らるゝものと信じてうたがいませぬ。

戦争の侵略性、加害性に対する認識はないものの、かつての戦争を「大いなる不幸」としていること、戦没者を「民主日本の成長発展」を望み、「平和の礎」となった人々として位置付けていることに注目したい。「逆コース」の時代ではあっても、戦没者の英雄的な死を称える「顕彰」という性格は概して希薄である。そのかぎりでは、戦前との断絶が意識されているのである。なお、この時の「全国戦没者追悼式」は、無宗教式で実施されているが、その背景にはＧＨＱ側の強い意向があった（中村直文・ＮＨＫ取材班『靖国　知られざる占領下の攻防』日本放送出版協会、二〇〇七年）。

また、この時期は、慰霊祭・追悼式の開催とともに、戦死者の慰霊碑の建立が盛んになった。神奈川県の例で見てみると、戦没者の記念碑は、一九四六年＝四基、四七年＝五基、四八年＝一基、四九年＝二基、五〇年＝八基、五一年＝五基、五二年＝一九基、五三年＝三六基、五四年＝二三基、五五年＝二二基、五六年＝一七基、五七年＝二〇基、五八年＝四基、五九年＝四基、以後、六〇年から九九年までの間に一五八基（年平均約四基）という形で推移し、講和発効後から五〇年代半ば過ぎがピークをなしていることがわかる（国立歴史民俗博物館編『近現代の戦争に関する記念碑』非売品、二〇〇三年）。

靖国神社・護国神社の復権

一方、占領の終結は、靖国神社にも大きな変化をもたらした。一九五一年一〇月一八日の例大祭当日祭には、「公務員の公葬への列席が大幅に緩和されたのを受けて、内閣総理大臣吉田茂をはじめ各閣僚、衆・参両院正・副議長が六年ぶりに特別参拝を」行った。この時の例大祭は、「二日間で戦後最高の三五万人（推定）の参拝者を算え、終日境内は賑わいを呈」したとされている。天皇の靖国神社参拝や勅使参向は、四六年四月三〇日以来「連合軍総司令部の意向により取り止めとな」っていたが、五二年一〇月一六日には、天皇が参拝して天皇と靖国神社との結びつきが公然と復活し、翌五三年一〇月一八日の例大祭からは勅使の参向も復活する（靖国神社編『靖国神社百年史 事歴年表』非売品、一九八七年）。

靖国神社の事実上の地方分社である護国神社への天皇の参拝が復活したのは、一九五七年一〇月二五日の静岡県護国神社への参拝である。この時、天皇・皇后は、国民体育大会出席のための地方行幸の際に、静岡県護国神社を参拝した。重要なことは、これらの参拝が、天皇の戦争責任との関係で、微妙な問題をはらんでいたことである。静岡県護国神社への参拝の際には、『静岡新聞』が参拝を求める大キャンペーンをはったが、そこには、微妙な国民意識が投影されていた。同紙のコラムの印象的な主張をいくつか取り上げてみると、「国民の代表であり、国民の表徴として天皇が考えられている限り、その天皇は国民の気持ちを代表して護国神社にお詣りして戦死者の霊に頭をお垂げになるのがいいと思う」、「日本国家の為に死に、日本民族のために死に、天皇陛下の御為に死んだ訳だ。この人たちに感謝もし、申し訳なしと頭を下げ得ないということはあり得ることだろうか。その護国神社の傍らの国道を通りながら、而も参拝されないということは我々として解し難いのだ」ということになる。

また、読者の投書の中にも、「私共のせがれは、天皇陛下様、あなたのお召によって万歳と日の丸の旗で見送られ、しかもあなたの万歳を唱えて最後の息をひきとり待てど再び帰りませんです」、「今回のご参拝はわずかな時間ではあったが、戦争犠牲者に対するおわびと感謝の気持ちを呼び起すにどんなに役だったことか」といった表現が見られる(坂本孝治郎『象徴天皇がやって来る』平凡社、一九八八年)。

結局、護国神社への参拝では、第一鳥居前に「洗浄した玉砂利を敷きつめた拝座」を臨時に設置し、約五〇〇〇人の遺族や市民が見守る中で、天皇・皇后「両陛下御列立のうえ、暫時深く頭を垂れて御拝」するという形がとられた(二橋正彦編『静岡県護国神社史』非売品、一九九一年)。以上の過程を詳細に分析した坂本・前掲書は、この参拝に、遺族の側から発せられた「戦死者に対する天皇の責任儀礼の間接的要望」に天皇の側が応答してゆく側面(あるいは応答してゆかざるを得ない側面)があることを明らかにしているが、遺族だけでなく、生き残った元兵士たちと天皇との間にも、同様の関係が成立していたものと考えられる。

軍人恩給の復活

戦死者の遺族の運動も大きく変わった。日本遺族厚生連盟は解散し、一九五三年三月、「財団法人日本遺族会」が新たに設立された。日本遺族会設立時の「寄付行為」(規約)を、日本遺族厚生連盟の規約と比較してみると、後者の規約にあった、「戦争の防止」、「世界恒久の平和の確立」、「全人類の福祉に貢献」の三点が姿を消し、日本遺族厚生連盟時代の事業として掲げられていた「世界恒久平和の確立に寄与する各種の文化事業」が削除されて、かわって「皇居の清掃、拝観等」が新たな事業として掲げられている。さらに、同年一〇月に開催された日本遺族会の評議員会で、「寄付行為」が改正され、会の目的に、新たに「英霊の顕彰」が登場している(田中伸尚・田中宏・波田永実『遺族と戦後』岩波新書、一九九五年)。こうした中で、一九五六年一月の第八回全国戦没者遺族大会は、靖国神社及び護国神社を国または地方公共団体で「護持」することを決議し、日本遺族会は、「靖国神社国家護持」運動に本格的に取り組んでゆくことになる。

一方、一九五二年四月には戦傷病者戦没者遺族等援護法が制定された。同法は、軍人・軍属の公務上の負傷、疾病、死亡に関し、国家補償の精神に基づき、本人若しくは遺族に対し、年金等を支給することを定めた法律だったが、軍人恩給が復活するまでの過渡的措置という性格を持っていた。続いて、五三年八月には、旧軍人や戦没者の遺族の強い要望を背景に、「恩給法の一部を改正する法律」が公布され、軍人恩給が復活した。しかし、この軍人恩給に対しては、階級が上位の旧職業軍人に対する特権的制度であるという批判や、軍人・軍属だけを対象にし、民間人の戦争犠牲者の存在を無視しているという批判などにみられるように、国民の中に根強い反発が存在したし、旧軍人の中にも、批判的な態度をとる者がいた。久徳通夫（元陸軍中佐）は、軍人恩給は国家と雇用関係にあった旧軍人と国家との契約であり復活させるのが当然である、という主張などを批判して、次のように書いている（久徳通夫『職業軍人』彩光社、一九五六年）。社会保障の見地から民間人も含む総ての戦争犠牲者に対する補償を行えという注目すべき主張である。

敗戦直後私達旧軍人の大部は「戦があったら勝ってくれということで国家から特別な厚遇を受けていたのだから、戦に敗けたら恩給もへちまもあるものか、総員辞退するのが当然だ」という純粋な気持ちだった。事実軍人恩給が問題になるような国内の空気でもなかった。〔中略〕危険な思いをしたり陛下の為に不利益を受けたのは軍人だけじゃない、戦争犠牲者は国民の全部であり、中でも未亡人や戦災孤児が最も傷ましい。軍人に恩給やる位なら戦火を受けた国民の一人残らずが、国家から何かの補償を受けていい筈だと考えるのも尤も千万である。旧軍人と雖《いえど》も生活に困る人とそうでない人とあり、一般国民にも旧軍人よりももっと困る人がいくらもいる。既得権益とか国家との契約だとかは敗戦という未曽有の出来事で一応キレイにすっかり忘れて白紙に還って、困る人を国家が扶《たす》けるという社会保障の中に包含するのが一番穏当だというのが、今日の私の考え方である。

もっとも、久徳は、生活苦のため、「「くれるものはもらっておけ」という気になり」、一九五四年に、第一回目の恩給の支給を受けている。年額は八万五一二〇円、五五歳未満のため(久徳は、一九〇三年生まれ)、その七割の五万九五八四円が実際の支給額だった。ちなみに、同じ年の小学校教員(二級普通免許状を有する教員)の初任給が、基本給で月額七八〇〇円である(週刊朝日編『続・値段の明治大正昭和風俗史』朝日新聞社、一九八一年)。在職年の長い高級軍人の場合、かなりの年額の恩給であることがわかる。

軍人恩給についていては、その実態をもう少し詳しく見てみる必要がある。復活した軍人恩給は、生存軍人に支給される普通恩給、傷痍軍人に対して支給される増加恩給、普通恩給受給者が死亡した場合、その遺族に支給される普通扶助料、戦没者の遺族、および増加恩給受給者が死亡した場合、その遺族に対して支給される公務扶助料に大別される。一九五八年度を例にとると、軍人恩給受給者総数は、二一一万二〇〇〇人である。そのうち、公務扶助料受給者が一五一万九〇〇〇人で全体の七二%を占めるのに対して、普通恩給受給者は約三八万人で全体の一八%にすぎない。また、軍人恩給が戦没者の遺族に対する生活保障という側面を持っていたことがわかる。普通恩給受給者の中では、旧軍における将校・下士官・兵の構成比と比較しても、下士官の占める割合が高いことが注目される。さらに、法案制定の段階で、軍人恩給に対する批判的な世論を意識して、下位の階級にある者の支給額を引き上げるなどの措置も講じられた(木村卓滋「軍人たちの戦後――旧軍人集団と戦後日本」前掲『岩波講座 アジア・太平洋戦争5』)。

戦犯の復権

このように軍人恩給の復活は、戦前の制度の単なる復活ではありえなかったが、旧軍人の復権の大きなメルクマールとなったのも確かだった。加えて、朝鮮戦争の勃発や再軍備の進展が、復権の「追い風」となった。兵器生産のため、「業界は兵器生産に経験のある技術関係将校をあわてて顧問や幹部に迎えたり、営業部門にまでも軍人を入れて保安隊に物資売込み合戦を展開」するようになり、「商社将軍」、「工場将軍」が誕生した(榎本明「生きている将軍たち」『中央公論』一九五三年一〇月号)。政界では、講和条約発効後の最初の総選挙(一九五二年一〇月実施)で、辻政信(元陸軍大佐)が石川県第一区からトップ当選した。辻は、一九三九年のノモンハン事件当時には関東軍内で事件の拡大を策し、アジア・太平洋戦争の開戦時には、参謀本部内で対英米開戦論の急先鋒だった人物である。一九五三年四月投票の参議院選挙では、「政界の惑星」とよばれ、何度も首相候補に擬せられた元陸軍大将の宇垣一成が、全国区第一位で当選した。得票数は約五一万票である。

戦犯の復権も進んだ。一九五二年六月から五五年七月にかけて、衆議院では四回、五二年六月には参議院で一回、共産党を除く主要会派の賛成で、戦犯の釈放を求める決議が採択されている。援護行政の面でも大きな転換があった。五三年八月の戦傷病者戦没者遺族等援護法の改正によって、戦犯の遺族にも年金などの支給が認められるようになったし、五四年六月の恩給法の改正では、戦犯の遺族に公務扶助料が支給されることになった。

こうした時代の雰囲気をよく示しているのは、A級戦犯のラジオ出演である。一九五六年四月一四日の文化放送は、「録音構成「A級戦犯」」を放送した。東京裁判で有罪判決を受けた四人のA級戦犯、荒木貞夫、賀屋興宣、橋本欣五郎、鈴木貞一による「文明批評」がその内容だった。さすがに、この番組には手厳しい批判が加えられたが、戦犯の復権を象徴する出来事だったといえよう(吉田裕「なぜ日本は「侵略」という認識をもたなかったのか」岡部牧夫ほか編『中国侵略の証言者たち』岩波新書、二〇一〇年)。

もっとも、この時代を「復権」の一色で塗り潰してしまうことには、問題もある。戦争の生々しい傷跡は、社会のそこかしこに残されていたし、軍隊や旧軍人に強い反感を抱く人々も少なくなかった。NHKラジオは、一九五三年一〇月一七日、「なつかしのメロディ」の番組で軍歌を放送したが、「大分不評を蒙った」。批判の投書の中には、

「楽しい土曜日をぶち壊すものだ」という内容のものまであったという(日本放送協会編『ＮＨＫ年鑑　１９５５年版』ラジオサービスセンター、一九五四年)。

２　旧軍人の結集

相次ぐ旧軍人団体の結成

以上のような状況の中で、この時期、旧軍人団体の結成が相次いだ。「偕行社」は、戦前から存在する陸軍士官学校卒業者を中心とした正規将校の親睦・修養組織である。ＧＨＱの指令により占領期には解散を命じられていたが、講和条約発効後の一九五二年八月に「偕行会」として発足し、一九五七年一二月には、「財団法人偕行社」となった。会員の親睦や相互扶助などを目的とした団体である。同じく、海軍兵学校卒業者を中心とした正規将校の親睦・修養組織である「水交社」も、占領期には解散を命じられていたが、一九五二年に「水交会」として発足し、一九五四年には「財団法人水交会」となった。やはり会員の親睦や相互扶助などを目的とした団体である。偕行社や水交会は戦友会としての性格も有しており、部隊戦友会に対して学校戦友会と呼ばれる(高橋三郎ほか『共同研究　戦友会』田畑書店、一九八三年)。

傷痍軍人に関しては、戦前、「大日本傷痍軍人会」が存在していたが、一九四六年四月に解散となり、講和条約発効後の一九五二年一一月に「日本傷痍軍人会」が、一九五五年二月には、「財団法人日本傷痍軍人会」が設立されている。傷痍軍人の親睦や相互扶助、福祉の増進などを目的とした団体である。

軍人恩給問題では、一九五二年七月に「旧軍人関係恩給復活全国連絡会」が発足し、軍人恩給復活の運動を全国的に展開することになった。その後、同会は軍人恩給の復活に伴い、一九五三年八月には「旧軍人関係恩給権擁護全国連合会」(全連)に、一九六一年一〇月には「軍恩連盟全国連合会」に改組され、軍人恩給の増額を求める圧力団体として組織を拡大してゆく。しかし、旧軍人団体の中でも、とりわけ軍恩連盟運動に対しては、大きな反発を抱く国民が少なくなかった。荻原一郎「軍恩運動二十年を顧みて」(神宮甚三郎編『群馬県軍恩連盟誌』非売品、一九七九年)は、運動開始当時の状況について、次のように回想している。

当時は世論と言うか国民感情が軍人に対して極めて冷淡でありました。即ち大東亜戦争開始とその敗戦の責任を軍部及軍人に対し非常な憎しみと憤りの念が国民の多数を支配しておった事です。従って戦争責任者である軍人に恩給をくれるなどもっての外だと言う人もあれば又そう考へていた人もかなりあって中には公然と且露骨に本運動に反対する者がおったのであるから本運動も個人間で内証に行はざるを得ないと言う立場に置かれたのであります。

なお、恩給関係・援護法関係予算は、一九五六年度予算額で八八九億円を超え、国家予算総額の八・六%を占めていた(厚生省大臣官房企画室編『厚生白書 昭和三十一年度版』東洋経済新報社、一九五六年)。高度経済成長が本格化する前の国家財政にとって、恩給関係・援護法関係予算はかなりの負担であり、それだけに国民の風当たりも強かったと言えるだろう。

戦後型在郷軍人会＝日本郷友連盟の運動

この時期に結成された旧軍人団体のうち、最も政治的でイデオロギッシュな団体は、「日本郷友連盟」だった。以下、その動向を見てみよう。

一九五五年六月、植田謙吉(元陸軍大将)を会長とする「日本戦友団体連合会」(戦友連)が結成された。結成大会における副会長兼理事長・岡村寧次(元陸軍大将)の経過報告によれば(『桜星』第一巻第五号、一九五五年)、その経緯は次のようなものである。すなわち、講和条約発効後、「全国津々浦々にほうはいとして元兵役関係者を中心とする団体が再結成され、それが逐次拡大して都道府県の団体となつた」。その名称は、在郷軍人会、戦友会、郷軍会、至誠会、桜星会など、まちまちだったが、「約二年程前からこれら全国各団体の会員の間に、なんとかして全国結成の大団結をして、国家再建に寄与したいとの声が起り」、「日本桜星会準備会」をへて、日本戦友団体連合会の結成となった。会の目的は、「全国旧兵役関係者を主体とする諸団体との連絡をはかり、その活動の進展を援助し、相互の協力を推進し、もって祖国の再建と防衛・福祉の実現に資する」ことにあり、会員総数は約八五万人にのぼるという。関係者たちは、かつての帝国在郷軍人会とは性格の異なる組織であることを強調しているが、在郷軍人会の現代版という性格は否定できない。また、堂場肇・園田剛民・田村祐造『防衛庁』(朋文社、一九五六年)は、戦前の在郷軍人会との相違にも着目しながら、次のように指摘している。

全国四十六都道府県に殆んど全部、全県的な組織が作られており、その組織は都会よりも田舎に行くにつれてますます強固な活発な運動を展開しているのである。戦友連が昔の在郷軍人会と異るタツタ一つの点は、地方団体の会長が、必ずしも旧軍隊時代の階級によつてきめられず、尉官(少尉・中尉・大尉)クラスはもとより、地方によつては下士官、兵が会長に選ばれていることである。

しかし、組織の実勢については、機関誌『桜星』上で会費の未納や会員名簿の未整備が度々問題になっているところを見ると、約八五万人という会員数は、かなり水増しされた数字であるようだ。会長の植田謙吉も一九五六年五月開催の第二回総会の席場で、「然るに本会成立以来の実情を見ますると、(中略)寄附の要請もまた限度に達しております。しかも会員の醵出《きょしゅつ》、桜星誌購読の不振と相俟つて本会の運営上憂慮すべきものがあり、本会の死活問題として今日の急務は、速やかに会費制度を確立することにあるを皆様方に訴えたいと存じます」と述べている(植田謙吉「われらの反省と発展への願望」『桜星』第二巻第六号、一九五六年)。

戦友連は法人化に伴い、一九五六年一〇月に「社団法人 日本郷友連盟」(郷友連)に改組されるが、その定款によれば、会員は、「本連盟の目的趣旨に賛同する旧兵役に服した者及びその他の者」であり、連盟の目的は、「内外の情勢を明らかにし、国防思想の普及及び民防衛の促進を図り、もって民防衛の体制を確立するとともに、英霊の顕彰及び海外抑留者(戦犯抑留者などのこと)の帰還促進等を行い、光栄あるわが国の歴史及び伝統を継承助長して祖国の再建に寄与すること」にあった(『桜星』第二巻第一一号、一九五六年)。「民防衛」とは、軍隊そのものによる防衛ではなく、それを支える、民間中心の防衛活動のことをいう。

日本郷友連盟の限界

しかし、かつての将官クラスの旧軍人を幹部に擁する団体に対しては、厳しい批判もあった。日本戦友団体連合会結成のニュースを聞いた群馬県のある会社員は、NHKラジオの「私達の言葉」で、次のように語っている。

日本戦友団体連合会の発会式の模様を報じたラヂオ放送は、私にひやりとしたものを感じさせました。連合会の首脳部に推された人達の名前を聞きますと、何れも第二次大戦に、日本軍の戦略と指揮の陣頭に立つた将軍達だつたからです。あの人達は敗戦に終つた第二次大戦の責任者としての立場を忘れたのではないでしょうか。第二次大戦の悲しみも未だ癒えてはいないのに、元の将軍クラスの人達が、再び中央で脚光を浴びて出られるような世の中になつたことは、我が国が三度、戦争に巻き込まれる運命を辿るのではないかという、暗い気持ちと予感を覚えさせるものがありました。

この放送に対しては、同じ「私達の言葉」で、理事長の岡村寧次が釈明を試みているが(前掲『桜星』第一巻第五号)、戦友連にとって、戦争責任の問題がきわめて微妙な問題であったことがわかる。

また、日本郷友連盟への改組直後にも、理事長の岡村寧次が、雑誌記者から、「あなた方の戦争責任をどう考えているのか」という質問を受けている。それに対する岡村の回答は、「老兵どもは早く、消え失せろとよく言われる。たしかに、道義的責任を感じている。といっても、われわれが戦争をはじめたのでない。政治家と大本営とがいけなかった。敗れた責任はあるが、大部分の軍人は大本営の命令で動いただけである」というものだった(「「生きている老兵」会員百十万という「郷友連盟」」『週刊朝日』一九五六年一二月一六日号)。岡村は、国家総動員体制の確立のための軍改革に取り組み、一九三一年の三月事件(軍によるクーデター計画)にも関与した軍人である。軍部の政治介入に直接の責任を負う軍人と言わなければならないだろう。責任は、「政治家と大本営」にあるという岡村のこの発言には、戦争責任問題に対する痛覚が完全に欠落している。なお、最後の支那派遣軍総司令官であった岡村は、中国からの帰国後、内戦に敗れて台湾に移っていた国民政府を「反共」の立場から支援するため、旧陸軍将校を組織し、軍事顧問団として台湾に送り出すという秘密任務にあたっていた(中村祐悦『白団』芙蓉書房出版、一九九五年)。

運動の担い手

この郷友連の運動については、平田哲男の研究がある(平田哲男「『桜星』の復権――郷友連のイデオロギーと行動」『歴史評論』一九八二年二月号)。平田によれば、この運動の地方における主たる担い手は、下士官クラスの旧軍人だった。同時に、平田は、公称会員数に大きな水増しがあることも指摘している。なお、一九五〇年代半ばに活発化する旧軍人団体の活動については、文芸評論家の臼井吉見も、座談会の中で、「田舎に行つてみると、昔上等兵だつたとか、まして伍長、特務曹長だつたなんていうのは大変な権威だつたでしよう。それが敗戦後全然ふるわなくなつたものだから、なんとかして昔日の威信を回復しようという感情的なものが主になつているんじやないかね」と発言している(大宅壮一ほか「旧軍人色気づく」『中央公論』一九五六年七月号)。つまり、こうした運動は、下士官クラスの旧軍人による政治的、社会的威信の回復運動だということになる。

この点で興味深いのは、一九五二年総選挙で当選した辻政信の選挙基盤である。辻は、ある種のカリスマ性を持つ大衆政治家であり、自衛中立、反米・反ソ、アジア諸国との友好などのスローガンを掲げて、無党派層にまで支持を広げたが、選挙運動の直接の担い手は、旧在郷軍人だった。中村静治「辻政信はどうして出たか――石川県における総選挙の実相」(『思想』一九五三年第四号)は、辻の組織選挙の担い手について、次のように分析している。


辻派はこれを旧在郷軍人会に求め、古い郷軍(在郷軍人会のこと)名簿をひろって町村の元郷軍分会長クラスに呼びかけを行った。これら郷軍分会長クラスは、大体において町村部落の有力者、中堅層が占めていた地位であり、社会階層としては旧地主、富農であり、一年志願兵、幹候(幹部候補生)出の中少尉でなければ准士官、下士官の古参――彼らの退役後における村での仕事は助役、収入役、農協書記などが多い――であり、それらは敗戦とともに追放され、町村政治の分野からも顔を失う結果となり、そのうえ農地改革で没落に瀕したものが少くない。彼らがかつて占めていた顔と権力の地位には、いわゆる戦後派が坐わり込み、あるいは地方議員として、あるいは農協その他の団体役員として羽振りをきかせている。

ここでも、下士官と下士官出身の准士官が顔をのぞかせている。敗戦直後から、農村では農民運動が大きな高揚をみせていたが、農民組合の幹部は、小作・小自作出身が比較的多く、農地改革によって自作農となった彼らは、村長・村会議員・農業協同組合役員等の役職につく場合が多かった。農地改革は、地主制を基盤にした伝統名望家層を没落させ、新たな管理経営能力を身につけた役職名望家層を生み出したのである(升味準之輔『戦後政治(下)』東京大学出版会、一九八三年)。中村のいう「戦後派」がこの役職名望家層であり、旧下士官層(おそらくその中心は、志願兵として軍隊に入り職業軍人の道を選択した者)は没落する伝統名望家層の末端に位置していたものと考えられる。辻政信は翌一九五三年の総選挙でも当選するが、この時の選挙でも、「「不運」の旧郷軍幹部が辻派の中核であ」り、「〝昔を今に〟という心情から出る逞しい彼らの行動力が、辻を強力に支えている」と評されている(森直弘「辻政信は今度もどうして当選したか」『中央公論』一九五三年六月号)。

郷友連の運動は、その過度な政治性、イデオロギー性に加えて、その担い手の狭さという問題もあって、旧軍人の中でも広がりをみせなかった。結局、日本郷友連盟は、一九六二年五月の定款の改正で、会員資格を「連盟は本連盟の目的趣旨に賛同する旧兵役に服した者及びその他をもって組織する」から、「連盟は本連盟の目的趣旨に賛同するものをもって組織する」に変更した。日本郷友連盟『日本郷友連盟十年史』(非売品、一九六七年)は、この改正を「これにより名実共に旧在郷軍人会の性格より脱皮した」と評しているが、それは、旧軍人の広範な組織化に失敗したことの自己表明でもあった。

再軍備と旧軍人

「逆コース」の中で、公職追放が次々に解除されたことについては、すでにふれたが、旧軍人の追放解除も段階的に進み、多数の旧軍人が警察予備隊・保安隊・自衛隊に入隊した。保安庁が一九五四年五月に参議院内閣委員会に提出した保安隊(のちの陸上自衛隊)、警備隊(のちの海上自衛隊)幹部級隊員(旧軍の少尉以上に相当)の軍歴表によれば、保安隊の場合、旧軍人が占める割合は二四・四%、警備隊の場合、旧軍人の占める割合は八〇・一%だった(伊藤斌編『防衛年鑑 昭和三十年版』防衛年鑑刊行会、一九五五年)。旧海軍と海上自衛隊の人的連続性が歴然としている。追放を最初に解除されたのは、敗戦時に少尉だった陸軍士官学校第五八期生及び海軍兵学校第七四期生だが、このうち前者に関しては、同期生の戦後の職業がわかる。同期生の「昭和48年版名簿」によれば、第五八期生二三三七人のうち自衛隊に入隊した者は四〇三人で、その割合は一七・二%である(前掲『陸軍士官学校第五十八期生 軍官学校第三期生 小史』)。決して高くはない数字である。

次に、一般隊員の場合も見てみよう。一九五〇年度の警察予備隊隊員募集の際の合格者は、八万八三八名だが、その内訳は、将校の軍歴を有する者＝五二五一名(六・五%)、下士官の軍歴を有する者＝一万六六七三名(二〇・六%)、兵の軍歴を有する者＝二万五八六名(二五・五%)、軍歴なし＝三万八三二八名(四七・四%)である(防衛庁人事局人事第二課編『募集十年史(上)』非売品、一九六一年)。大本営陸軍部の資料によれば、一九四五年八月三一日時点での陸軍の総兵力は、推定で五四〇万七一〇〇名、その内訳は将校＝二四万六九〇〇名、下士官＝六八万七〇〇〇名、兵＝四四七万九五〇〇名であるから、その構成比は、将校＝四・六%、下士官＝一二・六%、兵＝八二・八%である(参謀本部所蔵『敗戦の記録』原書房、一九六七年)。この数字と比較するならば、軍歴を有する警察予備隊合格者の中で下士官出身者がきわめて大きな比重を占めていることがわかる。

また、軍事組織としての実態が次第に整備されていく中で、旧軍の伝統を保持しようとする者と戦後の新しい状況に適応しようとする者との間の対立が深刻化した。陸軍士官学校出身で戦後、陸上自衛隊に入った太田庄次は、「陸上自衛隊の幹部の大部は、何等かの形で旧軍に関係をもった人々であった。これ等の幹部は、それぞれの体験に鑑みて、ある者は、国の防衛を使命とする部隊は、軍隊の本質に変わりなく、天皇親率を民主主義に基づく、国民の部隊におき変えればよい位に考え、また、ある者は、旧軍の概念、イメージを一掃して、新憲法に基く新しい自衛隊を創設すべきである。即ち旧軍の業を絶ち切るべきであると考えた」と回想している(太田庄次「千歳時代を回顧して」山崎竹敏編『塚本政登士会長顕彰録』非売品、一九八四年)。ちなみに、植村秀樹「自衛隊における〝戦前〟と〝戦後〟」(『年報　日本現代史』第一四号、二〇〇九年)によれば、自衛隊の中で、

「旧軍的なるものの復活を目指す動き」が最終的に挫折するのは、一九七〇年一一月の三島由紀夫事件によってである。

さらに、いわば現場での米軍との接触を通じて、旧軍の古い体質を自覚した者もいた。千葉哲夫は一九四二年に志願兵として佐世保海兵団に入団し、潜水艦の乗組員となった。戦後は一九五二年に海上警備隊に入隊し、一九五五年にはコネチカット州の米海軍潜水学校において、一九四三年就役のガトー級潜水艦で訓練を受ける。この時、旧海軍の潜水艦の劣悪な居住性を当然のことと考えてきた千葉は、性能だけでなく快適な居住性の問題などでも日本の潜水艦とのあまりに大きい格差に衝撃を受けた。そして、潜水艦作戦において日本海軍は、「米潜の徹底した合理性とヒューマニズムを基調とした機能と〔艦内〕環境に敗れた」ことを認識するに至ったのである。千葉は日米の潜水艦を比較した上で、日本の敗因について、「苛酷な条件のもとで、疲労は極限におかれた人間と、快適な条件のもとで体力を温存した人間が対峙した場合を考えれば、答えは自ずと明らかでありましょう」とも書いている（千葉哲夫編著『鎮魂』星への歩み出版、二〇〇九年）。

また、警察予備隊の中枢を占め、再軍備の主導権を握ったのが、旧内務官僚出身の警察官僚（文官）であった事実は、今日ではよく知られている。GHQ内のタカ派の拠点であるG2（参謀第二部）と関係が深かった服部卓四郎（元陸軍大佐）を中心にした旧職業軍人グループ（服部グループ）は、旧軍にできる限り近い形での再軍備を夢見ていたが、結局、中枢からは排除された。吉田茂首相自身、旧軍の復活には強い警戒心を抱いていたし、文官官僚の中にも、体験に根ざした根強い反軍感情が存在したからである。内務省出身の防衛官僚で、自衛隊制服組と激しく対立しながら、戦後の防衛政策に大きな影響力を及ぼした海原治(「海原天皇」の異名を持つ)は、次のように書いている(海原治『日本防衛体制の内幕』時事通信社、一九七七年)。

〝専門家は間違ったことをいうはずはない〟と思うのが、日本人の通弊である。しかし、優秀な専門家の集団であった大日本帝国の大本営が、いかに多くのあやまりをおかしたかを貴重な教訓とするならば、〝専門家〟の言葉は〝健全な常識〟で、その適否を判定しなければならない。〔中略〕帝国大本営の「計画」は、〝画餅〟の類であり、願望の表明か決心の宣示であって、事柄の実行可能性については、全く無関心であった、ということである。この旧日本軍人の意識が、そのまま、今日の自衛隊の幕僚の意識である。

また、ノモンハン事件時の関東軍参謀として事件の拡大を策し、アジア・太平洋戦争開戦時の参謀本部作戦課長として、対米強硬論を主張した服部卓四郎に対しては、旧軍人の中にも強い批判が存在した。服部グループから警察予備隊への入隊の勧誘を受けた堀栄三(陸士第四六期)に対して、父親の堀丈夫・元中将は、「やめておけ、一度大失敗した連中がいまから、また何をしようとしているのだ、それに服部はノモンハンでも失敗した男だ、性懲りもなしに」、「戦争を敗戦に導いた人間たちは、戦争指導に携った連中だ、この人たちが責任を感じないでどうするのだ」と語っている(堀栄三『大本営参謀の情報戦記』文藝春秋、一九八九年)。旧「高級将校」の中にも、こうした手厳しい批判が存在したのである。

＊ 有馬哲夫『大本営参謀は戦後何と戦ったのか』(新潮新書、二〇一〇年)は、CIA所蔵史料に基づきながら、占領期に米軍諜報機関が河辺虎四郎、有末精三、服部卓四郎などの旧軍高級将校を内通者、協力者として利用していた事実を明らかにした興味深い著作である。しかし、米軍諜報機関は、これらの旧軍人グループの日本国内における政治的影響力を過大評価していたように思われる。逆に言えば、したたかで無節操な彼らは、自らを米軍に高く売りつけることに成功していたのである。

3　「戦記もの」ブームと「戦中派」の登場

高級将校による戦記

講和条約発効前後から出版界では、「戦記もの」のブームが始まる。当初の執筆者は、陸海軍の幕僚将校や将官クラスの「高級将校」である。辻政信(元陸軍大佐)の『十五対一』(酣燈社、一九五〇年)、猪口力平(元海軍大佐)・中島正(元海軍少佐)の共著『神風特別

攻撃隊』(日本出版協同、一九五一年)、淵田美津雄(元海軍大佐)・奥宮正武(元海軍中佐)の共著『機動部隊』(日本出版協同、一九五一年)、草鹿龍之介(元海軍中将)の『聯合艦隊』(毎日新聞社、一九五二年)、服部卓四郎(元陸軍大佐)の『大東亜戦争全史』全四巻(鱒書房、一九五三年)などが、代表的著作である。

このうち、服部卓四郎の著作についてふれておきたい。『大東亜戦争全史』の著者は、服部卓四郎となっているが、「実際は各戦域の作戦参謀級の陸海軍の幕僚が、分担執筆し、稲葉正夫(四二期、終戦時陸軍省軍務局軍事課員、中佐)がまとめたもの」だった(陸軍史研究会編『日本陸軍の本 総解説』自由国民社、一九八五年)。服部グループは、占領期に米軍戦史の編纂に協力しつつ、アジア・太平洋戦争関係の史料の収集と戦史研究にあたっていたが、その集大成が、この『大東亜戦争全史』だった。戦略・政略を含む戦争指導、大本営による作戦指導、各戦域での戦闘の三つを包括的に叙述するというスタイルをとっているが、当時、彼ら以外誰も利用することのできなかった、御前会議、大本営政府連絡会議などの記録、機密作戦日誌などの重要史料に基づいて分析を行っている点では、戦後はじめての本格的戦史である。彼らは、これらのトップ・レベルの機密文書がGHQの手に渡るのをおそれて、組織的に隠匿していたのである。

しかし、同時に問題点も多い著作である。第一には歴史認識の問題である。第一巻の「自序」には「私の過去一切に捉われず、飽くまで史実の真相を探求するに公正、客観的態度をもって一貫するに努めた」と書かれているが、この著作の底流にあるのは、アメリカの対日圧迫政策の結果、日本は戦争に追い込まれたという歴史認識である。このように、外的要因だけで歴史を解釈しようとしているため、軍部の政治介入など、日本側の抱える様々な問題点の分析はきわめて不十分なものとならざるをえない。

第二には、同じく「自序」に、「敗戦の名の下に埋没せられんとしている各戦場における我が陸海軍勇戦の実相を明かにするためには、少なからざる紙面を割くを惜しまなかつた」とあるように、「勇戦」した日本軍の顕彰という性格が強いことである。例えば、一九四四年九月、ビルマ・雲南戦線において、日本軍の拉孟守備隊が、多数の中国軍に包囲されて全滅しているが、その最後の状況は、次のように描写されている（『大東亜戦争全史3』）。

守備隊長以下、一丸となり、この優勢なる敵の攻撃を従容として邀《むか》え撃ち、機会ある毎に決死隊を以て出撃奇襲し、一度として戦況を嘆じたり、増援を懇請することなく、鬼神の姿となつて闘つた。〔中略〕片眼、片手、片脚をのこす守備隊将兵は尽く第一線に進み出て奮戦した。〔中略〕その凄絶なる姿は真に阿修羅漢の如く、鬼神も避くる態のものであつた。

「大本営発表」を思わせるこのような文体は、敗戦による混乱とGHQによる占領政策の結果、「過渡的な現象ではあつたが、日本の精神的背骨は根底からゆらぎ、自らの国家と民族に対する自信と誇りとを喪失したやの感があった」(『大東亜戦争全史4』)という現状認識と対の関係にあった。『大東亜戦争全史』には、「国家と民族に対する自信と誇り」を回復させるための戦史という性格があったのである。

第三の問題点は、第二次長沙作戦や大陸打通作戦などが簡単に取り上げられているだけで、中国戦線が一貫して軽視されていることである。特に、中国共産党の軍隊である八路軍や新四軍を中心にして展開されたゲリラ戦の存在は完全に無視されている。ゲリラ戦に象徴される中国軍民の民族的抗戦が、日本の戦争遂行能力に大きな打撃を与えていた事実を考えるならば(吉田裕『アジア・太平洋戦争』岩波新書、二〇〇七年)、『大東亜戦争全史』は、あくまで対英米戦中心の戦記だといえるだろう。

下士官の戦記

以上、講和条約発効前後の時期の「戦記もの」ブームについてみてきたが、これに続く第二の「戦記もの」ブームは、「もはや戦後ではない」の一九五六年頃である。一九五六年四月一四日付『読売新聞』は、次のように報道している。

一時下火となっていた〝戦記もの〟出版が近ごろまたもり返し、出版界はいま剣豪ブームに代って戦争ブームである。しかもその内容はひところの〝暴露もの〟や反戦的なものではなく日本陸海軍はなやかなりしころへの郷愁や日本軍の優秀性を織りこんだ戦争ルポルタージュ。「あの作戦はこうすれば負けなかったし、歴史も変っていた」といった負けおしみ調の多いのが特色で、日本軍の威勢の良いものほど売れ行きがよい傾向さえ現われている。〔中略〕
このブームの原因についてある出版社は「いまの飲み屋での共通の話題がつや(艶)話と軍隊生活の思い出であるように、興味をもつ読者層が広いから」といい、また「旧軍人たちのノスタルジア、父兄の姿を知りたい若い世代の興味、英雄主義へのあこがれ」ともいっている。

もう少し、具体的に見てみよう。当初は総合雑誌の性格を持っていた雑誌『丸』は一九五六年四月号から特集雑誌に変わり、最初の特集を「戦記特集」としたが、同号の「編集後記」は、その理由について、戦死した若者たちの「真剣さと純粋さを、戦後十年の今日、ふたたび改めてみつめ直すことは決して意味のないことではないと確信したからである。日本は確かに敗れた。しかし我々の父や子や、兄や弟はよく戦いよく勝ち、そして敗れたのだ」と説明している。その『丸』は、一九五六年には、『丸 臨時増刊 大陸軍戦史』を、一九五七年には、『特集丸第一集 大海軍戦史』、『特集丸第二集 大空軍戦史』を刊行している。いずれも、旧陸海軍の「高級将校」が全面的に編集に協力した企画である。また、『別冊知性1 太平洋戦争の全貌』(一九五六年)の「編集後記」も、従来の戦記物によって「与えられた戦争の姿は、多分に歪曲され、或は一方的な解釈に基く場合が多いようだ。〔中略〕ようやく日本人が〝狂った季節〟を脱した今日、もぎとられた歴史の数頁の、正しい事実を知る権利があるといいたい。この意味で、それぞれの作戦に参加した司令官、参謀を煩して、正しい記録によって執筆していただいた」としている。歪曲された歴史を正すという問題意識と、正しい歴史を知るのは司令官や参謀だという認識に注目したい。同様に、『特集文藝春秋　日本陸海軍の総決算』(一九五五年)も、冒頭部分で、「本特集は陸海各部隊の責任ある軍人に稿を求め」とあるように、執筆者の中心は、幕僚将校や司令官である。先の『読売新聞』の記事によれば、この特集は四〇万部も売れたという。

この時期の「戦記もの」で注目する必要があるのは、月一回発行の小冊子、『今日の話題　戦記版』(土曜通信社)である。以下、前掲拙著『日本人の戦争観』によりながら、この月刊誌の特徴を概観してみたい。一回一話の形式で一般将兵の戦闘体験記を掲載したこの「戦記もの」の純専門誌は、一九五四年一月に第一集が発行され、六二年八月の第一〇四集をもって休刊となった。寺村純郎「東京空戦記」を収録した第一集は、定価三〇円、総ページ数は三八ページ、書店売りよりは、駅の売店などでの販売が中心だったようである。

執筆者の大まかな傾向としては、兵士からのたたき上げの下士官、および下士官から選抜されたベテランの下級将校が中心であり、陸軍士官学校もしくは海軍兵学校出身の正規将校は少ない。航空機搭乗員が多いということもあわせて考えるならば、執筆者の最も標準的なタイプは、志願兵出身の下士官、つまり軍隊を現場で支えているプロ集団ということになるだろう。従来の「戦記もの」の執筆者が、幕僚将校や将官レベルの「高級将校」であることを考えるならば、下士官中心とはいえ、一般将兵に軸足を置いた最初の「戦記もの」として、位置づけることができる。

戦記の種別は、空戦記と海戦記、とりわけ空戦記が多い。陸戦記は極めて少なく中国戦線の戦記は全く登場しない。空戦記が多いのは、読者が無意識のうちに、暗く凄惨な戦闘の現実と向き合うことを回避し、勇壮で華々しい読み物としての「戦記もの」を求めていることの反映だと考えられる。戦記そのものの内容も、大部分の戦記は、戦争の性格や位置づけについての問いかけを全く欠いたままに、その戦争の中で、日本軍の将兵がいかに勇敢に戦い、自らに与えられた任務を忠実に遂行したかを強調するものとなっている。そこには、連合軍との戦闘では互角にわたりあったのだという、たたき上げの下士官としてのプライドのようなものが感じられるし、その点が読者に強くアピールしたのだと思う。その意味では、『今日の話題　戦記版』の背景にあるのは、占領の終了・独立の回復で復活した日本人のナショナリズムである。ただし、そのナショナリズムが、第一線で苦闘した一般の将兵に対する熱い共感だけでなく、軍上層部に対する強い反感を内包させていたことを確認しておきたい。

「戦記もの」への批判

しかし、「戦記もの」ブームには、厳しい批判も存在した。『読売新聞』(一九五六年五月一七日付)の「第百八十四回紙上討論 戦記もの〝ブーム〟をどうみる」では、「投稿の内訳をみると総数四百のうち、戦記ものに対し批判的、否定的なものが二百六十余通で全体の三分の二以上をしめ」、「これに対し差支えないとする肯定的なものが八十余通、ブームは間もなく消滅する運命にあるなどが五十余通あった」という。また、前述の『特集文藝春秋 日本陸海軍の総決算』の場合でも、編集長の田川博一が、「〝日本陸海軍の総決算〟で将軍や参謀は敗戦の責任者であるのに反省してないという投書が多かった。編集部でも片手落ちだと思い、そこでこんどは応召兵が太平洋戦争をどうみているか、〝赤紙一枚で〟というテーマで無名の人を中心に体験談、戦争観をまとめてみた。千編ぐらい原稿が集ったが「戦争はたまらない」というのが大半だった」と語っている(『毎日新聞』一九五六年四月一二日付)。この『特集文藝春秋 赤紙一枚で』(一九五六年)には、編集部名の巻頭言で、「軍隊に「地方人」という特殊用語があつた。これは兵営以外で生活する一般市民を指向する。その市民が徴集又は応召によつて軍服で身を固め史上未曽有の大戦に投げ込まれ如何に戦つたか。(中略)議会が果てしなき再軍備論争を繰り返している時に、この無名戦士の声なき声に耳を傾け、その姿を再び網膜の中に焼きつけようではないか。本特集は〔中略〕第一線で悪戦苦闘をした市民兵の手記を中心に編集した。これを遺族の人々に捧げる」と書かれている。ただし、「市民兵」と言っても、佐官クラスも含めた正規将校の手記もかなり含まれており、階級的には下士官が下限で、一般兵士の手記はあまり多くない。また、兵士体験を持つ学者や文化人のエッセイが多く、軍隊の非合理性・非人間性に関する手厳しい批判はあるものの、侵略戦争か、自衛戦争か、といった戦争の性格に関わる問題は、棚上げにされている。二等兵として中国戦線で戦った作家の五味康祐が、略奪や強姦などに関する生々しい回想を書いているのを別にすれば、アッツ島守備隊の生き残りの兵士による座談会が掲載されている程度である。

ここには兵士固有の問題がある。作家の野呂邦暢は一九七五年に書かれたエッセイ、「戦記について」の中で、「下級兵士たちは戦場においても情報を得ることが極めて稀で、自分がどこの何という地点に居るかさえ知らないことが多い。ただ無我夢中で戦うだけである。経験した戦いを戦後振り返ってみても、自分がいつ何をしたかということが断片的な記憶の域から出ない。書けという方が無理というものだろう」と書いている（野呂邦暢『野呂邦暢作品集』文藝春秋、一九九五年）。こうした状況が変わるのには、次の時代を待たなければならなかった。後述する防衛庁防衛研修所戦史室編『戦史叢書』や部隊史の刊行の開始、戦友会を通じた交流と記憶の喚起などがあってはじめて、兵士たちの手記が刊行されるようになっていくのである。

「二等兵物語」ブーム

小説では軍隊生活を描いた梁取三義《やなとりみつよし》の『二等兵物語』ブームが重要である。一九五三年に彩光社から出版されたこの作品は、以下次々に続編が発表され、一九五六年に第八巻が発行された時点で、新書版も含めて出版部数四〇万部のベストセラーとなった。また、この小説は、同名の映画にもなり、喜劇役者の伴淳こと伴淳三郎主演の「人情喜劇」として、ほとんど誰にも予想できなかった大ヒットを記録することになる(中村秀之「〈二等兵〉を表象する」小森陽一ほか編『岩波講座　近代日本の文化史9』岩波書店、二〇〇二年)。

作者の梁取は、第一巻(一九五三年)の「あとがき」の中で、「私が二等兵になつたのは戦争末期の昭和十九年であつた。私は、この物語を書くのに、軍隊のいゝところも悪いところも正直に書いて見たいと思つて始めた。映画や小説で、軍隊の悪いところばかり強調されてゐるといやな気がするし、反対に、昔ながらの軍国主義を是認したやうなやり方もいやだと思つた」と書いている。また、彼が編者となって読者の投稿をまとめた『二等兵時代』(彩光社、一九五五年)の「序」で梁取は、「誰も彼もが、裸になつて、そこから出発して行く軍隊、それ故にこそ一度経験したものにとつては、永久に忘れ得ないなつかしさをもつているのではなかろうか。裸になり切つた人間生活、馬鹿になり切つた人間生活、それに徹底出来るところは、軍隊を於て他になかつた。私は、それは、尊いものではないかと思う」とも書いている。軍隊組織に対する批判も織り込みつつ、基本的には、軍隊という共同・集団生活の中に一定の意義を見いだすというのがこの小説の基調となっている。

映画の「二等兵物語」については、小川徹が『丸』一九五八年五月号の映画評論、「異色の戦争映画 二等兵物語――死んだら神様の巻」の中で、「喜劇でありながら、軍隊組織の悪の批判を忘れぬのは、この「二等兵物語」シリーズの特徴にあるが、「お国のため」を忘れていないのも、半面の特徴であろう」と指摘しているのが重要だろう。結局、戦争そのものには疑問を持たないものの、軍隊を全面的に肯定する議論にも、また逆に全面的に否定する議論にも反発しつつ、軍隊生活にある種のノスタルジアを感じる人々が存在することを、このブームは示しているということだろう。

事実、一九五六年の一月から二月にかけて政府が実施した世論調査によれば、「昔の軍隊教育では、しつかりした人間が出来たという人がありますが、あなたもそう思いますか、そんなことはないと思いますか」との質問に対する回答は、「そう思う」＝四二％、「そんなことはない」＝三七％、「わからない」＝二一％である(内閣総理大臣官房審議室「防衛問題に関する世論調査」謄写版刷、一九五六年)。

と同時に、このブームは、中村秀之がいうように、戦争の記憶の商品化という点でも重要な画期となった。その意味では、梁取の小説は次の高度成長の時代への過渡的性格が色濃い。

ちなみに、軍隊生活で鍛えられたことによって、克己心や忍耐力を身につけることができたと語る元兵士は多い。しかし、「軍隊は要領」という言葉が示すように、別の面にも目を向ける必要があるだろう。伊藤桂一は、平時の日本軍隊についてふれた文章の中で、次のように指摘している(伊藤桂一『兵隊たちの陸軍史』番町書房、一九六九年)。

二年制軍隊を評して、もし初年兵のまま除隊できれば何よりである、といわれたこともあった。つまり、緊張の持続である初年兵を終えて、そのまま除隊したとしたら、よりまじめで社会有用の材となり得たろう、しかし二年兵の生活をしたために、かえって要領をおぼえ、人間もくずれてしまった――という意味である。たしかに軍隊は要領のいい人間の勝ち、ということもあったし、初年兵のきまじめさで社会へ送り出されたら理想的かもしれない。

「戦中派」という世代

一九二三年生まれで、陸軍士官学校卒業の正規将校だった村上兵衛が、「戦中派はこう考える」(『中央公論』一九五六年四月号)を発表した頃から「戦中派」という言葉が定着し始める。その自己定義としては、一九二三年生まれで元学徒兵(海軍第一期飛行科予備生徒)の小田野正之の次の文章が、この世代の共通の感情を表現しているように思われる(小田野正之『落日の群像』アース出版社、一九八二年)。

青春といわれる時期にあの大戦争に直面し、その最も悲惨であった末期に、もはやほとんど何も選ぶこともできず、その第一線に骨身をけずり、多くの友を失い、いわば戦争が日常であった大正二桁生れを中心とする世代を指して、一般に戦中派と呼んでいる。その前の世代は、思想的洗礼も受けたし、昭和初期の不景気時代とはいえ、ともかく社会の風に当ってから、戦争に参加させられた。そしてその前の世代は、曲がりなりにも大正デモクラシーの社会を知っている。またすぐ後の世代は、戦争中は悲惨な銃後生活の経験をもつ少国民ではあったが、戦中派のように日夜戦争が生活であった訳ではない。そのまた後の世代は、高度経済成長下、自由と民主主義の風の中に、伸び伸びと自分を活かしている。

確かに、アジア・太平洋戦争における戦死率が最も高いのは、一九二〇年生まれから一九二二年生まれの世代だと推定されている(森岡清美『決死の世代と遺書』新地書房、一九九一年)。しかし、この小田野の定義はやや学徒兵に偏重している面も感じられるので、もう少し幅を広くとると、「戦中派」とは、少年兵として戦争を戦った人々を別にすれば、「大正生まれ」(一九一二―二五年生まれ)ということになる。一九一七年生まれの社会学者、日高六郎は、「大正元年前後に生まれたものは、一九三一年、満州事変の年に兵隊となることができた。大正の終わりごろ生まれたものは、太平洋戦争に間に合った。大正っ子は「戦争の当たり年」である。そういうアダ名がこっそりつけられていた」と指摘している(日高六郎『戦争のなかで考えたこと――ある家族の物語』筑摩書房、二〇〇五年)。

この世代の特徴を座談会「戦中派は訴える」(『中央公論』一九五六年三月号)を中心にしてもう少し考えてみよう。司会の大宅壮一(一九〇〇年生まれ)が、「お話しをうかがっていると、戦中派こそ戦争犠牲者だという感をますます深くしますが、皆さんの年代からの、戦争責任に関しての発言が少ないのはどういうわけですか」との発問に対して、遠藤周作(一九二三年生まれ)が、「戦中派の僕らの意識は、たしかに戦争を真剣に戦ったという責任感と、そのためにひどい目に会ったという被害者意識との二つに分かれてしまつて、どこに結論をおいていいのかよく判らない」と発言しているのが注目される。つまり、戦争の性格はどうあれ、自己の責任を果たしたというある種の自負心と被害者意識が共存しているのである。また、この被害者意識に関しては、安岡章太郎(一九二〇年生まれ)が、「いまではめいめいまるで違つた生活をしてゐる」大学生時代の同期生が、「いつたん顔を合わせると意気投合して心おきなく語り合ふことが出来るのは、おたがひにメグリアハセの悪い時代に生まれたといふ共感があるからにちがひない。口に出して云ふにしろ、云はないにしろ、(こんどの戦争で、おれたちが一番ワリを食つてゐる)といふのが共通の感情の基盤である」とも書いている(安岡章太郎「モテない「戦中派」」『文藝春秋』一九五六年五月号)。

同時に、先の座談会の中で、丸山邦男(一九二〇年生まれ)が、大宅壮一の先ほどの問いに対して、「あの当時僕らは、社会の指導的役割をなんにも果たしていなかったから、戦争責任は僕らに全然ない、とは思います。しかし、実際には、軍国主義教育で育てられ、戦争を第一線で戦つてきたし、中には残虐行為で責任を問われた人もいるので自信がない。戦後派のやる苛烈な責任追求は、僕らはとてもできません」と発言し、三輪輝光(生年不明)も、「被害は一番うけたけれども、僕らには共犯者意識みたい〔な〕ものがある、おれもおなじだという……」と応じているのが印象的である。一兵士として自己の責任を果たしたという自負心と、「一番ワリを食つ」たという被害者意識と、正当化することのできない戦争に加担したという負い目との間を揺れ動いているのが「戦中派」だと言えよう。

「戦中派」の発言を封じる力

この点に関連して、いわば「戦前派」の文化人に対する批判と反発が「戦中派」の中にみられることに注目する必要がある。「戦前派」の世代の知識人は、自由主義だけでなくマルクス主義の洗礼をも受けており、その多くは転向することで、戦争とファシズムの時代を生きのび、戦後は「進歩的知識人」として、論壇の主流となった。安田武

（一九二三年生まれ）は、この「戦前派」について、次のような手厳しい批判を加えている（「座談会　戦記物ブームを考える」『わだつみのこえ』第三九号、一九六七年）。

大量転向の世代に自分達が属していることに対する恥じらいを持たず、今日まで生きていられるというのが、僕にはおかしい、納得できない。僕らは戦争に加担した戦中派であるということの恥じらいの中でずっと戦後生きてきた。ところが彼らは自分はあの時転向しなかったということで、自分自身のアリバイを居丈高に言っていて、自分達の同世代が大量転向世代であるという負い目を感じていないのはあつかましいのではないか。

さらに、安田は、戦後の論壇の状況にも批判の矛先を向ける。

もう一つは、戦後戦争に対して反戦でなくても少なくとも批判的懐疑的であった人だけが発言できたんであって、何らかの形であの戦争に協力した人間は「バカヤロー」でだらしのない奴だったという風潮がものすごく強かった。だから戦争にいった人は誰に対しても戦争体験を語らない。あの戦争の時に自分は一生懸命になったといえば、馬鹿の骨頂だという事になったんだ。しかし事実はみんなが何らかの形で真剣にあの戦争にコミットしていたんだ。〔中略〕こういう状態が戦後の言論界を支配したデモクラシーの歪みだったんだ。

つまり、自らの手は汚れていないと主張する知識人が――その多くは年齢の関係で兵士としての戦争体験を持たないですんだ「戦前派」の人々――、戦争批判の中心となったため、「戦中派」が沈黙を強いられるような論壇の状況があったということだろう。この問題については、作家の吉村昭も、「私と同じ年代のものが(私は、昭和二年生れ)、今まで戦争について口を開かない意味を、私はよく理解することができる。一言にして言えば、戦時中の私たちは、決して戦争を罪悪とは思わなかったし、むしろ、戦争を喜々と見物していた記憶しかない。こうした私たちにとって、戦後から今に至るまでかまびすしく繰返されてきた戦争批判は、私たちの口を封じずにはおかなかった」と書いている(吉村昭『戦艦武蔵ノート』図書出版社、一九七〇年。岩波現代文庫、二〇一〇年)。「喜々と見物していた記憶しかない」とは言葉の綾の問題だろうが、ここには、自らの戦争への関わりを明らかにしないまま、戦争を批判する「進歩的文化人」に対する嫌悪とそれゆえの沈黙という構図がよく示されている。ちなみに、梁取三義の場合にも、軍務を忌避した「文化人」や「インテリー達」に対する、コンプレックスとないまぜになったような強烈な反発が目立つ。梁取の『随筆・二等兵物語 手前味噌』(彩光社、一九五六年)には、そのことがよく示されているが、「二等兵ブーム」の底流には、「進歩的文化人」による軍隊批判に対する反発が存在したとみるべきだろう。

第三章　高度成長と戦争体験の風化

私はルソンの山中をさまよいながら思った。生きたい、生きたい、死んでたまるか、人間は、こんなみじめな思いをするために生まれてきたのではない筈だ。

うまいものを食いたい。腹いっぱい食いたい。ゆっくり風呂に入り、着たいものを着、ふかふかとしたふとんの上で眠りたい。

人間が生きるのには、そういう物がどうしても必要なのだ。必要なのだ。必要なのだ。〔中略〕

私のその思いが、その後、スーパーマーケットの事業を展開する原点になっていると思う。

あの戦争の原因の一つには貧困があった。だから、まず私たちはみんなが豊かになることが必要なのだ。

（中内㓛「『戦陣訓』」『世界』一九八五年五月号）

1　高度経済成長下の日本社会

「戦後民主主義」の定着

すでに述べたように、一九五〇年代の前半には「逆コース」の動きがみられたが、それが総ての政策領域で一様に進んだ訳ではなかった。防衛政策、労働・経済政策、治安政策などの面では「逆コース」が顕著だったが、農政の基本は旧地主層の復権などにはなく、農地改革で生み出された多数の自作農の保護・育成にあった。占領下の諸改革は、国民の中に多数の受益者を生み出し、その既得権益を否定することは、政権の座についていた保守政党にもできなかったのである。一九五五年には「保守合同」によって自由民主党が誕生するが、五〇年代の後半ともなると、各種の世論調査でも日本国憲法を支持する人が多数派となり、「戦後民主主義」がしだいに社会の中に定着していった。

こうした中で、旧陸軍正規将校の親睦団体、偕行会(その後、偕行社に)の中にも「戦後民主主義」を受け入れていった若手会員と年長の会員との間に対立があったようである。機関誌『偕行』一九五七年三月号に掲載された「偕行会の発展のために」と題された記事によれば、この時期に若手会員と理事長との懇談会が開かれているが、その際、大きな争点となったのは偕行会の性格規定だった。若手は、「要するに国家再建のため、憲法改正のため、再軍備促進のため……とかナンとか、とにかく何らかの御題目、旗じるしを掲げてやるのか、それとも単なる親睦互助の一本だけでいくのか―マアこの二つで対決してきたわけですが、結局、〝旗じるしは一切、何も掲げない〟という線に落ち着いてきているわけナンです」、「いうなれば政治団体でも思想団体でもないということですね」などと主張し、『偕行』の性格についても、「花だよりだけでいいンじゃないか」とさえ主張する者までいた。〝花だより〟とは、士官学校の卒業期ごとに同期生の消息や同期生会の連絡などをのせる通信欄である。こうした主張に対して、理事長の今村均（元陸軍大将）は、「偕行会はあくまで親睦互助団体、政治活動のような行動をとるときは、今度新しく発足した郷友連で」というまとめ方をし、参加者の同意を取り付けている。偕行会の現実の活動が、「親睦互助」に止まったとは、とても言えないが、内部にかなり大きな対立があったことは確認することができる。

また、この懇談会では、「私ども若いものは〔中略〕上官先輩というものには何かやはり圧迫感があるンですネ。だから、先輩や上長の方々はよほど言動を柔らかくして頂かないと、何でも「ハイそうです」となりがちですから、この点はよくよく気をつけてもらいたいと思います」、「よく先輩方が〝閣下〟という言葉を使われるンですね。〔中略〕あの〝閣下〟という言葉を聞くと、どうも圧迫感を感じるンです」などという発言にみられるように、戦前の階級を会の中に持ち込まれることに対する反発や違和感も表明されている。

「敗戦のトラウマ」の克服

その頃、日本経済は、一九五五年の数量景気、一九五六―五七年の神武景気、一九五九年から六一年にかけての岩戸景気、というように、長期の繁栄を謳歌し、高度経済成長が本格的な軌道に乗った。一九六〇年安保闘争の高揚に衝撃をうけた自民党主流派も、改憲などの国論を二分する政治的争点は事実上、棚上げにしつつ、経済成長と国民生活の向上を最優先の政策課題にすることによって、保守政治の安定化を図ろうとした。日本人は「敗戦のトラウマ」を「平和国家・文化国家」の建設、「科学技術立国」という方向で克服しようとしたのである。

重要なことは、多くの旧軍人もこの道を選択したということである。経済成長を支えた「企業戦士」の労働エートスを分析した間宏は、労働エートスの中核を構成したと考えられる意識類型として、「平和希求型」、「罪責型」などを抽出し、特に後者について次のようにコメントしている(間宏『経済大国を作り上げた思想』文眞堂、一九九六年)。

この型は、戦闘に直接参加して、生き残った者に特に多かった。死んだ戦友にすまないという気持ちの現れである。〔中略〕多くの場合、このすまないという気持ちは、死んだ戦友に代わって、祖国の再建のために努力しようという方向に変わっていった。この祖国の再建のためという一種のナショナリズムは、高度成長期の労働エートスを、大きく特徴づけていた。

同様に、津田眞澂「戦中派世代の勤勉思想」(『労働時報』一九八一年九月号)も、勤勉な労働者を作り上げる「勤勉システムが形成されたのは昭和二十年代後半の企業再建の時期だったとおもう。そのころの二十〜三十歳台の戦中派世代が形成者であった。〔中略〕当時の人口の三分の一を占め、ヒラの従業員として企業再建に粉骨砕身した戦中派世代こそが勤勉システムの文化をつくりあげたのではなかったろうか」と書いている。映画監督で戦記作家でもある手塚正己は、レイテ沖海戦で沈没した戦艦「武蔵」の乗組員、鈴木正義との次のような会話を記録しているが(手塚正己『『軍艦武蔵』取材記』太田出版、二〇〇四年)、生き残った庶民兵の「労働エートス」の一つのありようを見るような気がする。

鈴木氏はどうして、これほどまで仕事一筋に身体を酷使するような生活を続けたのだろうか。私はのちになって、このことを訊ねたことがある。〔中略〕ようやく氏の唇が動いた。「なんて言うのかな、あの戦争で本来は死ぬはずだった自分は生き延びた。ところが戦死した仲間たちのことを考えると、どうも自分だけが楽して生きているってことが、申し訳ないような、そんな気持ちでね。あたしにとっての戦後は、言ってしまえば、おまけの人生のようなものさ。だってそうでしょう、戦友たちの多くは二十歳になるかならないかで、海の底や山や野に置き去りにされてしまったんだよ。そんな連中たちのことを思うと、「楽しちゃいけない、楽しちゃいけない」って、自分をいじめるように、ただがむしゃらに働いてきたのかもしれないな」。

この「勤勉システム」を手放しで評価できないのは当然のことだが、ここでは、文字通りの「戦士」から「企業戦士」に転身を遂げた男たちの姿を、おそらくは専業主婦であろう妻の側から見ておくことにしよう。水交会の機関誌『水交』第二〇二号(一九七〇年)には、海軍兵学校第七五期(敗戦時在校組)の妻の座談会、「75期亭主族勤務評定」が掲載されているが、印象的な発言を抜粋してみると、「婚約中に、ラブレターをもらったんですけど、それが箇条書なんです」、「二人でデートしても、なんにもいわないんですよ。(中略)ムードのないことおびただしい」、「うちでは、ほとんど無口ですね」、「そのかわり、同期の人なんかきて、お酒になると、ほんとうに愉快そうに、よくしゃべりますよ」、「家のことは、あまりしないという傾向はないかしら?」、「こまかいことは、まったくだめですね。だから、もうこちらから一切まかせてもらっちゃうことにしています」、「ほんとうに家のことはしませんわね」、「それでも、靴下とか、ハンカチとかはちゃんと自分で支度くしていくようです」、「うちは、そんなものもみんなだしてやらないとだめです」、といった具合である。また、司会が、「〝足開ケ〟〝歯ヲクイシバレ〟でポカンと一発みまわれました」と兵学校の生活を回顧すると、「主人は、今でも、ときどき、それをやるのです(笑)あれ、やはり、やめてもらいたいと思います。(笑)」、「一同鉄拳の修正(殴ること)は絶対反対！」と応じている。「企業戦士」の家庭内における平均的な姿といったところだろうか。

社会の中堅となった「戦中派」

同時に、この高度経済成長期に、「戦中派」は、社会の中堅層となった。彼らは、敗戦から受けた精神的打撃から立ち直り、自己の世代に対する自信と自負を獲得していった。それを、やや極端な形で象徴しているのが「戦中派の会」の結成である。作家の杉田幸三(一九二三年生まれ)によれば、「戦中派の会」が正式に結成されたのは、一九六六年一二月のことだが、その源流は、一九六五年一二月に結成された「戦中派有志の集い」だった(杉田幸三「虚仮の一念」戦中派の会編『戦中派の遺言』櫂書房、一九七八年)。一九六五年一二月八日付『毎日新聞』の「雑記帳」は、この「戦中派有志の集い」について、発起人は、作家の伊藤桂一や歌手の渡辺はま子などであり、「自分たちの貴重な体験を広く理解させ「祖国の将来を頼む」と念じて散った友の期待にこたえようというもの。／◇この日集まった〝戦中派〟の大半は学徒出陣組でいまは社会の中堅層。体験発表ののち、第二部では軍歌などを高唱、苦しくもなつかしい思い出を発散させていた」と記している。

この「集い」に注目したのが、『中央公論』の一九六三年九月号から六五年六月号にかけて「大東亜戦争肯定論」を連載し、論議を呼んだ作家の林房雄だった。林は、この連載の中で、日本の近代化の過程そのものが、「西洋のアジア侵略への反撃」の歴史であり、「大東亜戦争は形は侵略戦争に見えたが、本質において解放戦争であった」と主張したのである。その林は、『読売新聞』(一九六六年一月一四日付夕刊)の「東風西風」欄で、「戦中派有志の集い」の第一回会合の報告書を読んでの感想として、「これまでの戦中派と言えば「聞け、わだつみの声」式の懐疑派か、「あやまちはくりかえしません」式のめそめそ派であったが、これはたいへん元気で、まことに気宇広大な新戦中派である。(中略)日本の戦中派だけがめそめそじめじめしていては、世界の戦中派に対して面目がない。陽気にまいりましょう」と書いている。

この「集い」を基礎に作られた「戦中派の会」の活動については、機関誌『戦中派』が手に入らないので、よくわからないが、「関西戦中派の会」事務局長で、『戦中派』の主幹である津村忠臣が、「戦中派の会」立ち上げの際に、関西在住の有志に送った呼びかけ文は、要旨、次のようなものであったという。少し長いが、その主要部分をそのまま引用する(津村忠臣「歴史の架橋たらん」『大正および大正人』第二巻第一号、一九七八年)。

戦中派　言挙げの秋《とき》　我々戦中派は、言挙げを慎み、常に時代の最前線にあって、体を張って黙々と其の任務を遂行してきた。その少・青年期は、すでに突入していた国家民族にかせられた理想実現のための戦いに、最前にあることの意義を散華した多くの戦友達と共に、時代の若者としての誇りを持ってその任に当たり、戦後は青壮年として荒廃に帰した国土・瓦礫の巷にそのなす術も知らず茫然たる老人・婦女子を抱え、戦中派は絶望も言挙げもせず国土の再建と、家族の主柱として生活を守り、再び身体を張って今日の繁栄の基礎をつくった。

今、戦中派は、第三期の試練に当面している。過去、我々は、我々の特質である過剰なまでの誠実主義を、言挙げよりも行動に於いてその任を果たしてきた。そして、国家及び社会は、戦中派の不屈の行動力と、その体験をいかしての指導的役割りを要求している。〔中略〕最後の使命として、指導者としての任務に自信を持ち、責任と誇りを持って邁進しよう。

経済復興と高度成長の時代を現場で実際に担ってきたという自負心は、「戦中派」に共通してみられる意識ではある。しかし、この呼びかけ文は、かつての戦争を「理想実現のための戦い」としている点だけでなく、過剰なまでの指導者意識と男性中心主義、ナルシシズムを思わせるような「戦中派」に対する肯定的自己評価など、権威主義的性格が色濃い。事実、「戦中派の会」は、その後、「靖国神社国家護持」運動などに積極的に関与していくことになる。

＊　ただし、戦中派の会の性格はかなり複雑なようである。前掲『戦中派の遺言』(五四人が執筆)をみても、戦後民主主義への反発、戦争を第一線で戦い抜いたのは自分たちだという自負心などの面では共通しているものの、かつての戦争の評価については執筆者によりかなりの違いがある。郡順史の「編集後記」によれば、「旧職業軍人(佐官以上)。職業右翼人。職業左翼人(社会党までふくめて)。著名な学者、評論家、芸術家」には執筆を依頼しないことが編集方針であったという。確かに同書を読む限り、軍上層部に対する批判と反発が、この会の活動の底流にある。

「終戦記念日」の定例化と旧軍人への叙勲

一九六二年三月、一九四六年七月から開始され、一五年九カ月もの間続いたNHKラジオの「尋ね人」の放送が終わった。また、翌一九六三年からは政府主催の「全国戦没者追悼式」が毎年八月一五日に開催されるようになる。それ以前は、講和条約発効直後の一九五二年五月二日に一度「全国戦没者追悼式」が開催されているだけで、政府主催の全国的追悼行事はその後、存在しなかったのである。

この一九六三年八月一五日の「全国戦没者追悼式」における式辞の中で、池田勇人首相は、「戦争への批判はともかくとして、これら戦没者のいさおしと非命に倒れた同胞の長恨は永く青史にとどめられねばなりません。戦後、わが国は平和を礎として文化と経済に著しい発展をとげましたが、この根底には、過ぐる大戦において祖国の栄光を確信し、異境に散った多くのみたまの強き願いがあったことを一日も忘れるべきではないのであります。〔中略〕謹みて戦没者の御冥福を祈り、諸氏が後世に託した祖国の平和と繁栄について全力を傾注することをここに誓うものであります」と述べた（『日本遺族通信』第一五三号、一九六三年）。ここに表れているのは、侵略戦争か自衛戦争か、国家指導者の戦争責任問題はどうなるのか、といった戦争の評価の問題は完全に封印した上で、戦没者の「強き願い」に応えるために、「祖国の平和と繁栄」を実現しなければならないという、経済主義的色彩の濃い歴史認識である。ただし、自衛のための戦争、あるいはアジア解放のための戦争という評価は慎重に避けられている。また、追悼の対象が日本人戦没者に限定されていることにも注意を払う必要があるだろう。

同時に、この時期には、戦死した旧軍人に対する叙勲も再開されている。アジア・太平洋戦争の場合、戦死者に対する叙勲事務が完了しないうちに敗戦を迎えた。このため、敗戦後も日本政府は叙勲事務を継続していたが、一九四七年二月に、GHQから「依然として元軍人等に対する勲章の授与を行っていることを遺憾に思う」との通告があり、旧軍人に対する叙勲は全面的に中止となった。その後、一九六四年一月に至って、池田勇人内閣は、「戦没者の叙位及び叙勲について」を閣議決定し、戦前の基準をそのまま適用して、戦没者に対する叙勲を再開することにしたのである。これに伴い金鵄《きんし》勲章を除く戦前の勲章すべてが復活した（厚生省援護局編『引揚げと援護三十年の歩み』非売品、一九七七年／厚生省社会・援護局援護50年史編集委員会監修『援護50年史』ぎょうせい、一九九七年）。

戦没者への叙勲に対しては、国民感情の上で特に大きな抵抗感はなかったようだが、それでも受け取りを拒否する遺族がいたことも忘れてはならないだろう。新潟県の場合、一九七〇年度末現在で一八九九人の遺族が「受領」を「辞退」しているが、その主な理由は、「今更勲章をもらってもなんにもならない」、「金がつかないのならいらない」、「戦没者のことを思い出したくない」、「遺族が思想的の考え方から受領したがらない」というものだった（前掲『新潟県終戦処理の記録』）。このため、担当官庁である厚生省の側もかなり苦労したようだ。放送記者（NHK）の伊達宗克は、「戦没者叙勲には辞退が相次ぎ、叙勲対象者約二百十二万人のうち昭和四十五年度までに約百九十万人の遺族に手渡したものの、そのころに月に十件か二十件の辞退申出が出ていた」としながら、次のように書いている（伊達宗克『日本の勲章』りくえつ、一九七九年）。

いずれにしても、厚生省はあの手この手で遺族を探して勲章を渡す作業を進めている。（戦死者の）三親等以内を原則とし、まず親、きょうだい、妻、おじ、おば、そしてオイ、メイまでとなっている。しかし、できるだけ遺族に手渡す方針のため、もしその範囲の人がみつからなければ、少しでもつながりのある人なら範囲にふくめているという。あの戦争への評価は別として、戦場で散った兵士を思い出すよすがとして勲章を手元にしまっている肉親の人が多いようだ。辞退したにしても、受取ったにしても、平和なときが永遠に続くようにとの祈りが人々の心にあることに違いはない。

戦没者に対する叙勲は、関係資料の喪失などによって、当初の計画より大幅に遅れることになったが、一九九五年度末現在で二一五万八五一三人に対する叙勲が行われている(前掲『援護50年史』)。

さらに、傷痍軍人に対する援護行政にも大きな進展がみられた。日本傷痍軍人会は、一九五三年頃から、戦傷病者に対する単独法の制定を要求してきた。その具体的内容は、戦傷病者に対する援護は、国家補償の精神に基づいて行われることを明確にすること、戦傷病者の範囲の拡大、戦傷病者に対する各種の援護法の一本化、などである。単独法実現のため、日本傷痍軍人会は、議会に対する働きかけを強め、その結果、議員立法の戦傷病者特別援護法が、一九六三年七月、国会で成立した(日本傷痍軍人会『戦傷病者援護の手引き』非売品、一九八二年)。こうして、一九五二年の戦傷病者戦没者遺族等援護法の制定、一九五三年の軍人恩給の復活に続いて、一九六三年の「終戦記念日」の定例化、同年の戦傷病者特別援護法の制定、一九六四年の戦没者叙勲の再開によって、戦死者の遺族、生き残った軍人に対する支援、戦死者の顕彰、戦没者に対する国家的追悼という援護行政の基本的枠組みがこの時期に完成されたことになる。

＊　ただし、戦傷病者戦没者遺族等援護法、恩給法、戦傷病者特別援護法などには「国籍条項」が設けられており、かつて日本軍の軍人・軍属であった朝鮮人・台湾人は援護の対象から外されている。この問題については、遠藤正敬「戦争犠牲者援護における内外人不平等――「国籍」が阻む旧植民地出身者への戦後補償」(『早稲田政治公法研究』第六七号、二〇〇一年)参照。

金鵄勲章復権問題

なお、ここで金鵄《きんし》勲章復権運動について、簡単に触れておきたい。金鵄勲章とは、「武功抜群」とされた軍人に与えられる勲章であり、その受章は軍人にとって最大の名誉とされた。受章者には、終身年金が支給されたが、日中戦争の長期化に伴う財政難から、一九四一年六月には一時賜金制度に改められている。この勲章は、一九四七年五月の日本国憲法の施行に伴って廃止され、佩用も禁止された。

しかし、一九五七年二月、「政府の金鵄勲章受章者に対する処遇が余りも不当なので、これを改めさせようとして」、「全国功友連盟」が結成され、一九六九年六月には同連盟が「日本金鵄連合会」に改組されている。会長は、元海軍中将の保科善四郎で、一九五五年に衆議院議員に当選して以来、自民党の「国防族」の中心となった人物である。この連盟・連合会の運動によって、一九六七年一月、金鵄勲章年金受給者に一時金一〇万円を支給することになり、一九七一年六月には、金鵄勲章一時賜金受給者に内閣総理大臣から銀杯が贈られることになった(日本金鵄連合会編纂部編『殊勲に輝く金鵄勲章』非売品、一九八一年)。もう少し先の時期まで同連合会の活動を追ってみると、一九八一年六月の衆議院本会議では、同連合会が提出した「旧勲章叙賜者の名誉回復に関する請願」が自民党・公明党・民社党・新自由クラブの賛成で採択された(社会党・共産党は反対、社会民主連合は棄権)。この請願は、生存している金鵄勲章受章者本人が、公式の場で金鵄勲章を佩用することを認めるよう求めたものだった。

その後、この請願は棚晒しの形になっていたが、中曽根康弘内閣の時に事態が動き出した。この間に誕生した「旧勲章名誉回復に関する議員懇談会」(会長・江藤隆美自民党国対委員長)と日本金鵄連合会とが、一九八五年五月頃、中曽根首相に陳情、これを受けて首相が「名誉回復」を決断、総理府に具体化への事務手続きを命じた。ところが、一部の新聞が首相の決断を報じたこともあって、当時、来日中の胡耀邦中国共産党総書記の知るところとなり、中国政府内に反発がひろがった。結局、日中関係を優先させた中曽根首相が、決定を白紙にもどし、金鵄勲章の「名誉回復」運動は挫折することになる(大薗友和『勲章の内幕』東洋経済新報社、一九八五年／日本金鵄連合会『忘れてならない金鵄勲章の重み——金鵄勲章復元運動の記録』非売品、一九九五年)。中曽根首相自身も、この問題について、「第94国会で名誉回復の請願が、自・公・民賛成多数で採択され、私が総理時代にこれを政令によって公式に認知するよう進めていましたが、残念ながら外交上の配慮を要し、今尚これが実現を見ていない事は私の心に深く残るところがあります」と書いている(外山専之助編『金鵄勲章顕彰記念事業の記録』非売品、一九九一年)。

そもそも、アジア・太平洋戦争での金鵄勲章の受章者(六二万人)は、敗戦という形で戦争がいわば中途で終わってしまったために、生存者への論功行賞は行われず、すべてが戦死者である。それも、遺族が実際に金鵄勲章を受け取ったのは三〇万人だけで、残りの三二万人は「金鵄勲章に叙す」旨を記した「御沙汰書」だけを遺族が受け取っている。つまり、生存している金鵄勲章の受章者は、アジア・太平洋戦争の開戦以前の受章者だけで、その数は一九八〇年代初めの時点で四万から四万五千人と推定されていた(前掲『殊勲に輝く金鵄勲章』)。その意味では、旧軍人の中でも、かなり限られた集団による運動だったといえよう。事実、日本金鵄連合会は、その後、「金鵄勲章顕彰記念事業」の一環として、靖国神社の遊就館内に「金鵄勲章記念展示棚」を設置することを決定して募金活動を開始し、一九九一年二月には、この展示コーナーの落慶除幕式が行われているが、この時の募金総額は、一九九一年四月までで、総額一五二四万円、募金に応じた人は、二一五四人にすぎない(前掲『金鵄勲章顕彰記念事業の記録』)。

戦争体験の風化

しかし、高度成長下のこの時期は、戦争の時代に対するノスタルジアが広がりをみせた時代でもあった。流行歌の世界では、一九五九年の村田英雄の「人生劇場」のヒットから、昭和初期の歌謡曲のリバイバルブームが始まり、一九六四年の東京オリンピックと一九六八年の明治百年記念式典を経て、軍歌や軍国歌謡がテレビの音楽番組などに登場するようになる。いわゆる「なつメロ」ブームである(古茂田信男ほか編『日本流行歌史〈戦後編〉』社会思想社、一九八〇年)。

たとえば、東京12チャンネルでは、一九六九年八月から「あゝ戦友 あゝ軍歌」の放送が始まっている。軍隊経験のある芸能人をゲストに招いて、戦友と対面させ、一緒に軍歌を歌うという番組で、一九七一年三月まで続く人気番組となった。この番組の制作スタッフたちは、番組の記録を、前掲『あゝ戦友 あゝ軍歌』という形で残しているが、同書の「序章にかえて」は、次のような文章で始まっている。「私たちが育った時代誰もがこの歌をうたいました。あるときは疲れた兵士の行軍の足を軽くし、あるときは雨と飛び散る弾丸の中で、傷ついた兵士をふるいたたせもしました。そして、私たちの父や兄や友人は、この歌をうたって　尊い生命を散らしていったのです」。この番組については、近藤博之「戦後日本の「なつメロ」の成立とブームの特質に関する研究」(名古屋大学大学院環境学研究科二〇〇六年度修士論文)が詳しい。

また、東京に「軍隊酒場」が登場するのは、一九五七年から一九五八年のことである。当初は、「現在のいわゆるキャバレー形式のものでお色気が売り物であった。従業員達は軍服を着込んで客を迎え、あたかも当番兵が部隊長に対するごとく直立不動の姿勢で注文を取り、それに従軍看護婦と称する女性達がサービスに勤めるというものであった」。そうした「軍隊酒場」は、一九六〇年代末ごろから、旧軍関係者が経営し、旧軍関係者が集まる「たまり場」のような酒場に変わっていったようである(日本放送協会編『NHK歴史への招待』第二八巻、日本放送出版協会、一九九〇年)。

こうして、高度経済成長期の末期ともなると、戦争体験の風化が叫ばれるようになった。一九七一年八月一六日付『朝日新聞』の終戦記念日特集、「年ごとに深まる断層 26回目の8月15日」は、そうした時代の一面をよく伝えている。一部を引用してみよう。

強い日ざしの神奈川県・江の島海岸。〔中略〕二十六年前を思い起させるものは何もない。

オリーブ油をぬりまくる東京のOLたち。いずれも二十歳前後だ。「終戦記念日、知ってるわ。でも昔のことね。別に何とも思わない」

十年ほど前まではこの海岸でも、ラウドスピーカーで正午に黙とうを呼びかけていた。「でも、やめました。いつまでそんなことをしてもしかたがない、という声

が強くなってきたので……」と、海水浴場協同組合の役員。〔中略〕

東京からオートバイを飛ばしてきた三人連れの工員たちも入念にオリーブ油をハダに塗込む。

「終戦記念日？　全然関係ないなあ。だって、オレたち『戦争を知らない子どもたち』だもん」

また、「いまじゃ〝ナツメロ戦友会〟」という新聞記事（『朝日新聞』一九七三年八月一六日付）も、「一方で戦後二十八年という年月は、戦争体験者の実感も段々薄れさせ、最近目立って盛んになってきた「戦友会」も〝ナツメロ同窓会〟ムードが強くなってきているという。平和を希求した貴重な戦争体験は、戦無派世代に引き継がれず、いつの間にかナツメロのなかにかき消されて行くおそれはないだろうか」としている。同記事は、戦友会の会場としてよく使われる九段会館に関しても次のように報道している。靖国神社の近くにある九段会館は、日本遺族会が運営する会館で、宿泊施設や宴会場を備えている。

〔戦友会が〕年々盛んになってきているため、同会館では二年前から、一般より安い「戦友会セット」という料金を新設したほど。また、宴会用にモンペ姿の「日の丸歌手」もあっせんし、軍歌ムードが結構受けている。同会館でも「かつてはただ無事を喜び合う会だったが、最近は〝ナツメロ〟大はやりで、派手になってきている。年配のせいもあるんでしょうが…」と歴史の変化を説明。

消せぬ記憶

そうした中で、元兵士たちの多くも、日々の労働と生活の中に没入し、軍隊や戦場の生々しい記憶も次第に薄らいでいったと思われる。とはいえ、記憶自体は潜在化しただけで、完全に消滅したわけではない。応召兵として、日中戦争とアジア・太平洋戦争を戦った竹森一男は、次のように書いている(竹森一男『兵士の現代史』時事通信社、一九七三年)。

私はひと月に一回くらいは、必ず召集される夢をみる。夢の中では、まだ戦争が続いているのであった。〔中略〕この一年ばかり前に解除されたと思ったが、またぞろ召集か、とうんざりしているのであった。〔中略〕また、私は半睡半醒の忘我のなかで、小銃の手入れを二十年ほど怠っていたことに気づき、銃口の錆を思って愕然と起きあがる。私は六十歳に近く、かたわらに老妻が、すこやかな寝息を立てているのであった。ああ、夢であったかと電灯をつけ、平和な御代に生きのび、タタミのうえで寝ていたことをたしかめる。

小銃の手入れを怠り、古兵から「私的制裁」をうけることに対する恐怖心が二〇年たっても記憶の中に根づいているのである。『昭和萬葉集』をみても、高度成長期の元兵士の歌には、夢にかかわる歌が他の時期に比して多いように思われる。「身体化された記憶」ともいうべきものにかかわる歌もあわせて引用する（軍歴がわかる場合は付記した）。

疲るればまだ戦の夢を見る戦後経たるになお砲ひきて　池田富三（一九一一年生）
（『昭和萬葉集　巻十二　昭和三十二年～三十四年』講談社、一九七九年）

白毛なす老いて時たま見る夢よ音なき行軍の列にゐるゆめ　鈴木忠次（一九〇一年生）
（『昭和萬葉集　巻十三　昭和三十五年～三十八年』一九八〇年）

夢のなか横切りゆきし亡き友ら白雪踏んで四列縦隊　加藤信夫（一九〇九年生）
（『昭和萬葉集　巻十四　昭和三十九年～四十二年』一九八〇年）

戦の烙印のごといまも手にのこる三十八式銃の量感　小嶋三千年（一九一八年生、一九三九年応召）
（『昭和萬葉集　巻十四』）

す早く地形読みとる戦闘の習慣《ならひ》思い起こせり野を歩みつつ　神子嶋政雄（一九一四年生、中国戦線で従軍）
（『昭和萬葉集　巻十五　昭和四十三年～四十四年』一九八〇年）

どす黒き血痕のしみ洗えどもおちぬ軍袴を焼きている夢　永田茂（一九〇九年生、中国戦線で従軍）
（『昭和萬葉集　巻十六　昭和四十五年～四十六年』一九八〇年）

沈む艦の渦にのまれし降下感わが生活のをりをりに襲ふ　今泉勇一（一九二七年

生、一九四二年に海軍に志願し特年兵となる）

（『昭和萬葉集　巻十七　昭和四十七年』一九八〇年）

軍帽を失ひし夢たどきなきわれの世すぎに今もかかはる　入口健爾（一九二三年生）

（『昭和萬葉集　巻十七』）

夜襲受け闇に装具を探す夢くり返し見る熱出でし夜に　上田清市（一九一二年生、一九四〇年応召、中国・南方戦線を転戦）

（『昭和萬葉集　巻十七』）

臨床心理学者の森茂起は、第一次世界大戦によって兵士たちのトラウマの問題に注目が集まりながらも、それが、その後急速に忘れさられていった事実に言及しながら、次のように述べる（森茂起『トラウマの発見』講談社、二〇〇五年）。

その「忘却」は、時の作用によるものではなく、積極的に記憶を傷害する働きによるものである。（中略）それと同じ働きは第二次大戦後の日本にもあったに違いない。簡単に言えば、戦争のつらい思い出を封印する作用である。

森によれば、それは、「経済成長によって戦争の記憶を消し去ろう」とする力であった。この点を踏まえながら、以下、高度成長期の元兵士たちの意識と行動を見てみよう。

2　戦友会・旧軍人団体の発展

基礎単位としての小規模戦友会

経済成長に伴う生活の安定は、各地に戦友会を生み出していった。京都大学の社会学者を中心にした戦友会研究会が二〇〇五年一一月に実施した戦友会世話人を対象としたアンケートの結果が**表1**である。

戦友会の設立数が増加し始めるのは一九六〇年頃からであることがわかる。しかし、その性格は単純でない。前述した高橋三郎ほか『共同研究　戦友会』によって、その性格を見てみると、第一にその結成の目的は、戦死した戦友の「慰霊」と生き残った者同士の

表1　戦友会活動の推移

	設立準備開始	成立	最盛期	解散
1945-1950年	38	53	3	0
1951-1955年	19	47	4	0
1956-1960年	18	48	6	0
1961-1965年	36	81	10	0
1966-1970年	17	85	11	0
1971-1975年	32	101	53	1
1976-1980年	24	79	92	1
1981-1985年	13	45	79	2
1986-1990年	8	26	57	5
1991-1995年	2	12	57	32
1996-2000年	0	0	4	87
2001-2005年	0	0	2	163

注）2005年11月，全国3625の戦友会世話人に対して実施したアンケート調査より（回収率24.5%）
出典）戦友会研究会編『戦友会に関する統計調査資料』（非売品，2008年）

「親睦」にある。慰霊のための行事としては、慰霊祭の開催、慰霊碑の建立、海外の戦跡訪問などがある。第二に、戦友会に集まってくる人々の現在の職業や年収、社会的地位などは様々だが、会合や宴会の場には一種の平等主義の規範が存在していて、戦時中の階級による序列化は慎重に回避される傾向が強い。以上の点を踏まえて、ここでは、戦友会に関して、一九七〇年代ぐらいまでの活動を視野に入れながら、もう少し具体的に見ておきたい。

第一に、親睦という点から見れば、中隊戦友会などの小規模なものが、仲間意識も強く、まとまりもよい。北村正人は、この点について、「戦後10年が経過し、戦災復興も漸く軌道に乗り、若干のゆとりもできた昭和35年頃、生還した戦友同士が互いに連絡をとり合って集まり、その輪が次第に拡大して中隊会結成となった。〔中略〕戦友達の感情として、大勢の戦友の中でも一番身近なところで生死苦楽を共にした者ほど懐く親しみ深いのは当然で、中隊を同じくする戦友同士が何と言っても肩のこらない、気楽な連中であり「一つ釜の飯を喰った仲間」の連帯意識が強く、夜の更けるのも忘れて回顧談に花を咲かせたものである」と書いている(北村正人「楽しい「中隊会」などの活動」編集委員会編『鎮魂 鯨・烈山砲戦友会〝六十年の歩み〟』非売品、二〇〇六年)。「鯨山砲戦友会」は、善通寺で編成された第四〇師団に属する山砲兵第四〇連隊の戦友会で、「烈山砲戦友会」は、同連隊を改編した山砲兵第三一連隊の戦友会である。

歩兵第三六連隊(編成地・鯖江)関係の戦友会を例に取りさらに見てみると、同連隊第二大隊砲小隊戦友会の場合、第一回目の戦友会を一九六五年に、「同年兵だけ」で開催し、第二回目を、一九六八年に開催、「このころから、先輩もぼつぼつ仲間に入」り、一九七一年の「第三回目には盛大な会になって来た」。そして、鯖江歩兵第三十六連隊史蹟保存会編『鯖江歩兵第三十六連隊史』(非売品、一九七六年)の刊行頃から、「各隊、各年次ごとに実施されている戦友会を統合して歩三六戦友会を結成したらとの意見もあり、又靖国神社で慰霊祭を執行致したい、との切なる願いもあ」って、一九八三年三月に、靖国神社での慰霊祭を兼ねた歩兵第三六連隊合同戦友会が開催されている(歩三六記念誌刊行会編『歩兵第三十六連隊戦友会誌　合同慰霊祭記念号』非売品、一九八三年)。

中隊戦友会や同年次兵の戦友会の長い活動がまずはじめにあり、それらを統合する形で、連隊単位の大規模戦友会が形成されてゆくことがわかる。ちなみに、前掲『共同研究　戦友会』によれば、「大部隊戦友会」の方が、「小部隊戦友会」より、靖国神社国家護持運動に相対的には、積極性を示すという。

階級による序列化の排除

第二に、そうではない戦友会が存在するのも事実だが、戦時中の階級による序列化(宴会の席次など)はきらわれるし、戦時中の階級をそのまま持ち込む戦友会は長く続かないということも確かなことのようだ。一九四一年に現役兵として野砲兵第一連隊(編成地・東京)に入隊した森利は、戦後は、同連隊の戦友会である「砲一会」の活動に参加しているが、戦友会活動の基本原則について、「旧軍の階級を捨て、先輩後輩の垣根をはずして裸にならなければ、軍隊特有の情愛は湧かない。これを楽しみに集まるのが戦友会である。だから、気取ったり偉そうな態度があっては駄目である。〔中略〕特に旧軍の階級を誇示するようなことは、戦友会ではタブーである」と説明している(森利『モリトシの兵隊物語』青村出版社、一九八八年)。

また、歩兵第二二九連隊(編成地・岐阜)の戦友会である「福々会」は、一九五六年一月に設立総会を開催したが、その場で、元第一中隊長の竹内正雄は、連隊戦友会の開催年について、「今回お世話させて頂いて、「本会が旧将校の会になってしまうのではないか、元下士官、兵は中隊会だけで結構だ」。と言う意見を大分聞いております。就いては、各中隊で夫々独自にやっておられるところも大部あるようでありますので、それとの兼ね合もあり連隊戦友会の本会は、年忌式に二年又は三年おきにやったらどうかと思います」と提案している。結局、毎年開催に決定するが、戦友会の中心はあくまで中隊戦友会であり、それ以上の単位の戦友会になると、将校主導のものになってしまうという危惧を下士官や兵士が抱いていることがわかる(歩兵第二二九連隊史編纂委員会編『歩兵第二二九連隊史』非売品、一九八一年)。

逆に言えば、下士官や一般の兵士が、興味を示さない状況のもとでは、連隊戦友会などの「大部隊戦友会」は、将校主導のものになりやすい、ということでもあるだろう。

さらに、政治的活動を会として行うことも忌避される。一九六九年三月には「靖国神社国家護持」を求める戦友会の連合組織として「全国戦友会連合会」(戦友連)が結成される(全国戦友会連合会編『戦友連十年の歩み』非売品、一九七九年)。この時、結成にあたって、全国の戦友会世話人宛に、七六〇通の結成趣旨書を郵送したが、受取人不明でもどってきたものが三六通、実際に返信があったものは一七三通にすぎなかった(うち四通は反対意見、他は賛成意見)。受取人不明分を除くと返信率は二三・九%である。「また賛成意見の多くは個人としての意志表明であり、戦友会としての正式意見は僅か」だった(「戦友連情報」『戦友連会報』第二号、一九六九年)。また、戦友連常任理事の宮川啓一が、自分の属する戦友会、「白塔会」の幹事会で戦友連への参加を訴えると、「或る人から憲法違反だと聞いているのだけどどうなんだい」、「昔鉄砲かついだ連中が大勢集ってわいわいやったら世間がどう思うかね」、「まあ一種の政治運動だからな、白塔会としてそこまで立ち入ることはどうかね」などといった消極的意見が相次いだという(宮川啓一「ああ戦友連(三)」『戦友連会報』第二三号、一九七〇年)。高橋三郎らのグループが、一九七八年一一月に実施した「戦友会についての調査 第一回」によれば、回答のあった九七八の戦友会のうち、全国戦友会連合会に参加しているのは、全体の二八・五%にすぎなかった（前掲『共同研究　戦友会』）。

戦友会の統制的機能

他方で、加害証言などを抑制し、会員を統制する機能を戦友会が持っていることも忘れてはならないだろう。保阪正康『昭和陸軍の研究（下）』（朝日新聞社、一九九九年）は、この点に関わる戦友会の機能の一つとして、「戦史の多様化への統制」をあげている。つまり、戦友会の構成員が戦場の悲惨な現実や、残虐行為、上官に対する批判などについて、語り、書くことを、統制し、管理する機能である。保阪がソロモン諸島関係の部隊の戦友会を取材した時、当時の状況を尋ねた元兵士は、「戦況についてはわれわれは口を開かない。すべて参謀殿におまかせしている」と語った。保阪は、「口封じがされていることが、私には理解できた」と書いている。

同時に、戦友会の独特の性格からくる自己規制の問題がある。高橋三郎は、この点につき、次のように書いている（高橋三郎「戦友会研究の中から」『世界』一九八四年二月号）。

結論的にいえば、戦友会にとって重要なのは、逆説的にきこえるかもしれないが、「現在」の結合なのである。〔中略〕したがって戦友会では、現在の結合のきずなを弱める要素は、それが過去のものであれ現在のものであれ、注意深くとり除かれることになる。戦友会でけっして語られない話題があるのもそのためである。

戦争中の体験にしてもあまりに悲惨なこと忌まわしいことは語られないのが普通である。そうした話は死んだ戦友やその遺族を、あるいは生き残った戦友をいたずらに傷つけることになると考えられているからである。悲惨なこと忌まわしいことは自分たちの胸だけにおさめておこう、それが自分たちが生き残ったことにたいする負い目をはらすひとつの方法なのだという考えは、戦闘体験者にかなり共通したものといえる。

戦友会の大規模化

戦友会は、すでに述べたように、しだいに大規模化してゆくが(陸軍でいえば連隊単位、師団単位の戦友会など)、その契機の一つは、慰霊碑・記念碑の建立である。この点をもう少し具体的に見てみよう。一九六〇年代の前半頃から、小規模な「戦友たちの集まり」が、全国でもたれるようになってきた。「しかし、このような会は、その会だけに止まって、それ以上に発展しない」という傾向を持っている。「この種の会合は飽くまで戦友同士の範囲のものであり、その慰霊も、互いに行動を共にした真の友の死を悼《いた》むという真実の弔い」だったからである。こうした中で、戦友会組織化の大きな契機となったのが、「その所属部隊への思慕から、かっての兵営跡に記念碑を建設する」運動だった。歩兵第五〇連隊(編成地・松本)の場合、早くから、この運動を進め、一九五八年四月に、松本市の旧練兵場跡に「旧歩兵第五十聯隊跡」の九文字を刻んだ記念碑が建立された。「この建碑を機として、聯隊或は中隊毎に戦友会が発足し」たという（堀越好雄『歩兵第五十聯隊史　併記歩兵第百五十聯隊史』非売品、一九八四年）。

慰霊碑の建設も、大規模戦友会結成の重要な契機となった。一九七七年は、敗戦後三二年目にあたり、仏教では三十三回忌の年にあたっている。このため、騎砲兵第四連隊の元将兵たちは、「全国慰霊祭」の開催を計画し、「四人の生存隊長の了解を受け、各〔徴集〕年次の生存者の住所を調査し、年次毎の実行幹事会を組織し、各年次合同の戦没者慰霊祭」を開催するための企画・準備に奔走した。この結果、一九七七年九月一七日、旧騎砲兵第四連隊関係将兵約二〇〇名が靖国神社に参集し、慰霊祭が挙行されている。この時、「慰霊祭挙行に尽力した幹事諸君は、皆一様にこれを機会に、完全な戦友名簿を作り、隊史を編集し、時折り全国的な親睦会や慰霊祭を行うなど、聯隊的な規模で何か事業を進めたいとの希望を持った」。

一方、一九三三年の徴集兵で組織する「金子会」は、一九七八年の総会後、新たに騎砲兵第四連隊の全国戦友会を結成し、「会の事業として建碑を取り上げ、なるべく早い時期に実現させ」ることを決定した。この「金子会」が「全国慰霊祭」開催の中心となったメンバーに働きかけ、「慰霊祭の発展的目標を慰霊碑の建立とし」、このため新たに「騎砲兵第四聯隊全国戦友会を結成」することが合意された。

以後、年次ごとの徴集兵で組織されている各戦友会への協力要請が行われ、一九七八年九月一六日には、「騎砲兵第四聯隊全国戦友会」の創立大会が開催され、翌日には、「騎砲兵第四聯隊　慰霊碑」の除幕式及び慰霊祭が挙行されている(騎砲兵第四聯隊全国戦友会『騎砲兵第四聯隊慰霊碑』非売品、一九七八年)。慰霊碑建立のために集められた募金の総額は約八二六万円、慰霊碑の建立地は、後述する三ヶ根山頂である。慰霊祭の挙行、慰霊碑の建立を目的にして、徴集年次ごとに結成されていた戦友会がしだいに組織化され、連隊規模の戦友会結成に至る経緯がよくわかる。

見逃すことができないのは、慰霊碑の建立に植民地出身兵が参加している場合があることである。台湾歩兵第二連隊(編成地・台南)の戦友会、「台歩二会」は、一九七七年七月、同連隊の「英霊顕彰碑」を熊本県護国神社に建立しているが、この建立には台湾人陸軍特別志願兵出身者と思われる「戦友」からの協力があった。藤岡孫市は、この点について、「そして台湾の戦友から贈られた大理石の唐獅子が威風堂々と碑を守護しているのです。碑の敷地は朱に染まった煉瓦がこれまたはるばる台南から届けられて敷きつめられているのです」と書いている(藤岡孫市「「英霊・軍旗と共にここに眠る」碑　入魂式及び除幕式の情景報告」藤岡孫市ほか編『軍旗と共に幾山河』非売品、一九七七年)。

山田国太郎(元第四八師団長)が同書に寄せた「序文」の中で、「台湾在住の戦友の方々」の「格別の協力」に言及して、「日本と台湾とは明治二十八年以来五十年にわたり培われた同胞愛精神、戦友愛精神が、両国民の間に脈々として生き続けております」と書いているように、ここでは台湾人「戦友」の参加によって、植民地支配の歴史が完全に隠蔽されている。また、同書によれば、台湾には、台湾人特別志願兵第一期生の戦友会、「六友会」があり、「台歩二会」との間に交流があった。

台湾人特別志願兵は、学歴の高い層の青年ではなかったが、高倍率の厳しい選抜をへて採用された人々であり、自らの能力に強い自負心をいだいていた。その一方で、戦後の国民党政府からは、「日本の走狗」とみなされて敵視されてきた存在でもあった（宮崎聖子「元台湾人特別志願兵における「植民地経験」」五十嵐真子ほか編『戦後台湾における〈日本〉』風響社、二〇〇六年）。彼らの複雑なアイデンティティのあり方と日本の戦友会との関係の解明は、今後の研究の大きな課題である。

なお、陸軍少年飛行兵関係の戦友会等にも朝鮮人元兵士の参加が確認できる。この問題も今後の課題である。

靖国神社での慰霊祭の開催

靖国神社で戦友会主催の慰霊祭が増え始めるのも、一九六〇年代前半からである。靖国神社の社報、『靖国』第九〇号（一九六三年）に掲載されている祭務部の「昨年を顧みて」と題された文章によれば、「生還した、かつての上官や戦友たちの依頼で行なう部隊や〔軍学校の〕同期生の慰霊祭が近来とみに多くなって来た。六、七年前までは、一年の内に僅か数件しかなかったが、その後年毎に増え昨年は五十件に及び参列者は六千の多きを数えた」という。また、『靖国』第一二七号(一九六六年)に掲載された記事、「昭和四十年の御社頭を顧みて」は、「年々盛んになる元部隊、同期生の慰霊祭は一七四件に上り」としているので、一九六二年から一九六五年にかけて、部隊戦友会、軍学校戦友会による慰霊祭が、ほぼ三倍に増えていることがわかる。

自衛隊の部隊参拝の記事が『靖国』に登場するようになるのも、この頃のことである。「昭和四十一年の御社頭をかえりみて」(『靖国』第一三九号、一九六七年)には、「又、昭和四〇年より早朝月例参拝をつゞけている陸上自衛隊第一師団をはじめ二月には陸上自衛隊富士学校生徒が卒業奉告参拝、七月には海上自衛隊練習艦隊、陸上自衛隊少年工科学校生徒が夫々隊伍堂々特別参拝を行っている」とある。さらに、靖国神社と自衛隊の協力関係も緊密なものになっていった。一九六三年一二月には、「予科練雄飛会」(海軍乙種飛行予科練習生の戦友会)主催の慰霊祭が靖国神社で開催されているが、この時は、陸上自衛隊東部方面隊音楽隊が「国の鎮め」などを演奏、海上自衛隊の大森将補が来賓挨拶をしただけでなく、航空自衛隊の新鋭機三機が神社上空で「慰霊飛行」を行っている(靖国顕彰会『靖国』非売品、一九六四年)。

しかし、一九六九年六月に靖国神社法案が国会に提出され、「靖国神社国家護持」問題が大きな政治的争点となると、日本国憲法の政教分離規定の存在がクローズアップされてくるようになる。その結果、自衛隊と靖国神社の公然たる結びつきは、しだいに後景に退いていく。なお、「予科練雄飛会」の慰霊祭の場で予科練同窓生代表・伊藤進が読み上げた「祭文」は、次の一節で結ばれている(同前書)。「戦には負けたが、君らの魂は平和日本の尊いいしずえになった事は誰もが信じて疑わない。〔中略〕見ていてくれ、再び戦争の起らない世界を祈念して、俺達は予科練の庭で共に鍛えられた魂を力を合わせて平和日本に具現し、成就して見せるぞ。亡き友よ、雄飛の神々よ 永久に 安らかに眠れ」。心に訴えてくるものがあるが、典型的な「平和の礎」論である。

偕行社・水交会などの組織化の進展

この時期は、偕行社・水交会・軍恩連盟・日本傷痍軍人会などの旧軍人団体の組織化が進んだ時期でもあった。水交会は、一九五二年末の会員数二七四二名が一九六五年度末には六五〇〇名に、一九七〇年度末には八〇〇〇名に拡大した(市来俊男「水交会の四〇年を顧みて」『水交』第四五九号、一九九二年)。

偕行社の場合は、初期の会員数がはっきりしないが、機関誌『偕行』一九五三年四月号の誌代納入者数が四四七九名である(中村弥太男「『偕行』―『月刊市ヶ谷』―誌上に見る、偕行社草創時の状況第一回」『偕行』一九九一年二月号)。それが、一九六六年度版『偕行社会員名簿』によれば、一九六六年八月末現在の会員数は、約一万二〇〇〇名に増加している(『偕行』一九六六年一二月号)。一九六七年度の偕行社総会における「理事長の会務報告(要旨)」によれば、敗戦時の陸軍正規将校数は三万名、敗戦時に陸軍幼年学校・陸軍士官学校に在校中の生徒が一万五〇〇〇名、文官教官五〇〇名、合計四万五五〇〇名だから(『偕行』一九六七年一一月号)、戦後の死没者の存在を無視すれば、組織率は単純計算で二六・四%ということになる。

水交会の場合は、海軍兵学校出身者が中心だとはいえ、海軍機関学校出身者や、海軍経理学校出身者、技術将校なども会員に含まれている。ここでは、詳しい数字がわかる一九七三年二月末現在の会員の状況を見てみよう。会員総数は八〇一一名だが、上記三校出身者(生徒として在校中に敗戦を迎えた者を含む)の生存者数が二万二一三二名、そのうちの会員数が四三八二名だから、組織率は一九・八%となる。さらに兵学校出身者(生徒を含む)に限定して見てみると、生存者数が一万八三三三名、会員数が二九四〇名で、組織率は一六・〇%である(『水交』第二四一号、一九七三年)。高度経済成長期に会員数は大幅に増加しているが、組織率がさほど高くないことにも留意する必要がある(ただし、中央組織の「財団法人 水交会」には加入せず、各地方の水交会だけに属している旧軍人がかなりいるようである)。

また一九六〇年代後半頃から各界のリーダーとなった旧将校の存在が社会的にも注目

されるようになる。例えば、『週刊サンケイ』一九六六年三月七日号には、「旧軍人特集　各界で成功した将校たち　森下仁丹社長から八木アナまで　特別調査」が掲載されている。旧陸海軍将校出身の「各界有名人」のリストだが、特集の前文には、「「あなた、陸軍の将校だったそうですね」こんな問いかけが、この二十年余のあいだに何回くり返されたことか。問いかけられたほうはそのたびに、身を小さくしてきた。問いかけのことばのなかになんとなく、戦争責任者を追及するニュアンスが含まれていたからである。いや、問いかけるほうはそんなつもりでなくても、旧陸軍将校にとっては、古傷にさわられるような気分であった。だが、いまでは、そういった会話を耳にすることもなくなった。〔中略〕それほど〝戦争〟は遠いむかしの出来ごとになってしまった」と書かれている。戦争の時代は、すでに完全に過去のものになってしまったという文脈の中で「成功した将校たち」が取り上げられていること、また、この記者は、どうやら戦争の責任は陸軍だけにあると考えていること、その二点が興味深い。

日本傷痍軍人会(日傷)の正確な会員数はよくわからないが、会自体は一九六〇年代初頭の時点で、「全国会員三十五万、それに妻の会を加えれば、優に五十万以上」と称している(前掲『日本傷痍軍人会十五年史』)。なお、傷病恩給を受給している傷痍軍人数は、高度成長期には、約一三万人に達している(**表2**)。また、この他に傷害の程度が軽いと認定され、一時金としての傷害賜金だけを支給されている旧軍人がいる。

軍恩連盟全国連合会(軍恩連)では、一九五六年七月の参議院選挙全国区に、会長の松村秀逸(元陸軍少将)が自民党公認で立候補し、約三二万五〇〇〇票(第一九位)を得て当選を果たしている。このころの会員数は、「公称五〇万人、実質四五万人といわれていた」という(海老原義彦編『百万人の復権大行進――軍恩運動の歴史』ぎょうせい、二〇〇九年)。それが、機関紙『軍恩新聞』第一五〇号(一九六六年)に掲載された、山本茂一郎会長の「軍恩新聞一五〇号 発行を祝して」と題された文章では、「全国に百万といわれる会員を擁する大きな組織とな」ったと記されている。かなりの水増しがあるものと考えられるが、この間に会員の拡大が進んだことは間違いない。

表2　傷病恩給受給者数の推移

（単位：人）

	増加恩給	傷病年金	特例傷病恩給	計
1955 年度	59,476	42,448		101,924
1965 年度	62,730	71,729		134,459
1975 年度	54,950	78,646	1,055	134,651
1985 年度	44,418	70,978	1,562	116,958
1995 年度	27,539	47,259	1,160	75,958

注）増加恩給はより重度の傷痍軍人に支給される恩給，傷病年金はより軽度の傷痍軍人に支給される恩給，特例傷病恩給は，日本本土などで職務に関連して傷病を蒙った者で，増加恩給受給者，傷病年金受給者と同程度の傷害を有する傷痍軍人に支給される恩給
出典）『日傷月刊』第 597 号，2003 年

軍恩連の大衆化という面では、一九六一年の加算制復活の意味が大きい。加算制とは、恩給支給に必要な在職年を確保するために、在職期間の割り増しを行う制度である。例えば、戦地加算の場合、一年間の戦地勤務は三年間勤務したものと見なされる。その結果、一九六〇年の

軍人恩給(普通恩給)受給者数四七万三一三人は、一九七〇年には一二五万六四〇九人に増加している(『軍恩新聞』第五四六号、一九九九年)。そして、加算制の復活によって大衆的基盤を確立した軍恩連は、やがて、自民党に対する強力な圧力団体に成長してゆくことになる。

また、加算制復活運動の中で、軍恩連が復活を求めているのは戦争によって大きな犠牲を強いられた一般の召集兵の恩給権であること、敗戦の責任は軍の上層部にあって、下級の将兵はむしろ犠牲者であるという主張を前面に押し出している点が興味を惹く。加算制復活運動の中心メンバーたちは、運動の記録を、池田亀市編『旧軍人恩給の一部加算制復活　追想録』(非売品、発行年不詳)という小冊子に残している。同書に収録されている、池田亀市・愛媛県軍恩連盟会長の「忘れられた元軍人下士官兵の為に」と題された文書(関係大臣・衆参両院議員などに配布したもの)は、「敗戦の責任は、一部政治、統帥の上層部にあることは間違いのないことであり、今以つて犠牲の恰好で、これ等多数の軍下層階級に迄及ぼすような政道は、決して公正な取扱いをしたとは絶対に申され得ないところであります」と強調している。

また、宮田次男・川之江市軍恩連盟連合会長の「加算制復元問題に関する説明書」(同前書)も、復活を求めたのは、「主として赤紙応召者」の恩給権であるとしながら、「尚その他国民感情として、終戦後すでに十三年を経過した今日においても、国民の一部には敗戦の責任者であり、且つ戦時中横暴の振舞のあつた軍人に対する憎悪感の残つている事は事実であるが、敗戦の責任の如きは上級軍人にあるのであつて、赤紙応召の下級軍人に何の戦争責任があるのであろうか」と書いている。ここからは、軍上層部に対する反感が根強く存在する状況のもとでは、旧軍人の運動であっても、軍上層部の責任に言及し、自らを被害者として位置付けざるを得ないという関係性を読み取ることができる。

戦友会への参加を拒む人々

すでに、偕行社や水交会などの学校戦友会の分析で示唆しておいたように、部隊戦友会の場合でも、組織率や元兵士の会活動に対する関心がそれほど高くないことに注目する必要がある。石川県・富山県は、戦友会や軍恩連の活動が活発な地域だが、その金沢で編成された歩兵第七連隊の戦友会が「歩七会」である。同会の会誌に掲載された理事長・島村喜久二の報告によれば、「現在の登録した歩七会員は約一万三千名。未登録会員は推定四万名」だから、組織率（旧歩兵第七連隊所属の将兵に対する戦友会会員の比率）は、単純計算で二四・五％となる。しかし、その島村報告が、「歩七会は任意団体でマボロシの様なもんだと酷評する向きもあります」と認めているのだから、登録会員とは、おそらくは住所を把握できている元第七連隊所属者のことで、コアになる会員の数は、さらに少なくなるものと思われる(『歩七の友』第一号、一九六九年)。

歩兵第五八連隊(編成地・高田)の戦友会、「歩五八会」は、会の解散(二〇〇三年一〇月)を前にして会員に靖国神社への募金を訴えた文章の中で、「その戦功と共に、私共が誇りに思うことは、戦後に於ける私共の戦友会、歩五八会の目ざましい活動であります。全国で数多く結成された戦友会の中で、常に輝ける存在としての見事な活動ぶりは、自他共に認めるところでありました」と自負しているように(「募金は歩五八会最後の大作戦「会」の有終を飾ろう！」『歩五八会報』第七三号、二〇〇一年)、戦友会活動の中核的存在だった。

その歩五八会の場合でも、坂井良孝「戦友よ！ 原点に返えれ」によれば(『歩五八会報』第二号、一九七二年)、一九七二年六月、「中隊懇親会の案内(往復はがき)を全員百七十名に出したところ、出席三十五名、欠席四十五名の返事をいただいたが、残り九十名の方たちからは何の連絡もなかった」という。返事を出さなかった人の割合は五二・九％である。坂井は、この問題について、「出、欠の有無と氏名だけを書き入れて投函すればそれですむことなのだが戦後も二十七年たつと、戦友会や戦友たちに対して何の関心も無くなってしまうのだろうか？ あの非情苛酷な戦場で堅く結ばれた友情はどこへ行ったのだろうか？ 戦友愛とは唯戦場だけに存在した友情だったのだろうか？ と、いささか疑いたくなる思いがした」と書いている。戦友会の活動家をいらだたせるほどに、戦友会に対して関心を持たない人、あるいは意識的な無視を決め込む人が存在しているのである。

歩五八会は、発足以来会費を徴収していなかったが、一九七二年の会誌創刊にともない賛助金制度を導入している(「賛助金制度について」『歩五八会報』第二号、一九七二年)。その結果、賛助金を毎年納入する会員と納入しない会員との二タイプの会員が存在することになる。両者ともに「歩五八会員であることに違いはなく、一切差別はいたしません」と説明されているが、賛助金を納入する中心的会員の周りに、緩やかな形で会と接点を持っている広義の会員が存在するという構図がより明確になったのである。

ここで、重要なのは、入会を意識的に拒む元兵士の存在である。「ラバウル戦友《とも》」の会」は、「ラバウル(ニューブリテン島)又はその近辺に戦った第三十八師団の将兵」、「陸海を問わず同方面に戦った者」などを会員とし、会の目的を、『ラバウルの戦友』誌を発行することにおいた戦友会である。戦友会というよりは、ラバウル方面で戦った旧軍将兵の同人誌といった性格が強い。その『ラバウルの戦友』第三号(一九七〇年)の「拝啓 編集子どの」の欄には、「私は昭和十八年四月、三十才の時応召した補充兵で、黒沢大隊に所属した兵隊です。しごかれた胸糞の悪い思い出ばかりで、私などとても『ラバウルの戦友』になる資格はありませんが、発行者にご迷惑をおかけするのは不本意ですので、1、2号代ご送金しますが、以後は打ち切って下さい」という読者からの投稿が掲載されている。編集者は、この投稿に、「右と同趣旨の来信は他に三通あり」と注記している。

また、一九九〇年代の戦友会誌ではあるが、船舶工兵第一〇連隊戦友会会報『暁』第二五号(一九九二年)に掲載された星野博信「戦友会に臨み憶うこと」には、次のように書かれている。

私は戦記ものが好きである。軍隊生活体験の中で、共感と悲愴感を抉るからであろうか。反戦的でも厭戦的でもない。皇軍の一員として国家忠誠の振舞をして来たつもりである。だが、私はこの共感と悲愴感の対象として、内務班に於ける初年兵生活の体験を強烈に実感として消去ることができない。

やや文意の取りづらい文章だが、「皇軍の一員」として戦争に参加したことに誇りを感じている元兵士が、古兵による「私的制裁」という名の暴力が支配する内務班の生活には郷愁を感じていないのである。内務班とは兵営における兵士の日常生活の基礎単位で、下士官が班長である。同時に星野は、「一般戦友会に、初年兵(入営一年目の兵士)の方達の参加が極めて少ない事実」に注意を喚起している。古兵(古参兵)からの執拗かつ理不尽な肉体的・精神的暴力にさらされ続けたままで、敗戦を迎えた者は、戦友会に参加する気になどならないということだろう。この星野博信は、その後も戦友会に出席しない兵士の存在に心を痛めていたようである。

『暁』の後継誌『暁戦友往来』第四号(二〇〇二年)に掲載された「戦友会の歩みのなかで」と題された文章の中では、星野は、「二十二年の歩みを回顧・展望する中で「戦友会」に背を向ける者が居ても、決しておかしくない。否定も出来ない現実の相があった。牛馬の様に殴られた。〝虫ケラ〟とも言われた。「奴隷のように傅《かしず》いた」嘗ての「帝国陸軍・初年兵」の〝亡霊〟は、いつまでも付き纏っている。さもありなんか」としつつ、同年兵同士の戦友会ではなく、部隊全体の「合同戦友会」に参加しない者を次ぎの三タイプに分類している。即ち、第一タイプ＝「無差別に、理由などあろう筈もなく殴打(リンチ)した人、きれた人(「された人」の誤植とも思われる)」、第二タイプ＝「軍隊生活で、恥も外聞もなく行動した人」、「心に蟠《わだかま》り・蟠り・罪悪感と、あの頃の自分を知る人に見られる辛さ、嫌さ、の外、一方で悔しさ」を感じているため参加できない人、第三タイプ＝「軍隊で特に親しくした人もいない」人、「あまり感激がない」人、である。星野は、その上で、「故に全員集合の戦友会には参加しないが、同年兵の戦友会には参加した人が可成り居ると思います。それはそうでしょう」と書いている。私的制裁を受けた側だけでなく、極端な私的制裁を加えた側も反発を恐れて戦友会には参加することができないのである。

3　「戦記もの」の動向

地方新聞社の郷土部隊戦記

「戦記もの」の動向としては、一九六〇年代の前半に、各地方新聞社が、郷土部隊戦記の連載を開始しブームとなったことがあげられる。戦記作家の高木俊朗によれば、一九六二年四月現在の時点で、全国二二の地方紙が三九種の郷土部隊戦記を連載していた（日本新聞協会の調査）。「しかし、これらの企画は地方紙の販売部の要請で始められたから、その戦記も、郷土の出身者の武勇伝やお国自慢に終わっているものが多い。なかには〔中略〕戦争中と変わらない〝勇壮〟の型にはまった文章や、戦争美化の作り話も少なくなかった」（高木俊朗「戦記　その真実と虚構」竹中誠子編『戦記作家　高木俊朗の遺言Ⅰ』文藝春秋企画出版部、二〇〇六年）。もっとも、山本茂実『松本連隊の最後』（近代史刊行会、一九六六年）のように、「決して戦争を讃美すまい」という立場から書かれた優れた戦記があったことも忘れてはならないだろう。本書は、『信陽新聞』に一九六四年から約一年間、連載された「燃える軍旗」の増補改訂版である。

また、この頃から戦友会が主体となった部隊史が少しずつ刊行されるようになるが、ここでは、比較的初期の連隊史として、「五八会」編『ビルマ戦線――歩兵第五八連隊の回想』(非売品、一九六四年)を、取り上げておきたい(歩兵第五八連隊の戦友会「歩五八会」は、この時期は「五八会」と自称していたようである)。

本書の特徴は次の三点にある。第一には、多数の一般兵士が執筆者として登場する連隊史だということである。掲載された投稿文には氏名、当時の所属が記されているだけで、階級の記載は一切ない。高田歩兵第五十八聯隊史編纂委員会編『高田歩兵第五十八聯隊史』(非売品、一九八二年)は、この点について、「戦誌『ビルマ戦線』は昭和三十九年に発刊されたが、当時はまだ聯隊戦記を発刊した戦友会が少なく、特に戦友の体験記をこれほど大量に集録したものは皆無であった。(投稿者百五十七名、三百二十編)」と指摘している。とはいえ、戦記作家の高木俊朗が、「B6判七九四ページ、八ポ二段組みの大冊である。この書の主体は、当時の戦友の追想文である。それだけに、戦場の思い出の断片をならべたという、ものたりなさがある」とコメントしている点は確かに否定できない(高木俊朗「戦記とその課題」『朝日新聞』一九六五年八月八日付)。しかし、この連隊が、一九四四年のインパール作戦に参加し、壊滅的な損害を蒙った部隊であるという事情もあって、高木自身も認めているように、戦場の凄惨な現実を描写した投稿がいくつか見うけられる。インパールからの逃避行についての畾輝彦の回想、「みんな狂っていた」の次の一節は、きわめて印象的である。

「オイあの男はなんだ」と戦友に言われて振り返って見ると、すぐ後へ飯盒片手に杖にすがった兵隊が足にボロを巻いて、とぼとぼとついてくる。のび放題にのびた髪に蛆が真白に生みつけてある。そこに群がる蠅、これを追い払う意識もなければ気力もない。すでに死期が迫っているのだ。またある者は妻子の写真を木の枝にかけたまま、おがむようにして死んでいる。ズボンをとって股に喰い込んだ蛆をとってくれと哀願している者、こじき同然に飯盒の蓋を前にして後退者に食べ物をねだっている者、負傷した傷口から膿をだらだら流しながら放心状態になって歩いている者、マラリアの高熱におかされてうわ言を言っている者、道端に倒れたまますでに観念したのか身動きもしないでジッと我々を見送っている者、中には最後の一発の手榴弾で潔く自らの生命を絶った者もあった。

この地獄絵さながらの光景の中を、お互は戦友のいかなる哀願も、いかなる悲惨な場面も、冷然と見捨てなければならなかったのだ。自分が生きるために。これがあの精強をもって知られた部隊の敗残の姿であった。みんなどこか狂っていたのだ。

第二の特徴は、それでも将校主導の戦史という性格が色濃いことである。編纂委員長は、最後の連隊長・稲毛譲である。また、本書の冒頭に置かれた編集部名の「この本を読まれるにあたって」という文章は、「各人投稿の狙いは、あくまで各人の最も印象深い場面を活写することに重きを置きましたので、内容は極めて断片的であり、部分的なものとなっております。これを補うため、各章の冒頭にそれぞれ、その章の〝行動の概要〟を掲載しましたから、これによって全体の状況を御理解戴き、しかる後に各人のお話を読んで戴くと便利かと思います」と説明している。この〝行動の概要〟は、全般の戦局の推移、それぞれの作戦の作戦目的と戦闘の概要などを、おそらくは参謀将校だと思われる匿名の人物による座談会形式で解説したものである。

第三には、かつての戦争を丸ごと肯定し正当化することは、慎重に回避しつつも、編集者の最大の狙いが、戦死者の「追悼」にあることである。ただし、ここでいう「追悼」には独特の意味合いが込められている。この点について考える上では、「靖国文化人」の一人である大原康男が監修した『靖国神社遊就館の世界』(産経新聞ニュースサービス、二〇〇三年)が参考になる。同書の「監修の辞」の中で大原は、「昨今、靖国神社に関する論議がかまびすしいが、キイワードである「追悼」の意味をあらためて考えてみたい。「追悼」は決して亡くなった人々を単に「いたみ、悲しむこと」にとどまるのではない。戦没者を「いたみ、その霊をなごめること」(慰霊)と戦没者の「祖国に尽くしたまごころを称え、後世に伝えること」(顕彰)の両義が不可分に結びついている」と指摘している。

この点を考慮するならば、『ビルマ戦線』の編集方針は、単なる「慰霊」にとどまらず、「顕彰」の域に足を踏み入れている。同書の「編集をおわって」(無署名)が、「戦争は罪悪である」としながらも、「人間が、自己の一切を犠牲にして祖国に殉ずる姿の崇高さ。人間が、生死の関頭に立った時、期せずして発露する友愛のきずなの美しさ。我々が戦場で体験したこれら人間精神の極美は、何物にも代え難い貴重なものであった。〔中略〕我々が、亡き戦友の慰霊に眼の色を変え、この戦誌の編纂に夢中になったのも、これをただ、死んだ戦友に対する哀れみや慰めとのみ解するのは、余りにも皮相である」と強調していることは、そのことをよく示している。

しかし、念のため、ここで付言しておきたいのは、過去の戦争を全面的に正当化できない以上、「顕彰」は部分的なものにならざるを得ないし、インパールからの退却戦において、多くの戦友を見捨ててきた経験を持つ一般の兵士にとって、「人間精神の極美」を強調する戦争体験の聖化が、それほど大きな説得力を持つとは考えられないという点である。

伊藤桂一の作品

部隊史以外のいわゆる「戦記もの」としては、伊藤桂一の『悲しき戦記』(新潮社、一九六三年)、『続　悲しき戦記』(新潮社、一九六四年)をあげることができる。この作品は、一九六二年九月から『週刊新潮』に連載された後、単行本となった。当時、伊藤は過労による強度の神経症に悩まされていたため、当初は連載の依頼を辞退したが、「せめて十三回」ということで引き受けることになり、結局、一年を超える連載となった。「読者の反響がきわめてよく、取材の手づるも次々出来て途中で止められなくなったからだという」(津坂治男『鎮魂と癒しの世界 評伝・伊藤桂一』詩画工房、二〇〇三年)。中国戦線における一兵士としての従軍体験を持つ伊藤の作品は、多くの関係者からの取材に基づくものではあるが、ノンフィクションではなく、「戦記小説」である。この作品は、伊藤と同じように兵士としての従軍体験を持つ人々の間で、大きな共感をよぶことになるが、それには、やはり理由があった。

第一には、兵士たちのいわば代弁者として、歴史の中に埋もれ、忘れ去られようとしている彼ら一人一人の戦争体験を記録にとどめようとする一貫した姿勢である。伊藤は、『悲しき戦記』の「あとがき」の中で、次のように書いている。

『悲しき戦記』を書き進むに当り、私は既知未知の多くの戦友(と呼ばせていただきたい)諸氏から、さまざまな意味での御支援を受けることができた。戦記小説というものは、作家個人の所産ではなく、その作家を通じてうったえようとする、多くの人々の願望によって生まれるものではないだろうか、と私は思わざるを得なかった。だから、作家と読者が、同次元のなかで密接につながっているのを痛感したし、当然、義務と責任も重かったが、不才にしてそれらの方々に、充分な御期待に添い得なかったことを、まずお詫びしておかねばならないと思っている。

第二には、死んでいった戦友たちへの鎮魂歌という性格が極めて強い。しかし、それが勇敢に戦って死んでいった者たちの「顕彰」という方向に必ずしも向かわないのは、伊藤の中に、軍上層部に対する手厳しい批判があるからだ。伊藤は、「肯定的―戦争体験観」(伊藤桂一『草の海――戦旅断想』文化出版局、一九七〇年)というエッセイの中で、軍隊で学んだことについて、次のように書いているが、伊藤の兵士観がよく示されているといえよう。

私には、兵隊相互の連帯感というもののほうが勉強になった。これは一般の社会には存在しないものである。かれらが連帯するのは、戦闘のためでなく、むしろ、防衛のためである。本来兵隊は、常に腹背に敵をもっていた。前面の敵と後方からくる命令系統である。そして、ときには、前面の敵よりも、後方からの威圧のほうが、兵隊をおびやかしたのである。戦記文学のひとつの主題は、この後方からの圧力で、むなしく死んで行った同族への弔慰につながっている。兵隊の悲劇というものは、苦労や死にあるのではなく、納得できない苦労や死を課されたことにあった。

生き残った兵士たちが、ようやく落ち着いた生活を取り戻し、死んだ戦友たちの追悼に思いを寄せるようになった、この時代の雰囲気に、伊藤の作品はよくマッチしていたのである。

第三には、伊藤の作品が、戦場の日常を描いていることがあげられる。文庫版『悲しき戦記』(講談社文庫、一九七三年)の「解説」で、文芸評論家の尾崎秀樹は、伊藤の作品は、「いずれも一貫して兵隊の〝暮し〟を描いている。戦争小説といえば、作戦間の緊張した場面を描く作品が多いなかにあって、彼の小説はむしろ戦闘そのものまでを生活のなかにふくみこんだような、平静なものを湛えている」と書いている。

確かに、戦場においても、毎日のように戦闘があるわけでもないし、後方勤務の兵士もいる。また、戦域によって戦闘の苛烈さにはかなりの相違がある。敵を見たこともなければ、発砲した経験を持たないまま敗戦を迎えた兵士も数多く存在する。そのことを考えるなら、「暮し」を描くことは、より多くの戦中派の共感を確保できるということを意味していた。落語家の春風亭柳昇が自らの戦争体験をユーモラスに描いた、『与太郎戦記』(立風書房、一九六九年)がベストセラーとなり、映画にもなった事実も、そのことをよく示している。

第四には、「告発」という叙述のスタイルを、あえてとらない点があげられる。この点については、真鍋元之が、文庫版『続 悲しき戦記』(講談社文庫、一九七七年)の「解説」で、「おおくの戦争作家は、この苛酷さをとらえ、戦争を憎みます。軍隊組織の野蛮性と絡みあわせて、戦争に内包される反文明と、非人道性を責め、呪い、罵ってやみません。当然の所業ですから、伊藤さんにしても、その心情においては、世の多くの戦争作家とかかわりがないでしょう。しかし、それにもかかわらず、戦争へのあらわな憎悪を、すくなくとも表面へ強く押し出す姿勢を、伊藤さんは示しません」と的確に指摘している。事実、伊藤の作品では、軍隊組織の非合理性や非人間性、腐敗した無能な軍上層部の責任の問題、戦場の苛酷で凄惨な現実などが、主題となることはない。戦争犯罪の問題に関しても、中国人女性に対する性暴力や八路軍の捕虜への拷問の問題などが、さりげなく触れられているだけである。

伊藤自身、『続　悲しき戦記』の「あとがき」の中で、「戦争体験者の方に話をきくとき、その人の〝語らない部分〟または、〝語りたがらない部分〟のあることに気づくことがある。戦記が「記録」ではなく「小説」であるためには、その〝語らない部分〟を、黙ってさとるよりほかはないのであろう。その無言の伝達の持つ意味を、これからも私は、考えていかなければならないと思う」と書いている。そのことの持つ深刻な意味を常に考え続けるという前提は置かれているものの、戦場の凄惨な現実や戦争犯罪にかかわる事柄は、元兵士たちの間の「暗黙の了解」に留めておきたいという伊藤の意識を垣間見ることができる。そこには、「読み手」である元兵士の側と、「書き手」である伊藤との間にある種の共犯関係が成り立っているのである。

『父の戦記』

この時代を象徴する「戦記もの」としては、もう一つ、週刊朝日編『父の戦記』(朝日新聞社、一九六五年)をあげることができる。『週刊朝日』は、「終戦二十年記念」企画として、読者から「父の戦記」の募集をすることとし、その結果、一七一六編もの体験記が編集部に寄せられた。このうち、入選した五編、佳作となった二〇編、選考に漏れたものから二五編、合計五〇編を収録したのが、この『父の戦記』である(ただし、民間人・遺族等、兵士以外の手記五編を含む)。一九五〇年代を代表する戦記である前掲『今日の話題 戦記版』と比較すると、そこには明らかに時代の変化を読みとることができる。具体的には、後者がたたき上げの下士官や下級将校を中心にした「プロ」の戦記であるのに対し、『父の戦記』は一般の召集兵主体の戦記である。彼らが手記という形で語り始めたことの持つ意味が大きい。また、戦域も「大陸」＝二〇編、「北方」(「満州」及び千島列島)＝三編、「南方」＝二〇編、「内地・沖縄」＝七編であり、『今日の話題 戦記版』には全くみられなかった中国戦線の戦記を数多く含んでいることが注目される。取り上げられている戦闘の大多数は陸上戦闘の戦記であり、旧陸海軍将兵の「勇猛さ」を強調する戦記は全くみられない。さらに、捕虜の虐殺や略奪行為に関する深い自責の念を感じさせる手記が少なくない。

それにもかかわらず、この『父の戦記』には、「方向感覚の喪失」という印象がどうしても否めない。『父の戦記』と銘打ってはいるものの、父が息子に語るという形式の戦記は決して多くはなく、全体としては、何のために、誰に、何を語るのか、という点が極めて不明瞭である。その背景としては、恐らく二つのことを指摘することができるだろう。一つには、後述する「戦無派」世代の登場と彼らの世代との深刻な断絶という状況の中にあって、「戦中派」の人々が、自分たちの戦争体験を理解してもらえないだろうというある種の諦念や不安を感じていることである。もう一つは、再び戦争を繰り返さないため、記録としての戦記を残そうという一般的な共通認識はあるものの、証言することの意義が充分目的意識化されていないという印象をうける。一九七〇年代後半頃からの「戦記もの」と異なり、「これだけは伝えておきたい」という切迫感のようなものが、読者に伝わってこないのである。現地の人々との心の交流など、感傷的で情緒的な色あいを帯びた戦記が少なくないことも、以上のことと関連しているように思われる。

『レイテ戦記』

作家の大岡昇平は、『中央公論』の一九六七年一月号から一九六九年七月号まで、「レイテ戦記」を連載し、その後、単行本とした(大岡昇平『レイテ戦記』中央公論社、一九七一年)。同書は、従来の各種の戦記の大部分が、日本側だけの記録や証言を基礎にして書かれているのに対して、日米両軍の資料を幅広く収集しながら、アジア・太平洋戦争末期のフィリピン戦の実相を克明に描いたという点で画期的な意義を持っていた。同時に、日米間の決戦という枠組みの中でだけとらえられてきたため、ともすれば視野の外に追いやられがちなフィリピン人の戦争被害の問題(日本側からすれば加害の問題)を常に念頭に置いているという点でも、極めて重要な位置を占める「戦記」である。また、大岡の場合、『レイテ戦記』の「あとがき」の中で、執筆の動機について、「著者が昭和二十八年頃この本を書くことを思い立ったのには、旧職業軍人の怠慢と粉飾された物語に対する憤懣も含まれていた」と書いているように、軍上層部の無為無策と腐敗に対する批判には手厳しいものがある。

しかし、その一方で苛酷な状況の下で、勇敢に戦って死んでいった戦友たちへの強い畏敬の念が存在することにも注目する必要があるだろう。特に、フィリピン戦で初めて登場した特攻隊について語るとき、その傾向が強い。特攻隊について大岡は次のように書いているが、大岡の感情の昂ぶりが感じられる文章である。

この戦術はやがて強制となり、徴募学生を使うことによって一層非人道的になるのであるが、私はそれにも拘らず、死生の問題を自分の問題として解決して、その死の瞬間、つまり機と自己を目標に命中させる瞬間まで操縦を誤らなかった特攻士に畏敬の念を禁じ得ない。死を前提とする思想は不健全であり扇動であるが、死刑の宣告を受けながら最後まで目的を見失わない人間はやはり偉いのである。醜悪なのはさっさと地上に降りて部下をかり立てるのに専念し、戦後いつわりを繰り返している指揮官と参謀である。

しかし、今日の時点からみれば、こうした形での「特攻士」の一般化には疑問が残る。森本忠夫『特攻――外道の統率と人間の条件』(光人社NF文庫、二〇〇五年)が、「必ず死ななくてはいけないという宿命は、士気を非常に低下させるものだ」という特攻機の直掩機のパイロットの証言などを引きながら詳細に論じているように、たとえわずかなものであれ、生還の可能性がなければ、軍事組織の構成員の士気は確実に低下する。

このことに関して、注目する必要があるのは、日高恒太朗『不時着』(新人物往来社、二〇〇四年)が示唆しているように、生き残りのために不時着を決行する隊員や、エンジントラブルなどを理由にして帰還してしまう隊員の存在である。また、今井健嗣『元気で命中に参ります』(元就出版社、二〇〇四年)は、九七式戦闘機の特攻出撃時の稼働率が、通常時の稼働率よりかなり低いことを指摘している。同書によれば、エンジントラブルは人為的に発生させることが可能であり、そこには意識的な「特攻忌避」の可能性があることを否定できないという。

あたりまえのことだが、命中に成功したパイロットや撃墜され命中に失敗したパイロットだけが、「特攻士」ではない。命中に成功した「特攻士」を賛美することは、様々な理由と事情により生き残ることになった元特攻隊員たちに沈黙を強いる圧力となって作用し、むしろ、特攻隊の実相を見誤らせる結果にならないだろうか。

＊　近年、特攻隊員の中に、朝鮮人パイロットが存在した事実が具体的に明らかになりつつあ

る。その先駆的研究としては、裵姈美・酒井裕美・野木香里「朝鮮人特攻隊員に関する一考察」(森村敏己編『視覚表象と集合的記憶――歴史・現在・戦争』旬報社、二〇〇六年)がある。

いずれにせよ、ここでは、大岡が軍上層部に対する手厳しい批判を常に持ちながらも、勇敢に戦った人々への畏敬の念を抱き続けていることが重要である。

戦史室の来歴

一九六六年から、防衛庁防衛研修所戦史室が、アジア・太平洋戦争の公刊戦史である『戦史叢書』の刊行を開始した。最初に刊行されたのは、『戦史叢書 マレー進攻作戦』(朝雲新聞社、一九六六年)であり、以後、毎年九冊前後が刊行されて、『戦史叢書 陸海軍年表』(朝雲新聞社、一九八〇年)の刊行をもって、全一〇二巻が完結する。いずれも大変大部な著作であり、最終巻の『陸海軍年表』だけでも、五三五ページもある。売れ行きも順調であり、第九六巻の『南東方面海軍作戦〈3〉』(一九七六年)までで二〇万部を超すロングセラーとなった(『朝日新聞』一九七六年一二月八日付)。かなり難解で大部の著作であるにもかかわらず、これだけの売れ行きがあったことは、研究者以外の旧軍人、戦友会関係者などが購入していることを示していよう。

この『戦史叢書』の性格を理解するためには、戦史室自体の歴史を知る必要がある。

戦史室が西浦進（元陸軍大佐）を室長として開設されたのは、一九五五年一〇月のことだが、その源流は、一九四六年六月の第一復員局設置に伴い開設された資料整理部までさかのぼることができる。服部卓四郎（元陸軍大佐）を長とした、この資料整理部について、二代目の戦史室長をつとめた島貫武治（元陸軍大佐）は次のように書いている（島貫武治『戦史室二十年の歩み』非売品、一九七六年）。

資料整理部の陣容は俊秀をもつて当てられ、服部卓四郎、西浦進、堀場一雄、種村佐孝各大佐、水町勝城、稲葉正夫、幸村健一郎、原四郎、田中兼五郎、橋本正勝各中佐、山口二三少佐等で、わが国においても政府による正統の大東亜戦争史を編さんすべきであるとの願望を抱き、史料の収集整理に努めるとともに、昭和二十八年には大東亜戦争全史四巻を世に発表した。後にこの整理部から多くの人が、貴重な史料とともに戦史室に転用されたことは、陸軍関係の（戦史の）編さんが進捗した素因になつている。

つまり、旧軍の幕僚将校を中心にして開設されたのが、戦史室だったのである。事実、開設以来、一九七一年三月末までの期間に戦史室に在籍した戦史編纂官（非常勤職員、派遣勤務者を含む）の総数は一二一名、このうち、実に一一八名が旧軍の正規将校を養成する陸軍士官学校、海軍兵学校、海軍機関学校の出身者である。さらに、この一一八名の中に、陸海軍のいわば「最高学府」である陸軍大学校、海軍大学校の卒業者が、陸大の場合三六名、海大の場合八名、総計で四四名もいる(防衛研修所戦史室『戦史編纂沿革・履歴・索引』非売品、一九七三年)。海大に比して陸大卒業者が多いことにも注目する必要があるが、戦史室は、旧軍の雰囲気が色濃く残る組織だったのである。相対的には若手の戦史編纂官だった近藤新治(陸士第五五期、敗戦時＝陸軍大尉)は、一九七一年頃の戦史室の雰囲気を次のように回想している。

まわりはほとんどが元大本営参謀だった編さん官で、庶務担当の陸曹(陸上自衛隊の階級で旧陸軍の下士官にあたる)と事務的な話をする時が、わずかに緊張がとける程度の毎日だった。陸軍士官学校を卒業してはいたが、陸軍省や参謀本部の門もくぐったことのない身であってみれば、恐い参謀方の間に坐れば、自然そうなるのであった。左隣りが、「軍神」というニックネームの方で、(中略)一切無駄話はしないし、用便以外は席を立たない。(中略)右隣りは、軍神より更に一期上の方で、服部卓四郎氏が「陸軍60年の歴史の中で最高の頭脳」という評価をした人である。もちろん幼年学校、陸士、陸大全部優等で通した俊材である。西浦戦史室長がサボな私のために指導教官的任務を、その方に与えられたので、私は原稿を書くと、その逸材の点検をうけなければならないという、気の重いシステムになっていた(近藤新治「「戦史こぼれ話」のこぼれ話」『陸戦研究』一九八三年九月号)。

『戦史叢書』の特徴

このような事情があったため、『戦史叢書』の叙述には、独特の性格が刻印されることになった。『戦史叢書』に対する藤原彰の書評(『歴史学研究』一九七七年一二月号)などを参考にしながら、『戦史叢書』の特質を整理してみると、次のようになる。藤原は元陸軍大尉(陸士第五五期)の経歴を持つ。

(1)叙述があくまで、作戦本位のものとなり、兵站(補給)、情報、衛生などの問題が軽視されていること。

(2)陸海軍間のセクト的対立が、そのまま戦後まで持ち越され、旧陸軍関係者が担当した巻は、海軍に批判的で、旧海軍関係者の担当巻は、陸軍に対して批判的という偏りがみられること。また、かつての上官や同僚に対する配慮から批判的な分析に徹することができていない。

(3)侵略戦争に対する根本的反省が欠如しており、旧陸海軍の行動に対する弁明史観的な傾向が現れていること。したがって、日本軍の戦争犯罪の問題などは一貫して軽視されている。

(4)陸軍省や参謀本部、海軍省や軍令部などの軍中央部にいた旧幕僚将校が執筆の中心となっているため、大本営の幕僚の立ち位置から各戦線を俯瞰するような視角から分析がなされていること。このため、戦場の凄惨な現実は充分とらえられていないし、日本軍の「勇戦敢闘」ばかりが強調される傾向がある。

この『戦史叢書』には、旧軍関係者からも、かなりの批判があった。特に、戦史室が、その成り立ちからしても、陸軍中心の性格を色濃く持っていたため、海軍関係者の不満には根強いものがあったようである。企画段階から、『戦史叢書』の刊行に関わってきた中山定義(元海軍中佐、戦後は海上幕僚長)は、『戦史叢書』について、「そのほとんどは、残念ながら陸軍側の立場から見たものが多く」、「具体的に海軍側として不具合箇所を指摘して、訂正削除をお願いした」こともあったと語っている(「特集 大本営海軍部『大東亜戦争開戦経緯』発刊について」『波濤』第二二号、一九七九年)。また、陸軍関係者の中にも手厳しい批判があった。例えば、陸軍で補給や輸送を担当した兵科は輜重《しちょう》兵だが、輜重兵会会長の田坂専一(元陸軍中将)は、『戦史叢書』について、全巻完結直前の時点で、次のように書いている(輜重兵史刊行委員会編『輜重兵史(上巻)』非売品、一九七九年)。

敗戦に終わった今次の大戦に於ても、九十余巻に及ぶ公刊戦史が発刊されました。しかし、残念ながらこれらの戦史の中には、輜重のことについては詳しく記載されていないのが実情でありまして、まれに数行の記述があっても、それは全輜重兵にとっては九牛の一毛にも及びません。このような結果になったのも、「軍に輜重なければ則ち亡ぶ」と謂う孫子の言を待つまでもなく、わけても近代戦に於ては、補給は一層その重要性を増したにも拘わらず、陸軍の中に精神面を重視するのあまり後方補給の軽視乃至は物的戦力に対する認識の不足という底流があったからではなかろうかと存じます。

もちろん、多数の貴重な一次史料の分析を基礎にした『戦史叢書』の刊行が、歴史学研究の発展に大きく貢献したことは否定できない。戦争の時代を研究する者にとって『戦史叢書』は未だに必読文献である。また、前述した服部卓四郎『大東亜戦争全史』に比べれば、中国戦線がかなり重視されているのも確かである。全一〇二巻のうち中国戦線（「満州」を除く）を直接の分析の対象としているのは、『一号作戦〈1〉河南の会戦』（一九六七年）をはじめ、全部で一五巻である。

さらに、戦記や部隊史などに対する影響にも大きなものがあった。『戦史叢書』が執筆の際の、重要な参考資料を提供することになったのである。この点に関連して、成田龍一は、次のように指摘している（前掲『「戦争経験」の戦後史』）。

これまで、自らの経験に依拠し、メモや記憶に頼りながら書かれていた個々の戦記に対して、公刊戦史は資料に基づきながら、全体的な見地からかつての作戦とそれが展開された日時と場所・地名を提示していった。作戦の意図と、時間・空間の基準を示し、実際の戦闘の展開に関しても公式的な見解を提出する。戦闘に参加した兵士たちは、公刊戦史の公式見解に自らの経験をすり合わせることが可能となるとともに、すり合わせざるをえなくなるのである。

しかし、成田も示唆しているように、このことの持つ意味は多義的である。成田によれば、琉球政府・沖縄県教育委員会編『沖縄県史』(全二三巻・別巻、一九六五―七七年)のように軍に対して批判的な記録でさえ、作戦に関しては『戦史叢書 沖縄方面陸軍作戦』(朝雲新聞社、一九六八年)の叙述に依拠しているため、「沖縄戦の時間・空間」が、「軍事的正史の規定」に従属するという事態が生じることになる。

以上のように『戦史叢書』の刊行はきわめて大きな影響力を持った。しかし、その刊行が戦史室所蔵史料の非公開という問題と表裏の関係にあったことも否定することができない。「帝国陸海軍」が、敗戦の前後に多数の軍関係文書を組織的に焼却処分したことは、今日ではよく知られている。焼却を免れた史料は、旧軍人によって隠匿されたものを除き、米軍によって押収され、アメリカ本国に送られることになる。この押収史料は、米軍が太平洋の各戦域で押収した史料とともに、一九五八年四月、アメリカ政府から日本政府に返還され、戦史室が受け入れ先となった。この時の返還史料は約四万一〇〇〇件である(防衛研修所30年史編さん小委員会編『防衛研修所30年史』非売品、一九八四年)。同時に、戦史室は、厚生省引揚援護局が所蔵していた旧陸海軍関係文書を引き継ぐとともに、旧軍関係者などからの史料収集にも力を注いだ。

＊ 焼却を免れた軍事史料のその後の経緯については、吉田裕「軍事関係史料の戦後史」(国文学研究資料館史料館編『アーカイブズの科学(上)』柏書房、二〇〇三年)を参照。

問題は、戦史室が所蔵史料の公開に極めて消極的な姿勢をとったことである。一九五八年六月、西浦戦史室長は、戦史編纂官などに、「戦史室史料の当面の管理について」と題した文書を提示しているが、その中には、「当室は公開を主任務とする一般図書館と自ら性格を異にする関係上、室外者の閲覧には時機、目的、資格及び経歴等に関する内規を設け、適宜管制を実施すべきである」、「たとえ非公開を条件としない(寄贈)史料であっても、その史料の記述、口述者が現存している場合、或はその史料内の登場人物が生存している場合等にして、史料そのもの丶一般閲覧が物議を醸す虞れあり、且つ徳義上問題ありと認められるものに対しては、戦史室はその良識に基づいて、一般閲覧を差し控えるべきである」などといった非公開原則が含まれていた(防衛研修所戦史室『陸海軍記録文書目録――米側撮影マイクロフィルム篇 付録 返還の経緯と状況』非売品、一九七四年)。こうして、高度成長期に戦史室所蔵史料の公開は遅々として進まなかった。大岡昇平は、「レイテ戦記〈最終回〉」(『中央公論』一九六九年七月号)の「後記」の中で、連載の「途中から防衛庁戦史室の資料を利用させていただき、一層正確な基礎に立つことが出来ました。ただし保管の資料を自由に見せていただいたわけではなく、私の質問に口頭で答えるという形で行われました」と書いている。公開がいかに限定的なものであったかが、よくわかる。

「戦無派」世代の登場

高度成長末期の一九七〇年前後から「戦無派」という言葉が論壇に登場し、定着するようになる。早坂泰次郎『現代の若者たち――戦無派世代の意識を探る』(日経新書、一九七一年)は、「戦無派世代」について、「太平洋戦争が終わって今年で二十六年。経済白書が「もはや戦後ではない」と謳ってからすでに十年以上を数える。〔中略〕かつて一番若い世代を〝戦後派〟とよび、太平洋戦争とその後の混乱の中で青春を過ごした〝戦中派〟と区別したが、戦後二十六年たった現在、戦争とは全く無縁なもっと若い世代が社会の人間の環の一つとして登場してきたのである。いわゆる〝戦無派〟の世代である。〔中略〕彼らは全く〝戦争もその後の混乱も知らない子供たち〟なのである」と書いている。

一九六九年の「終戦記念日」を前にして、雑誌『世界』は、「「八・一五」記念」企画として、「父と子――戦争・戦後の体験は継承されるか」という特集を組み、読者からの原稿を公募した。短期間の公募であったにもかかわらず、二百余篇の応募原稿があった。編集部は、その特徴を、「二百余篇の投稿のうち約三分の一が「父」の、残り三分の二が「子」世代からの発言でした。「父」の世代からは主として「次代にこれだけは伝えたい」という気魄のこもった体験記録が寄せられたのに反し、「子」の世代には、例えば「わだつみ像」破壊＝体験継承の問題をめぐって「父」の世代を厳しく追及する発言の多いことが印象的でした」とまとめている(『世界』一九六九年八月号)。ここで触れられている「わだつみ像」の破壊問題とは、一九六九年五月、「わだつみ会」が立命館大学に寄贈し、「反戦」のシンボルとなっていた「わだつみ像」を全共闘系の学生が破壊した事件である。わだつみ会は、一九五〇年四月に発足した「日本戦没学生記念会」の別称であり、前年の一〇月に出版された日本戦没学生手記編集委員会編『きけわだつみのこえ』(東京大学協同組合出版部、一九四九年)がベストセラーとなったことを契機として結成された反戦平和団体である。この破壊行為は、「戦後民主主義」や戦後の平和主義に対する挑戦として、新聞や共産党の機関紙『赤旗』などから、大きな非難をあびることになるが、福間良明『「戦争体験」の戦後史』(中公新書、二〇〇九年)は、全共闘系の学生にとって、この像が持った意味を、次のように指摘している。

全共闘系の若い世代にとって、わだつみ像は「反戦のシンボル」というよりはむしろ「反動のシンボル」であった。そもそも、彼らにとって、「わだつみ」に象徴される「戦後民主主義」は、唾棄すべき堕落と腐敗を意味した。社会が安定した高度成長期に青少年期を過ごした彼らの目には、すでに確立されていた「戦後民主主義」の日本は、管理社会と化した「先進帝国主義」であった。そうした状況を典型的に映し出しているのが、彼らが籍を置いていた大学であった。

ここで、注目する必要があるのは、彼らの歴史意識である。前述した『世界』の

「『八・一五』記念」企画には、入選作一二篇が掲載されているが、その中でも、鴫野英彦（東京・学生・二一歳）の「戦争なんか知らないよ――ある戦無派の戯言」が、この時代の学生の歴史意識の特徴をよく表現しているように思われる。鴫野は、わだつみ像の破壊を非難する論調に反論しながら、「その歴史が私（たち）にどんな関係があるというのだ。自分たちでかってに戦争しておきながら、しかも敗けたくせに「こんなことはしてはいけませんよ」と戦争には何の責任も関係もない私（たち）にご注意あそばす大人たちの気がしれない」、「私（たち）には、大人たちの創った歴史などどうでもよいのだ。歴史は私（たち）が参加して創り出した歴史であってはじめて、私（たち）に重要で価値あるものとなるのだ」として、過去の戦争の歴史と自分たちの関係性を完全に否定する。今日の時点からみれば、こうした形での歴史と自己の関係性の全面的否定は、あまりに安易であり傲慢ですらあるが、戦争の時代の歴史と正面から向き合うことを巧みに、あるいは無意識に回避してきた高度成長の時代が生み出した異物の一つでもあった。

ともあれ、全共闘運動や当時ヒットしたフォークソング「戦争を知らない子どもたち」が象徴するように、団塊の世代を中心にした「戦無派」世代は、親の世代の戦争体験に背を向け、時にはその継承を拒否することによって自己の主体性を確保しようとした。戦後生まれの世代の「戦争責任」や「戦後責任」の問題が本格的に議論されるようになるのは、一九九〇年代以降のことである。

第四章　高揚の中の対立と分化（一九七〇年代―一九八〇年代）

われわれ戦中派世代はここ数年で定年年齢を過ぎて、新しい人生に踏み出したはずだが、それと同時に、戦争が終ってからの三十年余りの人生の重みが、今更のように背中にのしかかっている実感がある。〔中略〕
われわれがこうして集るのは、過去がただ懐しいからではない。われわれは戦後の時代を生きてきて、奥深いところで満たされていないことを知っている。それぞれ自分の言動に釈明は出来ても、重大なことに道を過った悔いがある。生き残ったものに課せられた仕事を、怠ってきたのではないかという苛立ちがある。その不甲斐なさの共感が、仲間同志くり返し集って語り合いたいという衝動にかり立てるのである。

（吉田満「観桜会」『季刊藝術』一九七九年夏季号）

1　戦友会・旧軍人団体の最盛期

日中国交回復と高度経済成長の終焉

一九六五年六月に調印された日韓基本条約によって、すでに韓国との間の国交回復は実現していたが、日中間には依然として国交がなかった。一九五二年四月のサンフランシスコ講和条約の発効と同時に、日本政府はアメリカ政府の強い圧力の下で、台湾の中華民国政府との間に日華平和条約を調印し、以後、中華人民共和国政府との国交は断絶したままの状態が長い間続いていたからである。しかし、一九七〇年代に入ると、アメリカ政府が対アジア政策の見直しに着手し、一九七二年二月には、アメリカのニクソン大統領が、中国を訪問、毛沢東主席、周恩来首相との間に首脳会談が行われて、上海コミュニケが発表された。米中両国は国交正常化に向けて大きく動き出したのである(正式の国交回復は、一九七九年一月)。「米中和解」の動きにショックを受けた日本政府も、ようやく国交正常化に踏み切り、一九七二年九月に訪中した田中角栄首相が日中共同声明に調印して、国交正常化が実現する(日中平和友好条約の調印は一九七八年八月)。

この日中共同声明では、「侵略戦争」や「戦争責任」という明確な表現は用いられなかったものの、「日本側は、過去において日本国が戦争を通じて中国国民に重大な損害を与えたことについての責任を痛感し、深く反省する」という文言が盛り込まれた。また、中国側は日本に対する賠償の請求を放棄した。さらに、同一九七二年五月には、前年七一年六月に調印されていた沖縄返還協定に基づいて、沖縄の施政権が日本に返還された。この七二年は、日本の戦後史にとって、大きな節目の年となったのである。経済面では、翌七三年一〇月のオイルショックによって、高度経済成長は終わりを告げ、日本経済は、減量経営の時代に入った。

そうした中で、一九七二年一月、グアム島のジャングルに二八年間潜伏していた元日本兵、横井庄一(陸軍伍長)が島民に発見された。続いて、七四年三月には、フィリピンのルバング島で三〇年にわたる潜伏活動を続けていた小野田寛郎(陸軍少尉)が発見・収容された。さらに、同年一二月には、インドネシアのモロタイ島で元日本兵、「中村輝夫」が発見されている。台湾の「高砂族」の出身で、実名はスニヨン、中国名は李光輝である。戦後どころか、未だに戦争の時代が終わっていなかった人々の存在は、日本社会に大きな衝撃を与えた。

さらに、戦死者の追悼をめぐる問題では、この頃から、靖国神社国家護持問題が政治の一つの焦点となる。すでに述べたように、日本遺族会は、一九五六年一月の全国戦没者遺族大会で靖国神社の国家護持を決議、以後、日本遺族会や神社本庁などが中心になって、靖国神社国家護持運動が本格化した。さらに、一九六九年三月には、前述したように、靖国神社国家護持を求める戦友会の連合組織として、全国戦友会連合会が結成され、続いて、同年五月には、日本遺族会などを中心にして、「靖国神社国家護持貫徹国民大会」が開催された。この「国民大会」参加団体によって、六月には、「靖国神社国家護持貫徹国民協議会」が結成されるが、これには、日本郷友連盟、軍恩連盟全国連合会、日本傷痍軍人会、偕行社、水交会、全国戦友会連合会、戦中派の会などが参加している(『日本遺族通信』第二二二号、一九六九年)。

自民党の側も、このような動きに呼応して、法案の作成に乗り出し、一九六九年六月には、自民党の二三八人の議員によって、ついに靖国神社法案が国会に提出された。法案の内容は、靖国神社の宗教色を多少薄めつつ、靖国神社を内閣の管理下に置くというものだった。しかし、法的には日本国憲法の政教分離規定が大きな壁となり、また、野党や宗教団体の激しい反対もあって、以後、この法案は、一九七四年までに五回上程されて五回廃案となり、結局、自民党は、法制化を断念する(田中伸尚『靖国の戦後史』岩波新書、二〇〇二年)。

戦友会の活動のピーク

すでに掲げた表1(一二七頁)をみてもわかるように、戦友会結成のピークは、一九七一年から一九七五年、戦友会の活動の最盛期は、一九七六年から一九八〇年である。また、水交会会員数のピークは一九七七年度末の八三〇〇名である(前掲「水交会の四〇年を顧みて」)。偕行社の場合は、家族会員数などの推移がよくわからないため正確な数値を把握できないが、総会や評議会での報告をみる限り、一九九二年一二月末の一万八六九六名(二千数百名程度の家族会員を含む)が会員数のピークのようである(「評議会報告」『偕行』一九九三年五月号)。ピークが一九九〇年代にまでずれ込むのは、この時期、幼年学校・士官学校在校中に終戦を迎えた多数の元生徒の組織化に成功したためと考えられる。

また、会員数の推移を追える数少ない戦友会である歩兵第五八連隊戦友会(「歩五八会」)の会員数(賛助金納入者数)の推移は、**図1**のとおりである。会員数の最大のピークは一九八五年度の八二七名であり、会の解散は二〇〇三年一〇月である。なお、賛助金を納入していない者などを含めれば、歩五八会の会員数は、一九七九年頃で、二二〇〇―二三〇〇名と考えられる(『歩五八会報』第一六号、一九七九年)。

また、靖国神社の境内には戦友会が奉納した多数の兵器類が展示されているが(現在は遊就館内に展示)、この兵器等の発見・発掘・移動・補修・保全には多額の費用がかかる。そのため、その奉納状況は、全国レベルの大規模戦友会の活動状況を反映しているものと考えられる。私財をなげうって、サイパン島に遺棄されていた九七式中戦車二輌を日本に持ち帰り、うち一輌を靖国神社に奉納した元戦車兵の下田四郎によれば、戦車

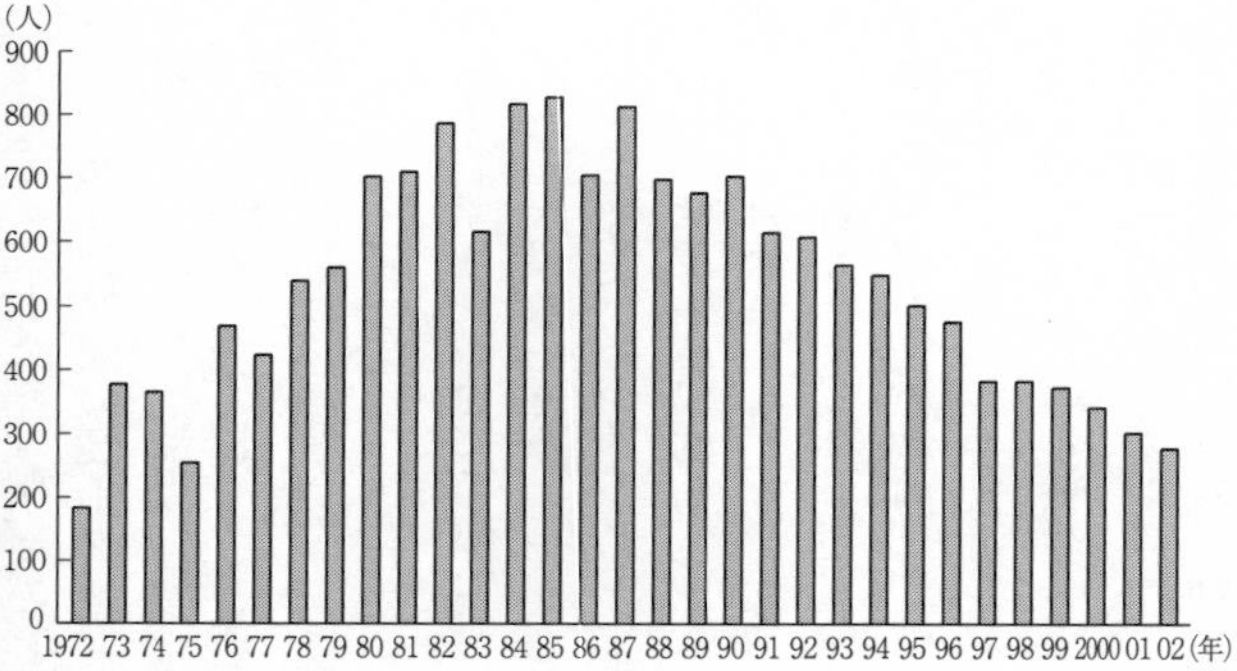

出典)『歩五八会報』第 4, 5, 7, 9, 11, 13, 16, 19, 22, 25, 28, 31, 34, 37, 40, 43, 46, 49, 52・53, 55, 57, 60・61, 62, 64, 66, 68, 69, 71, 73, 75, 77 号(1973-2003 年)

図 1　歩兵第五八連隊戦友会会員数の推移

三輛分の輸送費・修復費の見積もりは二〇〇〇万円を超えたという(下田四郎『慟哭のキャタピラ』翔雲社、一九九九年)。

戦友会関係団体による靖国神社への兵器等の奉納状況をまとめると次のようになる(前掲『靖国神社百年史 事歴年表』/靖国神社社務所編『靖国神社 祭典と行事のすべて』非売品、一九八七年。なお他に、日本テレビ放送網株式会社が艦上爆撃機「彗星」を、一九八一年四月に奉納している)。

一九六六年　五月　野戦重砲兵第一連隊戦友会　九六式一五糎榴弾砲

一九六七年　六月　回天顕彰会　人間魚雷「回天」四型胴体(部分)

一九六九年一一月　軍艦武蔵会　戦艦

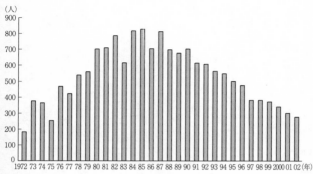

一九七一年　四月　東部ニューギニア戦友会　三年式八糎高射砲
　　　　　　　　　「武蔵」艦型(大型模型)
一九七五年　六月　軍艦陸奥引揚促進期成会　戦艦「陸奥」副砲(三年式一四糎砲)、
　　　　　　　　　維持基金五〇万円奉納
　　　　　　七月　戦争殉難者慰霊協会　八八式七糎野戦高射砲
一九七六年　四月　野砲兵第一四連隊戦友会　四一式山砲
一九七七年　六月　靖国戦車保存会　九七式中型戦車、維持費五〇万円奉納
一九七九年　三月　海軍神雷部隊戦友会　特別攻撃機「桜花」(原寸大模型)・神雷部
　　　　　　　　　隊沖縄戦パノラマ、両者の維持基金三〇万円奉納
　　　　　　七月　C56帰還推進期成会　C56型三一号蒸気機関車、維持基金五〇
　　　　　　　　　万円奉納
　　　　　一〇月　回天会　「回天」一型、維持基金五〇万円奉納

奉納は一九六六年五月の九六式一五糎榴弾砲が最初だが、全体の七割は七〇年代に奉納されたものであり、全国戦友会連合会のような、政治運動団体化した戦友会が登場してくるのも、ほぼこの時期である。また、一九七六年六月には、日本遺族会、日本郷友連盟、神社本庁、などを中心にして、「英霊にこたえる会」が結成されたが(これに伴い、靖国神社国家護持貫徹国民協議会は解散)、この会には、軍恩連盟全国連合会、偕行社、水

交会、全国戦友会連合会、日本傷痍軍人会などの旧軍人関係団体も参加している。基本スローガンは「英霊にこたえる一億のこころを結集しよう」、行動スローガンは、「みたまに誓って国の伝統と平和を守ろう」、「英霊を公におまつりしよう」、「まだ山野にねむる遺骨を故国に迎えよう」である。

新組織結成の狙いは、靖国神社国家護持法案の成立が事実上不可能になった状況のもとで、幅広い国民運動を再建することにあった。板垣正・日本遺族会事務局長は、新組織結成の「根拠」として、「靖国神社法案をめぐる国会情勢等から、従来の如く靖国神社法成立一本槍の国会運動は転機を迎えたと判断されたこと」、「本質的な問題は、本来、党派をこえ宗派をこえた英霊の問題が、政争の具とされ、不毛なイデオロギー的対立に持ちこまれてきた戦後社会の現実である。この戦後風潮を正すことが根本であり、そのためには、従来の如く自民党に依存し、政治の場における解決を中心とした運動を思い切って転換し幅広い、あらゆる国民層を巻込んだ英霊顕彰を中心とする国民運動として展開することが、真に英霊にこたえ、終局の目的達成へつながる道であると結論づけられること」などをあげている(板垣正「「英霊にこたえる会」発足に際して」『日本遺族通信』第三〇六号、一九七六年)。

また、同会は、同一九七六年の終戦記念日に靖国神社で「全国戦歿者慰霊大祭」を開催し、以後、毎年、これが恒例行事となった(前掲『靖国神社百年史 事歴年表』)。より靖国色の強い慰霊祭を独自に開催し、政府主催の全国戦没者追悼式を牽制する狙いである。こうした中で、従来、靖国神社国家護持を求めてきた勢力は、運動の目標を大きくシフトさせる。終戦記念日の八月一五日における首相の靖国神社公式参拝が新たな目標である。それは、「靖国神社国家護持」を事実上放棄し、終戦記念日に首相が公式参拝をすることで、追悼施設としての靖国神社の公的性格を社会的に認知させる路線への転換を意味していた。

慰霊祭の状況

次に、戦友会による慰霊祭の開催状況を見てみよう。次にまとめたのは、靖国神社で開催された慰霊祭の推移である。主催団体の名称から戦友会が主催しているものと判断される慰霊祭数を計上した。遺族会主催のものも含まれていると思われるが、初期を除き遺族会主催のものは、多くはないので、戦友会主催の慰霊祭のおおまかな傾向を把握することはできよう。一九五七年、一九六五年を除き、『靖国』各号に掲載されている「慰霊祭予定」の欄から集計した。ただし、戦没者個人の慰霊祭は除外してある。一九五七年の出典は『靖国』第三七号(一九五八年)、一九六五年の出典は同一二七号(一九六六年)である。一九五七年、一九六五年は、戦友会主催のものと遺族会主催のものを区別してあるので、戦友会主催分のみを計上した。

一九五七年	三三件
一九六五年	一七四件
一九七〇年	一七二件
一九七五年	二四五件
一九八〇年	二九二件
一九八五年	三一五件
一九九〇年	二七三件
一九九五年	三八八件
二〇〇〇年	一六三件
二〇〇五年	一〇六件
二〇〇八年	六五件

一九七〇年代から増加が始まり、八〇年代にピークに達し、その後減少に転じていることがわかる。一九九五年の件数が多いのは、この年が「戦後五〇年」の節目の年にあたるからであり、むしろ例外的現象と考えるべきだろう。なお、神道では、没後満五〇年目の命日に五〇年祭を行うことになっているが、仏事の五〇回忌は満四九年目の年である。

三ヶ根山頂の慰霊碑群

戦死者の慰霊碑としては、愛知県三ヶ根山頂の慰霊碑群が有名である。三ヶ根山は、山頂から望む三河湾の風景が、「日本軍とアメリカ軍が死闘を繰り広げた(フィリピンの)リンガエン湾にそっくりだ」ということもあって、一九七一年から、フィリピン戦関係の戦友会を中心にして慰霊碑の建立が始まり、一九七二年には、フィリピン戦での日本人戦没者五〇万人の霊を祀る巨大な「比島観音」が建立されている(伊藤信義「こうして比島観音は建立された」伊藤信義編『比島観音三十五年のあゆみ』非売品、二〇〇六年)。また、山頂展望台西側には、東京裁判で処刑された東条英機ら七名のA級戦犯の「殉国七士墓」を中心にした「殉国七士廟」が建設され、この区域にも戦没者慰霊碑が次々に建立されていく。建立年・建立主体が不明なものを除き、両地域には、戦友会関係団体の手で建立された慰霊碑八四基が存在するが、その建立年と数を示したのが、**図2**である。

一九七〇年代建立が三一基、八〇年代建立が四一基、九〇年代建立が一二基である。碑文は、勇敢に戦って戦死した「英霊」を「顕彰」するという内容のものが多い。ルソン島で米軍と戦った虎兵団(第一九師団)の「虎兵団同配属部隊 忠魂之碑」(一九七七年建立)を例に取ると、碑文には「補充補給絶無なる飢餓戦場に於て敵に多大の打撃を与え之を畏怖驚歎せしめ名実共に克く精強兵団としての重責を完遂せり　茲《ここ》に碑を設け赫々たる武勲を樹てて散華せられし幾多戦友の忠魂を留めんとするものなり」と書かれてい

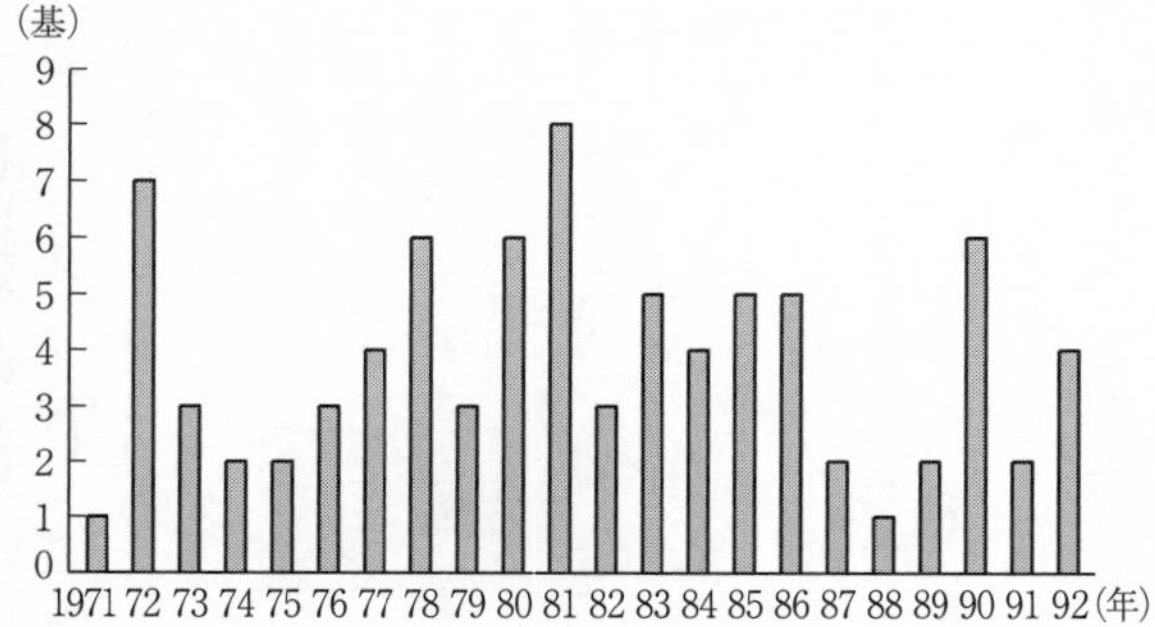

注）建立年・建立主体が不明なものを除く
出典）服部勇次『三ヶ根山慰霊碑群』(非売品，1992 年)，同『三ヶ根山戦没者之碑 4754 人名簿』(非売品，1994 年)

図 2　戦友会関係団体による慰霊碑の建立数(三ヶ根山頂)

る。戦時中の「大本営発表」とほとんど変わらないような文言である。「比島観音奉賛会」が一九七九年に建立した「フィリピン人戦争犠牲者の碑」、また、日本人戦死者だけでなく、中国軍戦死者をも追悼の対象としている歩兵第一〇八連隊(編成地・大阪)の「百八観音」(一九八一年建立)などは例外的存在であり、全体として、日本人戦死者のための「聖地」の感が強い(二〇一〇年九月四、五日に現地調査)。

ただし、慰霊碑の多くが東側の「比島観音」周辺に集中していることには意味があるようである。前掲『三ヶ根山慰霊碑群』は、その理由について、展望台西側地域には、「戦争を起したA級戦犯の墓があるため、戦没者遺族会などから、戦争を起した人々と隣り合わせはいやだという意見が出て、東側に碑が集中しているようだ」と説明している。ここにも、戦争の責任は、A級戦犯を中心にした国家指導者にあるという厳しい見方と、一般の将兵は、その犠牲者であるという認識を垣間見ることができる。

また、海軍関係の慰霊碑についてもみてみると、呉海軍墓地には、戦闘で沈没した呉鎮守府所属艦船の戦没者慰霊碑など、全部で九〇基の合祀碑が存在する。このうち、戦後に、戦友会や生存者、軍関係者、遺族などが建立したものの合計は七四基である(ただし、この中には、艦船の沈没により乗組員全員が戦死したため、遺族だけで建立したものが若干含まれている。また、この他に、建立主体が曖昧だったり、明示されていないもの、建立年不明のものが合計一二基存在する)。この七四基を建立年で区分すると、一九六〇年代建立が九基(最初の建立は、一九六五年)、七〇年代が一九基、八〇年代が四一基、九〇年代が四基、その後は二〇〇二年に一基のみであり、八〇年代がピークをなしていることがわかる(梶本光義編『呉海軍墓地誌　海ゆかば』非売品、二〇〇五年)。

以上のような、各地の慰霊碑等の建立には、戦友会以外にも、日本郷友連盟が関与している場合が少なくないようだ。日本郷友連盟『日本郷友連盟二十年史』(非売品、一九七七年)は、この点につき、「各地における忠霊塔、英霊碑、旧連隊跡の記念碑の建設には必ずというくらいに郷友会(郷友連の地方組織)が主務者となり、少なくもこれに協力している」と指摘している。

＊　なお、沖縄では、一九六〇年代から摩文仁《まぶに》の丘を中心に、「南方諸地域」の戦没者を主たる対象とした各府県の慰霊碑の建立が急ピッチで進められ、「実際の「日本復帰」の実現より前に、摩文仁の丘の「霊域」において、「英霊を中心とする本土との一体化」が果たされようとした」（北村毅『死者たちの戦後誌――沖縄戦跡をめぐる人びとの記憶』御茶の水書房、二〇〇九年）。この各府県の慰霊碑と日本本土の戦友会との関係については、本書では分析することができなかった。

部隊史の刊行

慰霊祭の開催、慰霊碑の建立と並んで、戦友会の活動では部隊史の刊行が大きな意味を持っている。部隊史の刊行には、慰霊や顕彰の意味合いが強いが、この時期になると、戦友会の消滅を意識したものも少なくない。

野重一連隊史編集委員会の「お願い」は「野重一は、いままで、戦地で亡くなった戦友の慰霊祭は、どこにも負けずにやってきました。しかし、何れは、次第に、参列出来なくなる人がふえ、尻すぼみになることは、厳然たる事実です。われわれ亡きあと、われわれの子や孫も、また、その孫も、靖国神社で慰霊祭をやってくれるでしょうか？いまのままでは、おそらく駄目だと思います。子子孫孫に語り伝えられる、おじいちゃんたちの苦労話や、お国のための犠牲となって、草むす屍と果てた、おじいちゃんのお友達の話を、残して置かなければいけないと思います」として、連隊史刊行への協力を訴えている（野重一連隊史編集委員会発行『野重一だより』第一号、一九七九年）。「野重一」は野戦重砲兵第一連隊（編成地・横須賀）の戦友会である。

部隊史の刊行年をみてみると、一九八五年までに刊行された歩兵連隊の部隊史やこれに関連した戦記のうち、五％が一九六四年以前に、二五％が一九六五―七四年の時期に、六五％が一九七五―八四年の時期に、五％が一九八五年に刊行されていて、刊行のピークは一九八二年である（西村正守「歩兵聯隊戦史・戦記文献目録――戦後刊行」『参考書誌研究』第三一号、一九八六年）。

こうした部隊史の全般的傾向については、高木俊朗が、「戦後、各地に各様の戦友会の集まりができ、慰霊法要につとめ、あるいは部隊戦史を刊行している。そのような場合に、〝英霊〟や遺族のために、戦場の悲惨や軍隊の恥部を書くべきでないとする主張が強いことがある。そして、遺族の心情を察して、戦場の悲惨、醜悪の面を覆い隠そうとする。さらには、旧軍隊のよかったところだけをならべ、暗黒陰惨な事実を無視する。そして、それが慰霊だという。そうしたことが、一理はあるにしても、一つの風潮となり、様式となっている」と批判している（高木俊朗『ルソン戦記――ベンゲット道』文藝春秋、一九八五年）。後述するように、一九八〇年代から一九九〇年代にかけて、部隊史にもかなりの変化が現れてくるが、高木のこの指摘は、部隊史の基本的性格を言い当てている。

戦友会に対する抵抗感

こうして、戦友会の活動は最盛期をむかえるが、この時期にあっても、戦友会の活動に関心を示さない、あるいは参加することに抵抗感を抱く元兵士が数多く存在した。海軍飛行科予備学生第十四期会の中心メンバーの一人である茶道家の千宗室は、高野山で毎年開催される慰霊祭への参加を訴えた文章の中で、「未だ多くのレジスタン組が何かのひっかかりを十四期会に対し持っているのですが、此の際批判は批判として一度その場の雰囲気に入ってかっての想い出の中にひたってもらうことが十四期会を守り育てていくために必要な力となることを是非おもっていただくようにしてほしいのです」と書いている(『同期の桜』第五号、一九七六年)。『同期の桜』は、「「あゝ同期の桜の塔」保存委員会」の会報である。

「レジスタン組」の反発は、十四期会という戦友会そのものに対する反発にくわえて、慰霊のあり方に対する軋轢とも関わっている。十四期会は、一九六七年に、高野山に、「海軍第十四期飛行予備学生　戦没者慰霊塔　あゝ同期の桜」を建立し、毎年、慰霊祭を行ってきた。その内容は高野山大円院で同期生を導師として慰霊法要を行い、その後、旧海軍の作業帽をかぶって、この「あゝ同期の桜の塔」の前まで、分列行進を行って再び慰霊祭を実施するというものである。これに対しては、宗教上の理由からの反発があった。『海軍十四期会報「学徒出陣五十周年記念特集号」』第二〇号(一九九四年)の「二百字短信」の中で、小出正夫は、「十四期の慰霊行事を批判してある人が云った。「賛美歌を歌って出撃、神に召されたクリスチャンの同期生がいたことを忘れるな」と書いているし、福井順三の遺族(妻)の福井ことも、「高野山などの法要のお知らせもありがたく頂戴いたしておりますが、順三と私はクリスチャンでございますので、(中略)不参加させていただいております」とはっきりと拒否の意思表示をしている。

分列行進に関しても、『同期の桜』第六号(一九七七年)の慰霊祭特集記事が、「パレードの実施については賛否両論がうずまく。「あれがあるから、毎年高野山に来ているのである」という者もいれば、「今さら、いい年齢をして兵隊ゴッコでもあるまい」との主張も成立する」としているように、慰霊祭参加者の中にも反発があった。結局分列行進に関しては自由参加方式となり、塔前慰霊祭は一九七〇年代半ばから無宗教式のものとなった。

歩兵第七連隊第一二中隊戦友会の場合、「戦友名簿」に登録されている人数は、一九七七年改訂の名簿で総員約二五〇名、このうち、「生存していると思われる者は二一〇名」だが、戦友会主催で行われる招魂祭への案内状への返信状況は、新田正雄によれば、次のようなものだった(新田正雄「12中会の現況と戦友会」『歩七の友』第一八号、一九八二年)。

毎年、招魂祭の案内を往復ハガキでしますので、ここ5年間の統計を見ると、210

枚投函し出欠の返信ある者は、約130名で80名からは返信がこない。〔中略〕往復ハガキですからその復片を投函するだけで良いのに、それをしてくれない方が約40%居るという現実をどう考えて良いのでしょうか。

新田は、この問題については、「原点に立ち考えて見る必要もある様に思われる」とした上で、「それは〔戦友会が〕全員が集って、皆んなの合意により結成されたものでなく、かって中隊に所属した者を会員として名簿を送り、世話方が一方的に会員だと称している処に問題があるのではないか……」と指摘している。核になる会員の存在を別にすれば、戦友会はかなり形式化した存在であることがわかる。

また、単なる無関心だけでなく、明確な拒絶の意思表示をする者もいた。歩兵第六二連隊〔編成地・善通寺〕第六中隊の元兵士たちは、中隊史の編纂を計画し、元中隊員に協力を呼びかけていたが、一九八四年三月には、次のような葉書が事務局に届いている。私的制裁が残した心の傷の深さに改めて驚かされる（第六中隊誌刊行会編集委員会編『第六中隊誌』非売品、一九八五年）。

前略　中隊誌刊行の御仕事大変で御苦労さまです。ですが私としては、あの戦時の中隊内は一生わすれない暴力の集団です。ですから中隊の会合又刊行等には不参加させていただきますので今後一切便りをくれないで下さい。鬼のような古参兵にはいまだに「いきどおり」を思います。〔中略〕書くこと色々とありますが、私一生のうち一番ぢごくで暮らしたやうなもので、協力の気持ちがぜん〳〵なくあしからず。

また、死者に対する負い目から、戦友会への参加を躊躇する者もいた。海軍飛行科予備学生第一四期生出身で九六式陸上攻撃機の搭乗員だった向坊壽（一九二二年生まれ）は、前述した千宗室の文章に言及しながら、次のように書いている（向坊壽『再び帽振れ…』昭和出版、一九七八年）。なお、「行き脚のある奴」とは、進取の気性に富み職務に積極的な者のことをさす海軍用語である。

　私は高野山の慰霊祭に出たことはないし十四期会も殆んど欠席である。私もレジスタン組に入るのかと考えているうちに宇佐空（宇佐海軍航空隊）戦死者追悼文集を出版する趣意書を貰った。そのなかに「宇佐空は十四期の中で戦死者の率が最も高い。いわゆる〝行き脚のある奴〟が三十六名も戦死しました。同窓会的雰囲気でホイホイ集るには余りにも酷烈な体験です。生きている奴とはつき合っていなくても、死んだ奴とはつき合っている。各自の想いはそこに在るにちがいありません。」というところがあった。十四期の会に出たこともないし、そんな会は認めないという人もいる。あ、これがレジスタン組なのだと思った。（中略）私は一日に少なくとも一回は戦死した奴のことを想い出す。「生きている奴とつき合っていなくても、死んだ奴とはつき合っている」部類に私も入るのかも知れない。

向坊のように、戦友会などの会合が、「生者」による「生者」のための会になっていることに、抵抗を感じる者は少なくないようである。靖国神社では、一九八五年四月以来、「靖国神社の桜の花の下で「同期の桜」を歌う会」を、毎年開催している(『靖国』第三五八号、一九八五年)。大村益次郎の銅像の周辺で戦友会などが軍歌を高唱する会である。一九九六年四月、靖国神社に参拝した際、たまたまこの会の状況を目の当たりにすることになった飯田福松は、陸軍海上挺進第四一戦隊の戦友会会誌に、「それにしても、靖国神社の社頭で軍歌を歌う主旨は何であろう、〔中略〕少なくとも国のため命を捧げた英霊に対する鎮魂の歌であって、生きている者の単なる郷愁のために歌うものであってはならない」と書いている(飯田福松「「第12回靖国神社の桜の花の下で「同期の桜」を歌う会」を聴いて」『我等が絆』第七号、一九九六年)。

2　最盛期の背景

遺棄された遺骨

一九七〇年代から一九八〇年代にかけて、戦友会・旧軍人団体の活動が最盛期を迎えるのには理由がある。第一には、遺骨収集事業との関係である。日本政府は、海外戦没者の遺骨収集には極めて不熱心であり、一九五二年度から一九五八年度にかけて実施した遺骨収集事業で若干の「象徴遺骨」を収集したことで、収集作業は終了したとみなしていた。また、そこには、遺骨の収集や慰霊に対する現地住民の反発という深刻な問題も関係していた(浜井和史「戦後日本の海外戦没者慰霊――一九五〇年代遺骨収集団の派遣経緯と「戦没日本人之碑」の建立」『史林』第九一巻第一号、二〇〇八年)。しかし、戦没地を訪れた遺族や戦友会から遺棄されたままの遺骨についての情報がもたらされたこともあって、「従来実施した遺骨収集を補うことを目途に」、一九六七年度から一九七二年度の間に、第二次計画による遺骨収集を実施することになる。ただし、この時、政府は、戦友会や遺族会などの民間団体に対する協力要請には消極的だった(前掲『援護50年史』)。

一方、戦友会や遺族会などの間には、遺骨の収集が遅々として進まないことに対する強い不満があった。一九六八年一一月に結成された「東部ニューギニア戦友会」の本部世話人である堀江正夫(元第一八軍参謀)は、「戦後はまだ終わっていないとよく言われますが、東部ニューギニアに関する限り、七万余体に上る戦友の御遺体を放置したままの現状は、特に戦争そのものも終わっていないというのが、われわれの実感であり、真情であります」と訴えている(『東部ニューギニア戦友会報』第一号、一九六九年)。なお、同誌では、現地住民に対して、「土人」という言葉が無造作に多用されており、旧軍将兵の変わらぬ「帝国」意識をうかがい知ることができる。

また、元第八方面軍参謀長で「ラバウル方面陸海軍戦友会」の陸軍世話人代表である加藤鈴平も「南東太平洋方面の遺骨収集と慰霊を終えて」と題した文章の中で(『ラバウルの戦友』第一五号、一九七二年)、「政府は「遺骨収集は国の専管事項である」という方針のようである。〔中略〕しかしながら、その実際の状況を見ると、政府の僅かな予算で、少数の人員で、各方面多数の戦没者の遺骨を収集することは殆んど不可能に近いことは、ここ数年来の南東太平洋戦域において実施された跡を見ても、またこの度の経験からいっても明らかである」とした上で、「それならば、政府は、この「専管事項」という方針を、〔中略〕対内的にはあらためて、この種の戦友会、遺族等と一体となって実施することが望ましい姿であると思うのである。そして、これらの団体には所要の経費を支出し、あるいは補助すべきであると申さなければならない」と政府を批判している。

政府の政策転換と戦友会

こうした国内の強い世論に押されて政府は、一九七三年度から一九七五年度にかけて第三次の遺骨収集事業を実施することになった。特にこの第三次計画からは、戦友会や遺族会に協力を要請するようになり、関係団体に国庫補助金を交付する制度を創設した(前掲『援護50年史』)。

この政策転換を受けて、その受け皿団体として、戦友会の組織整備や組織の拡充が行われることになる。ビルマ戦線で戦った部隊の戦友会の場合、「かつての戦場に詳しい戦友を多数参加させることに」した厚生省の「この新方式に対応するため」、ビルマ関係の全戦友会が「大同団結」した「全ビルマ戦友団体連絡協議会」が結成されることになる(前掲『高田歩兵第五十八聯隊史』)。そして、この全ビルマ戦友団体連絡協議会による遺骨収集活動の本格化が、各戦友会の組織整備を促すことになった。「鯨・烈山砲戦友会」(一九六七年四月結成)では、一九七四年六月の各県代表者会議で、本部・支部の常設が提案された。その時の提案理由は、「(昭和)四八年七月に全ビルマ戦友団体連絡協議会が作られ、遺骨収集の方法、その費用の募金などが決められております。こうした重大な事柄に(中略)案内もなく、相談もなかったのは、我々の戦友会には組織もなく、代表者も連絡先もなく、ただ七夕さんのように年一回会合するだけだったためと思われますので、今後、他の戦友会との連携や会員相互の連絡機関としても組織を作り、本部などの常設機関が必要と思います」というものだった(前掲『鎮魂 鯨・烈山砲戦友会〝六十年の歩み〟』)。

その後、第三次遺骨収集事業終了後も補完的な収集事業が続けられたが、アジア・太平洋戦争における海外戦没者(硫黄島及び沖縄を含む)約二四〇万人(軍人・軍属＝約二一〇万人、民間人＝約三〇万人)の遺骨のうちで、日本に送還されたものは、政府の見解でも約半数に止まっている(前掲『援護50年史』)。

沈没艦船内の遺骨の収容

また、未だに解決していない重要問題として、沈没した艦船内に残されている遺骨の収容問題がある。アジア・太平洋戦争では小艦艇を除き、戦艦以下、海防艦に至る四一二隻の海軍艦艇が失われている(海軍歴史保存会編『日本海軍史』第四巻、第一法規出版、一九九五年)。これに加えて、海軍に徴用されたものを含む民間商船の喪失数は一〇〇総トン以下のものまで含めれば、総計三六〇五隻、九〇四万六九三二総トンにも達する(前掲『太平洋戦争 喪われた日本船舶の記録』)。また、その結果、すでに述べたように、約四〇万人の軍人や民間人が海没死しているが、その遺体の収容問題が手つかずの状態だった。日本近海における沈没艦船の引揚げは、沈没船によって塞がれた水路を啓開する目的や「屑鉄等金属資源活用等の必要から」、占領期から行われていた。敗戦直後の一時期は、引揚業者による沈船の引揚げ、解体がかなり活発に行われたが、採算がとれないなどの理由で、次第に低調となった。ところが、一九五〇年に朝鮮戦争が勃発すると、「屑鉄価格の暴騰により、沈船の引揚げは、再度活況を呈し」、その状況は、一九五七年頃まで続いた。そして、この引揚げの際に遺骨が収容されることになるが、その総数は、一九七六年まででニ七四七体にすぎない(前掲『引揚げと援護三十年の歩み』/前掲『援護50年史』)。

こうした引揚げ作業の中で、大きな話題となったのが、一九四四年六月、伊予灘での潜航訓練中に艦内浸水事故で沈没した「伊号第三三潜水艦」の引揚げである。同艦の引揚げと解体は、一九五三年に行われたが、その解体作業中に七六体の遺体のほかに、前部水雷発射管室から、ほとんど腐敗していない遺体一四体が発見されたのである。発射管室内に充満していたガスのせいであるといわれているが、この時、取材にあたった『中国新聞』松山支局長の村井茂は、発射管室内の状況を次のように書いている(村井茂「冷凍遺体の遺書」『文藝春秋』一九五三年一〇月号)。沈没した潜水艦内で孤独の自死をとげた若い水兵の苦悶の表情が浮かんでくるようである。

気をとり直して〔懐中電灯で〕背後を照らすと、頭の上にアゴがある。よくみると天井から吊つてあるチエンを首に巻いて覚悟の自殺をとげているのだつた。頭の毛も黒々と、眼、唇まるで生きているようだ。喰いしばつている歯の色が白く、若さをおもわせる。〔中略〕二十貫〔七五キログラム〕近い逞しい肉付だ。首から下が十七、八貫の重さと思われるが、丸九年ブラさがつていたので、首は細くのびている。尻の肉には弾力がある。この遺体はいちばん若くて元気であり、最後まで生き残つていたのではあるまいか。電灯が消えてから幾時間、戦友の名を呼んでも応答がない一人残された淋しさから自分の手で死を急いだもののように思われる。

伊三三潜水艦沈没時の数少ない生き残りである岡田賢一元海軍兵曹長によれば、アジア・太平洋戦争の開戦後は、多数の潜水艦を急造する必要性から、資材の節約と建造日数の短縮のため、「艤装簡略化方針の一つとして」、沈没時の救難装置の多くが廃棄され、「最後まで残つた救難装置は、二重ハッチになつた艦外脱出区画ぐらいなもの」になったという(岡田賢一『今日の話題　戦記版　第四十三集　伊三十三潜浮上せず』土曜通信社、一九五七年)。なお、同書には、引揚げ時の艦内の遺体の状況を撮影した生々しい四枚の写真が収録されている。

一方、外地で沈没した艦船の引揚げは、サンフランシスコ講和条約発効後に進められることになるが、引揚げに伴う遺骨の収容数は、一九七五年までで一一〇九体である(前掲『援護50年史』)。深い海底に沈む艦船からの遺骨の収容には多額の予算措置を伴うことも確かだが、政府の対策の遅れも否定することができない。このため、多数の遺骨が沈没艦船の内外に遺棄されたままになっているのである。一九四四年二月の大空襲で多数の艦船が沈没したトラック諸島では、日本政府による数度の遺骨収集にもかかわらず、未だに多くの遺骨が沈没艦船の内外に散乱している。長年にわたって、トラック礁湖内に沈む艦船や航空機の写真撮影を続けてきたアマチュアダイバーの吉村朝之は、「いまなおトラック礁湖の海底には、駆逐艦「追風」に六百以上、愛国丸にも数百、そして花川丸にも、松丹丸、西江丸にも、英霊たちの遺骨が放置されたままである。とりわけ、清澄丸の彼らは、観光ダイバーの「見世物」と化し、連日おとずれるダイバーたちが、頭蓋骨、大腿骨を手にして記念撮影を行っている事実だけは、ぜひ知っていただきたい」と書いている(吉村朝之『トラック大空襲　海底写真に見る連合艦隊泊地の悲劇』光人社、一九八七年)。

さすがに、国会でも、この問題はたびたび取り上げられ、トラック諸島の遺骨問題では若干の対策も講じられたが、政府は、サルベージ技術上の問題などを理由にして、消極的な対応に終始した。さらに、一九九四年三月二五日の衆議院厚生委員会では、厚生省社会・援護局長の土井豊が、「海没遺骨の収集につきましては、古くから航海中の死亡者について水葬に付するということが広く行われてきております。一般的には海自体が戦没者の永眠の場所である、そういった認識もございまして、原則的には(遺骨の収容は)行わないということで今日まで至っております」と答弁している。沈没艦船内に遺棄されている遺骨は水葬に付されたものと理解しているので、特に問題はないという強弁である。

洋上慰霊祭

こうして、政府が消極的な姿勢しか示さない状況の中で、民間団体が始めたのが、「洋上慰霊祭」だった。旧海軍関係者の団体である海交会は、一九八一年一一月に客船「ゆうとぴあ」をチャーターして、硫黄島・サイパン島・ソロモン諸島などの海域で、「洋上慰霊祭」を実施したが、その趣意書は、計画の狙いを、「わが海交会は「遺骨の収容困難ならば、せめて現地へ洋上慰霊船派遣を―」と陳情して参ったのでありますが、政府にその意志が無いことが明らかとなりました。政府にその意志が無いならば、我々の手でそれを実行しよう。それが奇しくも生き残った我々の責務であり、ご遺族の悲しみを少しでも慰め、護国の英霊にお報いする唯一の道と決意したのが、この計画の発端であります」と説明している（海交会全国連合会『南溟の果てに祈る』非売品、一九八二年）。

元海軍軍人の渡辺守を団長とする「沖縄　台湾　フィリピン海域洋上慰霊団」も、一九八〇年一一月に、客船「さくら丸」をチャーターして、「洋上慰霊祭」を挙行しているが、その時、読み上げられた渡辺の「慰霊のことば」の一節を次に引用する（杉山榮『画文集　海に祈る』非売品、一九八一年）。

　今日やっと念願がかなって、皆様の眠っているこの海面にやって参りました。どんなにつらかったことでしょう、どんなに冷たかった事でしょう、どんなに待ち遠しかった事でしょう。三十五年間もお迎えにも参らず、ほんとうにすみません。お許し下さい。〔中略〕どうぞ私たちの肩に、そしてさくら丸に乗って帰ろうじゃありませんか。終りにテープを海に投げますのでテープに伝って帰りましょう。一億一千万人の待っている日本に帰りましょう。

軍恩連の圧力団体化

　この時期、軍恩連などの旧軍人団体は、自民党との癒着を強め、圧力団体としての影響力を格段に強化していった。軍恩勢多地区連合支部長の田代耕作は、「全国民の要望を担って政治を行って居るのが自由民主党であります、その自由民主党には組織らしい組織がなく敢て申すなれば保守党地盤で最大最強の団体は軍恩連盟でありまして、政府与党が選挙毎に最大の信頼と期待をかけるのも軍恩連盟であ」り、「従って最近は軍恩運動即選挙運動に迄発展せるに至りました」と書いている(田代耕作「軍恩二十周年記念誌発刊に際し所感」前掲『群馬県軍恩連盟誌』)。また、一九七三年、北陸ブロック会議で自民党への集団入党が提起され、石川県連が同年八月に、福井県連と富山県連が同年一〇月に、各県自民党軍恩支部として入党、職域支部結成式を開催している(富山県軍恩連盟五十周年記念誌編集委員会編『富山県軍恩連盟五十年のあゆみ』非売品、二〇〇三年)。

　このような動きをうけて、一九七四年一一月の軍恩連盟全国連合会総決起大会で採択された「宣言・決議」では、「われわれは、会員百万人を目標として会勢を拡大し、自民党への十万人集団入党に努力し、もって、軍恩問題の解決と、自民党の体質改善に寄与する」ことがうたわれた(『軍恩新聞』第二四八号、一九七四年)。なお、一九九三年一二月の「自民党軍恩(総)支部全国連絡協議会」(恩政連)通常総会における平沼赳夫・自民党全国組織委員長の祝辞では、軍恩連の自民党員数は、「二十三万有余」とされている(『軍恩新聞』第四七七号、一九九四年)。こうして、軍恩連は、郵政・遺族会とならぶ自民党支持団体の「御三家」となっていった。

軍人恩給の大幅増

一九七三年のオイルショックで日本経済は低成長の時代に入るが、財政支出をみてみると、中央一般会計歳出決算の中に占める社会保障費の割合は、一九七〇年度の一五・九％から一九八〇年度の二一・三％に増加している（橋本寿朗『戦後の日本経済』岩波新書、一九九五年）。そして、この時期に政権党との癒着を深める中で、軍人恩給の大幅増が実現していくのである。このことは、遺骨収集事業に対する政府の消極的姿勢と好対照をなしている。「死者は票にならない」といわんばかりの援護行政の実態である。

具体的にみてみよう。一九七二年度予算と一九八六年度予算を比較してみると、軍人恩給本人受給額は、一人当たり九・三倍、戦没者の遺族に支給される公務扶助料も一人当たり七・七倍となった。同時期に傷痍軍人に支給される増加恩給も七・〇倍、傷病年金も八・五倍になっている。海老原義彦のいう「遅れて来た高度成長期」である（前掲『百万人の復権大行進――軍恩運動の歴史』）。曹長で敗戦を迎えた山本武（一九一三年、福井県生まれ）の場合、一九七八年の時点で年額約三〇万円の軍人恩給を受給している。山本は、この恩給と年金で、八幡神社再建の奉加金、自分たち老夫婦の旅行費用、孫たちへのプレゼントやお年玉、孫のオーストラリア留学の援助などを賄っており、「恩給の有難さを痛感し」ているという。山本自身は、戦後、様々な文献などを読むことによって、「侵略日本の姿を知り、〔中略〕なぜあのような悲惨な、日本が滅亡するような無駄な戦争をながくつづけたのかと憤りを覚え、自分たちが裏切られた」という思いを抱くようになっていたが、軍恩連の運動に参加するなかで、軍人恩給受給者の待遇改善のためには、「与党である自民党に頼るしかない」と判断し、自民党への集団入党運動を推進していくことになる（山本武『わが人生回顧録』安田書店、一九八四年）。

他方で、軍恩連は靖国神社の強力な支持母体ともなっていった。靖国神社は、一九七九年から一九八九年にかけて、「御本殿・拝殿の昭和大修築工事」を実施するため大規模な募金活動を行った。集まった募金の総額は約一六億八〇〇〇万円だが、この時、軍恩連盟全国連合会は、五八万三六二二名の「賛同会員」から集めた一〇億六五〇〇万円を神社に「奉納」している。日本遺族会がとりまとめ役となった銅板瓦をふき直すための「奉納金」総額一億二三〇〇万円と比較しても、軍恩連盟の資金力・組織力の大きさがわかる（靖国神社昭和大修築竣成誌編纂委員会編『靖国神社昭和大修築竣成誌（上）』非売品、一九九一年）。

前述したように一九七〇年代に入ってから、元日本兵である横井庄一・小野田寛郎・「中村輝夫」の発見が相次いだ。それでは、軍人恩給の巨大な受益者団体と化していた、これらの旧軍人団体は、彼らをどうみていたのだろうか。日本傷痍軍人会の機関紙、

『日傷月刊』のこの時期の紙面を分析した池谷好治によれば、横井・小野田関係の記事は時折掲載されるものの、植民地出身者である「中村輝夫」に関する記事は皆無であるという(池谷好治「「戦争犠牲者」像の諸相——団体機関紙にみる自己像・他者像」『歴史評論』二〇〇四年五月号)。『軍恩新聞』の場合、特に第二一五号(一九七二年)で横井の記事を、第二四〇号(一九七四年)で小野田の記事を大きく報じているが、「中村輝夫」に関する記事はなく、第二五〇号(一九七五年)の「読者の欄」に、「中村さん」の「ご労苦を慰労するため」、金品の寄附を求める「モロタイ戦友会」の小さな訴えが載っているだけである。概して、植民地支配の問題に対する関心と反省は希薄だと言えよう。

軍人恩給の持つ差別性

ここで、軍人恩給の持つ差別的性格についても簡単にふれておきたい。一つには旧軍の階級による差別であり、階級が上位にある者ほど恩給の支給額が大きい(ただし、一九五八年三月の恩給法改正により、傷痍軍人に支給される傷病恩給に関しては階級差が撤廃されている)。このことは、戦死者の遺族に支給される公務扶助料の階級による支給額の差が、一九七〇年代に入って急速に縮小され、遺族に対する補償は事実上、平等化されたことと対照的である(南相九「恩給と慰霊・追悼の社会史」和田春樹ほか編『岩波講座 東アジア近現代通史7』岩波書店、二〇一一年)。

また、必要な在職期間を満たしていても、恩給を受給できない人々が存在することも無視することのできない問題である。例えば、敵前逃亡や上官の命令に従わなかったなどの理由で、軍法会議で禁錮以上の刑に処せられた兵士は恩給法の規定に従って、恩給の受給権を剥奪された(ただし、比較的軽微の刑に処せられて戦後、恩赦の対象となった者などは、一九六二年の法改正で恩給受給権を回復している)。アジア・太平洋戦争の末期に、ブーゲンビル島に展開していた第六師団の兵士たちの事例をみてみると、補給を完全に絶たれて飢餓状態に陥った同師団では、部隊から離脱し、食糧を求めてジャングル内を彷徨する兵士たちが後を絶たなかった。そして、敗戦を知り原隊に復帰してきた彼らは、敵前逃亡罪で軍法会議にかけられて有罪の判決を受けることになる(瓜生良介・平塚柾『証言記録 敵前逃亡』新人物往来社、一九七四年)。その結果、多くの兵士が恩給受給権を剥奪されることになったのである。この敗戦後における軍法会議の問題は国会でも取り上げられ、また有罪の判決をうけた元兵士たちが、名乗りでることによって、大きな社会的反響を呼んだ(『朝日新聞』一九七二年三月一七日付)。

さらに深刻なのは、第六師団の野砲兵連隊の場合、敗戦後の一九四五年八月三一日の時点で、軍法会議の手続きを省略して、一五名の「脱走兵」を銃殺していることである。明らかな、違法行為である。この点については、一九九六年一一月二九日に放映された熊本放送のテレビ番組、「封印――脱走者たちの終戦」が、事実関係を丁寧に明らかにしている。

　こうした批判の高まりの中で、一九七四年法律第九三号によって、「昭和20年8月15日以後の犯罪により、旧陸海軍の軍法会議で禁錮以上の刑に処せられたことにより、恩給の受給権を失った者のうち、恩赦によって刑の言渡しの効力がなくなった者について」は、一九七四年九月から、恩給受給権を回復することが、ようやく認められたのである（総理府恩給局編『恩給相談ハンドブック』ぎょうせい、一九七九年）。なお、軍法会議で有罪の判決をうけた元兵士は、一九四五年一〇月までは軍刑務所で、その後は一般の刑務所で服役していたが、その数は、一九四七年六月段階で三一一名に達している。戦後も服役していたこれらの元兵士たちは、一九四五年一〇月、四六年一一月、五二年四月の大赦令などにより、段階的に赦免されている（吉田裕「戦後史の中の軍刑法」『季刊　戦争責任研究』第二五号、一九九九年）。

　また、連合軍の捕虜になった日本兵に対する差別も見逃すことができない。作家の千田夏光が取材したある兵士の場合、日中戦争からアジア・太平洋戦争にかけて、八年一カ月の従軍歴を有していた。加算制によれば、これは二四年三カ月の従軍期間に相当する。ところが、この兵士が軍人恩給の支給申請を行うと、窓口で、全額支給を拒否されたという。理由は、「昭和十八年五月から終戦まであなたはアメリカ軍の俘虜になっていたからです」というものだった（千田夏光『あの戦争は終ったか』汐文社、一九七八年）。

事実、前掲『恩給相談ハンドブック』には、「自己の意思に反して捕虜になった場合」についての解説があり、「捕虜になった者が、不法に職務を離れたものでなく、かつ、加算指定地域内において捕虜になっていたものであれば、所定の加算がつけられることになっています。したがって、恩給を請求する際、自己の意思に反して捕虜になったものであることの中立書が必要になります」と説明されている。つまり、逆にいえば、自らの意思で投降し、捕虜になった者の場合には、加算がつけられず、恩給受給の面で著しい不利益を蒙ることになる。「生きて虜囚の辱を受けず」という「戦陣訓」の思想は、未だに生きているのである。

『朝日新聞』の「テーマ談話室「戦争」」の責任者として、多くの戦中派の投稿に目を通してきた経験を持つ永沢道雄は、捕虜経験を持つ人の中には、投稿採用時に匿名を希望する人がいたという事実を紹介しながら、「戦後40数年を経てなお捕虜になるのが恥だという考え方が残っていることに驚かされた。終戦で天皇の命令によって武器を捨て捕虜となった人は別として、戦争中に捕虜となった人は自分の妻にも捕虜だった事実を隠しているケースが多い」と指摘している(永沢道雄「テーマ談話室「戦争」から」『平和研究』第一三号、一九八八年)。「戦陣訓」の呪縛力の根強さを示すエピソードだが、捕虜体験を持つ人々が、恩給受給問題に典型的にみられるように、行政の側から「戦陣訓」の思想に基づく差別的な取扱いを受けている現実の反映でもあるだろう。

3　変化の兆し

アジアからの批判の声

しかし、同時にこの時代の末期あたりから、元兵士たちの内部に次の時代につながるような意識変化の兆しが現れてくる。一九七二年に日中国交回復が実現して、戦争責任の問題が一定自覚されるようになり、さらに、八〇年代に入るとアジア諸国からの対日批判が激化するようになったことが、その背景にあると考えられる。以下、具体的にみてみよう。

一九八二年六月、文部省は翌年四月から使用される高校用教科書の検定結果を公表し、新聞各紙は、検定内容を詳しく報道した。ところが、この報道で、文部省が検定によって、日本が行った侵略戦争を「進出」に、朝鮮の三・一独立運動を「暴動」に書き改めさせていた事実などが明らかになると、アジア諸国、特に、中国・韓国からは激しい対日批判の声が上がった。教科書検定の国際問題化である。

さらに、一九八五年八月一五日には、中曽根康弘首相が戦後初めて終戦記念日に、靖国神社に公式参拝を行った。この公式参拝もアジア諸国の厳しい対日批判を呼び起こしたため、中曽根内閣は軌道修正に踏み切り、翌一九八六年八月一四日には、内閣官房長官談話を発表、「近隣諸国の国民感情にも適切に配慮」するとして、首相の靖国神社公式参拝を見送ることを明らかにした。

この問題をいっそう複雑にしたのは、A級戦犯の靖国神社への合祀である。日本政府はサンフランシスコ講和条約の第一一条で東京裁判の判決を受諾しており、その裁判で有罪の判決をうけたA級戦犯を合祀する神社に首相が公式参拝することは、諸外国からは、講和条約と東京裁判を日本政府が公的に否定するものと受け止められたからである。

すでに、一九七八年一〇月、靖国神社は、国民感情への配慮から、長い間保留状態にあったA級戦犯一四名の合祀に踏み切っていた(新聞報道は、翌年四月)。合祀を主導したのは、同年七月に靖国神社の宮司に就任した松平永芳である。松平自身は元海軍少佐で、戦後は、陸上自衛隊に入り、皇国史観(天皇中心の国体論的な歴史観)を鼓吹した平泉澄に師事していた。この松平の宮司就任に動いたのは、「英霊にこたえる会」会長の石田和外・元最高裁長官であり、裁判官時代からタカ派的な言動で知られた人物である。さらに、石田の会長就任自体が、戦前いくつかのテロ事件に関与した右翼の中村武彦の説得によるものだった。松平の宮司就任とA級戦犯合祀は、右翼グループの連携により実現したものだったのである(毎日新聞「靖国」取材班『靖国戦後秘史　A級戦犯を合祀した男』毎日新聞社、二〇〇七年)。

A級戦犯の合祀に関しては、アジア諸国からだけでなく、日本国内からも強い批判の声があげられた。このため、中曽根首相周辺で浮上してきたのが、Ａ級戦犯分祀論である。つまり、靖国神社の祭神からＡ級戦犯を分祀し、それらを他の神社に合祀することによって、首相の靖国神社公式参拝を継続しようとする「現実路線」である。中国政府もこれならば、黙認する可能性があった。この時は、首相の意を受けて、Ａ級戦犯として処刑された板垣征四郎陸軍大将の息子で自民党参議院議員の板垣正が、Ａ級戦犯遺族の説得にあたったが、東条英機の遺族の強い反対もあって、分祀論は挫折することになる。

日中戦争に関する世論調査

以上のようなさまざまな状況も元兵士たちの意識に影響を与えないわけにはいかなかっただろう。初めに、いくつかの世論調査を見ておく。日本の戦争責任の問題や歴史認識の問題がしだいに東アジアにおける国際的な争点になる中で、戦争や植民地支配の歴史に関する世論調査が、一九八〇年代に入ると、日本でも実施されるようになるからである。

一つ目の世論調査は、かなり早い時期のもので、日本世論調査会が一九七二年四月に実施した対中国戦争に関する世論調査だが、結果は次の通りである(内閣総理大臣官房広報室編『世論調査年鑑(昭和四八年版)』大蔵省印刷局、一九七五年)。

問　日本が中国と戦争したことについて、あなたはどう思いますか。
悪いことをしたと思う　二六・四％
自衛上当然だ　八・四％
やむを得なかった　四六・六％
なんとも思わない　四・〇％
その他　〇・七％
わからない・無回答　一三・九％

元兵士を中心にした戦中派の男性の認識を知るための手がかりとなる性別・年齢別の数値を得られないのが残念だが、大まかな傾向は知ることができる。具体的に言えば、対中国戦争を自衛戦争と見なす人は、さすがに少数派だが、「悪いことをしたと思う」という形で、戦争の侵略性や加害性を何らかの形で認識している人も三割弱に過ぎず、最大多数派(四六・六％)は「やむを得なかった」という形で侵略戦争を消極的に容認する人々である。また、「なんとも思わない」、「わからない・無回答」のように、明確な歴史認識を持ち得ていない人々が二割弱存在する事実にも注目する必要があるだろう。

戦争認識に関する世論調査

二つ目の世論調査は、ＮＨＫが一九八二年一〇月に実施した「日本人の平和観」調査である。これについては、貴重な二つの研究、秋山登代子「日本人の平和観」(『放送研究と調査』一九八三年四月号)と脇谷道弘「国民は過去の戦争の歴史をどう見ているか――「日本人の平和観」調査から」(『放送研究と調査』一九八三年五月号)があるので、以下、この二論文に全面的に依拠しながら、分析を進めたい。まず、戦争の評価にかかわる調査結果は、秋山論文によれば、次の通りである。

1　日清戦争から太平洋戦争までの五〇年の日本の歴史は、アジア近隣諸国に対する侵略の歴史だ　五一％

2　資源の少ない貧しい日本が他国に軍事進出して行ったのは、生きるためのやむを得ない行為だった　四五％

3　朝鮮や中国人に対する、明治以来のひどい差別・迫害や忌まわしい虐殺事件については、日本人として、心から反省すべきだ　八三％

秋山によれば、三番目の差別・迫害・虐殺については、「国民の大多数が「心から反省すべきだ」と考えており、階層による違いがほとんどない」。後述する脇谷論文のデータも考慮に入れるならば、元兵士を中心にした戦中派の中にも、加害行為に対する反省の意識が形成されていると考えていいだろう。

問題は、一番目の回答のように、侵略の歴史を認める人が半数以上いる一方で、軍事進出をやむを得ない行為だとする人が同じく半数近く存在することである。そこで、回答者一人一人について、この二つの質問への回答を調べてみると、次の三タイプに分かれる。

1　「侵略の歴史」であり、「軍事進出はやむを得ない行為」ではない＝〈侵略批判〉派　二七％

2　「侵略の歴史」であるが、「軍事進出はやむを得ない行為」だ＝〈侵略容認〉派　二二％

3　「侵略の歴史」とは思わないし、「軍事進出はやむを得ない行為」だ＝〈進出賛成〉派　一二％

4　その他の組み合わせ・わからない、など　三九％

秋山は、第二のタイプを「〈侵略容認〉派」としているが、このグループは、「侵略戦争の歴史」であることは認めているので、厳密に言えば、消極的な「〈侵略容認〉派」とすべきだろう。「〈進出賛成〉派」は、一割程度にとどまるものの、「〈侵略批判〉派」は三割弱であり、その一方で、「やむを得ない」という形で戦争を消極的に容認する「〈侵略容認〉派」が、二二％に達している。さらに、この三つの歴史認識のパターンを性別・年齢別に見てみたのが、**図3**である。大雑把にくくれば、五〇歳代半ば以降の世代が「戦中派」にあたる。

男性の場合を見てみると、年齢が上になるほど、「〈侵略批判〉派」が減少し、七〇歳

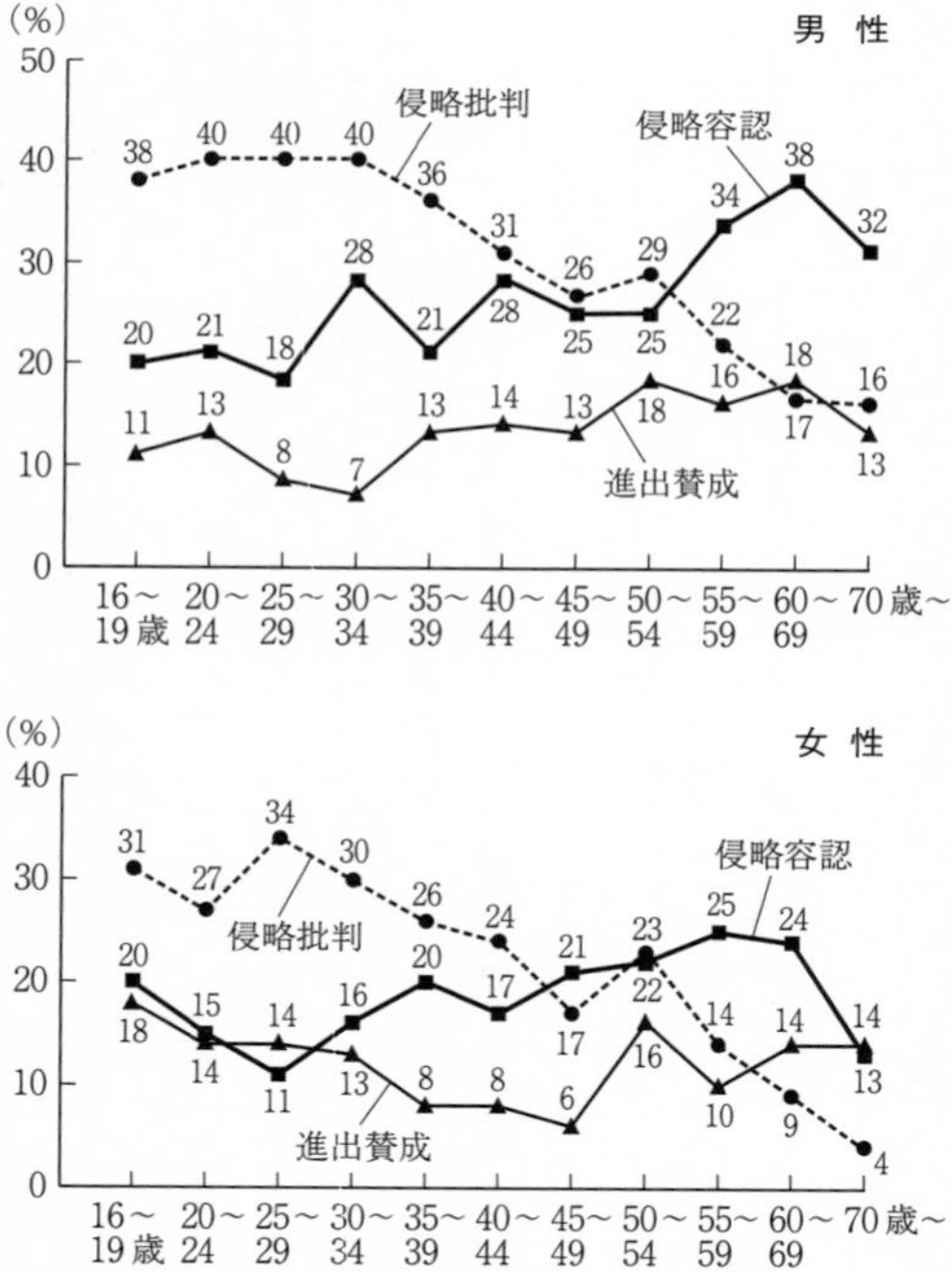

出典) 秋山登代子「日本人の平和観」(『放送研究と調査』1983年4月号)

図3　戦争認識のパターン(性別・年齢別)

以上(敗戦時に三〇代初め以上の世代)でボトムとなる。逆に「〈侵略容認〉派」は、多少の上下動をともないつつも、年齢が上になるほど増大し、六〇歳代(敗戦時に二〇代初めから三〇代初めの世代、狭い意味での「戦中派」といってもよいだろう)でピークをなす。「〈進出

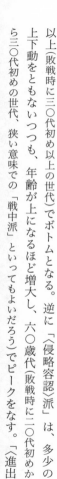

賛成〉派」は年齢が上になるほど、緩やかな増大を示し、六〇歳代で「〈侵略批判〉派」と拮抗する。戦中派世代の男性の場合、「〈進出賛成〉派」は少数派であること、四割は切るものの、消極的な形での「〈侵略容認〉派」が多数派であること、が確認できる。ちなみに、戦中派世代の女性の場合、男性と比較して、消極的な「〈侵略容認〉派」がかなり少なく、「〈侵略批判〉派」もかなり少ない。

教科書問題の国際化をめぐる世論調査

次に脇谷論文を見てみよう。この論文では、教科書検定の国際問題化に対する日本人の反応が重要なポイントになる。「日本人の平和観」調査では、この問題にかかわる調査項目は次のようなものだった。中国や韓国からの批判を受け入れる人の方が、「当たらない」、「筋違い」として否定する人よりも予想外に多い。

1　最近の教科書は「日本軍国主義による侵略」という歴史的事実をゆがめており、中国や韓国の批判のとおりだ　四二・五％

2　教科書は評価の入らない言葉で客観的に記述する方が良いので、中国や韓国の批判は当たらない　一〇・九％

3　日本に限らず、国民をどう教育して行くかはそれぞれの国の問題であって、外国がとやかく言うのは筋違いだ　二八・九％

4　わからない・無回答・その他　一七・七％

次に、1を「肯定」、2を「当たらない」、3を「筋違い」、2と3の合計を「否定」として、性別・年齢別の回答を見てみたのが図4である。

男性の場合、若い世代ほど、「肯定」が多く、年齢が上になるほど「否定」が多くなる傾向がみられるが、その差は、それほど大きくはなく、六〇歳代男性でも「肯定」が四〇％、「否定」が四九％、七〇歳以上の男性では、「肯定」が四一％、「否定」が三四％である。戦中派の男性の中にも、アジアからの批判を受け入れようとする人が、四―五割は存在しているのである。むしろ、女性の戦中派の「肯定」率の低さが目立つ。慎重な検討が必要だが、直接的な差別や残虐行為の現場に居合わせる経験が、女性の方が少ないからだろうか。

あるいは、大日方純夫「戦争の体験・記憶・認識とジェンダー」(米田佐代子ほか編『ジェンダー視点から戦後史を読む』大月書店、二〇〇九年)が指摘しているように、「男性は外＝公的領域、女性は内＝私的領域といった、社会のジェンダー的編成が社会意識に反映」する傾向が現在でも残っているからだろうか。

中曽根首相の靖国公式参拝問題に関する世論調査

三つ目の世論調査は、NHKが一九八五年九月に実施した「八五・九　くらしと政治」

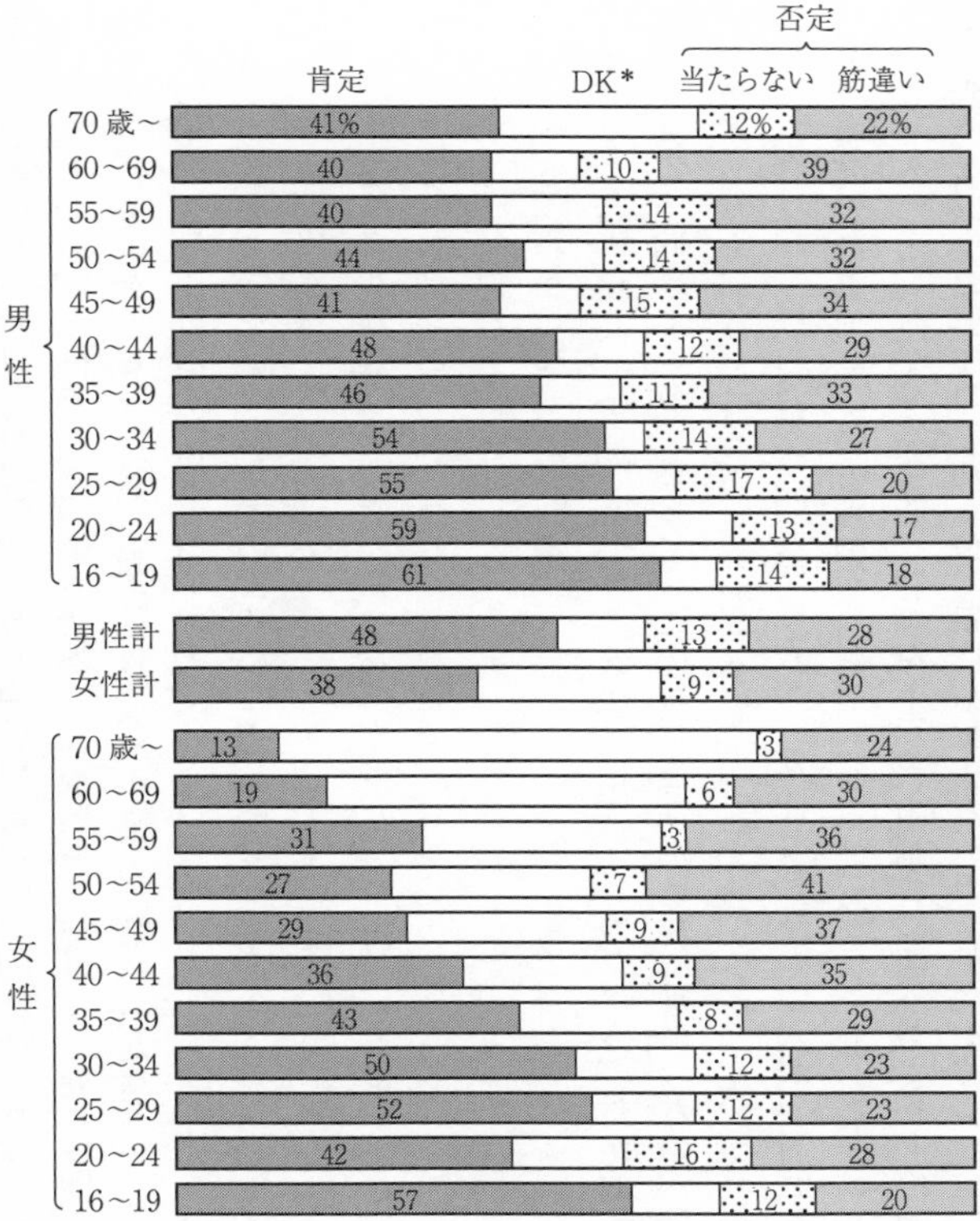

注）DK＝「わからない」＋「無回答」＋「このことを知らない(非該当)」
出典）脇谷道弘「国民は過去の戦争の歴史をどう見ているか」(『放送研究と調査』1983年5月号)

図4 教科書検定の国際問題化に対する反応(性別・年齢別)

調査だが、この調査は、八月に行われた中曽根首相の靖国神社公式参拝についても聞いている。その質問と回答は次の通りである(梅沢利彦・河野啓「〝「強い内閣」への共感〟の兆候か――「八五・九 くらしと政治」調査から」『放送研究と調査』一九八五年一一月号)。

今年の8月15日に中曽根首相や各大臣は、戦後はじめて靖国神社を公式参拝しました。このことをあなたはどのようにごらんになりますか。

1　当然だ　三〇・六％
2　多少無理があったが、まあよかった　三〇・九％
3　無理があって、感心できない　一八・二％
4　反対だ　一〇・一％
5　わからない、無回答　一〇・三％

1、2の合計は六一・五％、3、4の合計は二八・三％だから、肯定的評価が否定的評価を大きく上回っている。さらに、この結果を性別・年齢別にみたのが**図5**である。

男女ともに年齢が高くなるにつれて肯定的評価が高くなり、六〇歳以上の世代(敗戦時に二〇歳以上)では、男性で四九％の人が、女性で五六％の人が「当然だ」と回答している。戦死者の追悼にこめる戦中派の深い想いを読みとることができる。ただし、「まあよかった」というやや消極的な評価を下す人の割合には、あまり世代間でも違いがなく、六〇歳以上の男性の二九％が、同じく女性の二四％が「まあよかった」と回答している。

戦友会会誌の変化

ここでは、戦友会の会誌の中に現れた変化について、具体的にみておこう。大規模戦友会の場合でも、一九七〇年代に入ると、軍隊に対する手厳しい批判の論評が公然と掲載されるようになる。例えば『歩七の友』第六号（一九七二年）に掲載された、中田大作

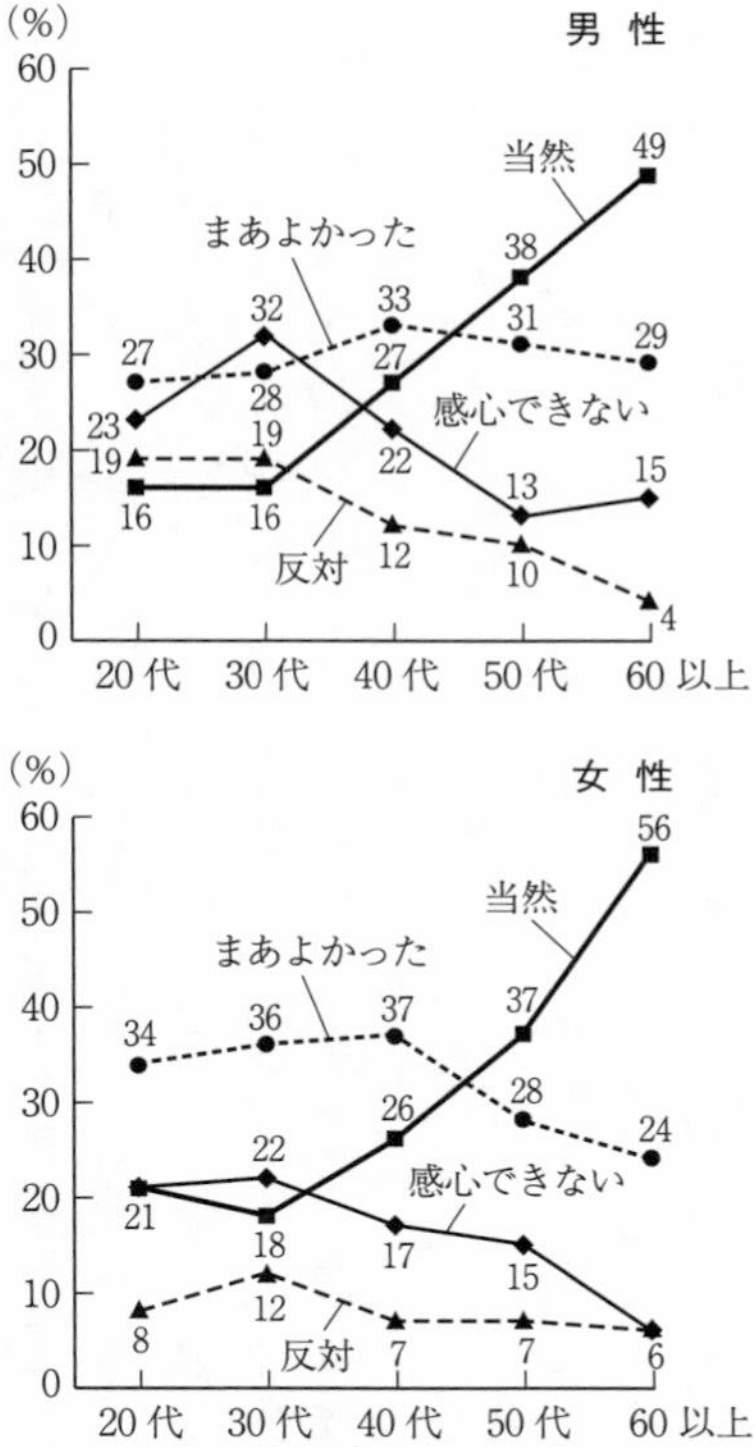

出典）梅沢利彦・河野啓「“「強い内閣」への共感”の兆候か――「八五・九 くらしと政治」調査から」（『放送研究と調査』1985年11月号）

図 5　靖国神社公式参拝問題に関する世論調査（性別・年齢別）

「軍隊の敬礼の雑感」は、「日本の場合、日本人同士で軍隊生活者は召集令状で集めた、云わば皇軍々人を、平気で勝手に奴隷化していた」としながら、軍隊における「挙手の礼」が、下級者になればなるほど厳格さが要求され、上級者になればなるほど、いい加減に行われていたとして、松田巻平連隊長の「置き物の招き猫の手の様」な敬礼を痛烈に批判している。「奴隷化」という手厳しい批判と、実名をあげた連隊長批判が注意を引く。

『ラバウルの戦友』の場合、同人誌的性格が強かったため、内部にある葛藤や軋轢が誌面からよく読み取れる。同誌の巻頭には、「うたた今昔の感……あり！」というコーナーがあり、毎号一人の会員の戦時中と戦後の写真が掲げられているが、この企画に対しては、内部から批判があった。同誌第五号（一九七〇年）の編集後記には、「「第一号から四号までの〝今昔の写真〟は、みな偉ぶって威張っていた人達ばかりではないのか」「軍隊はピラミッドで、底辺のものを、文も写真も主体に掲載するようにしてもらいたい！」「それが会員の拡充される所以でもある。」との声もあり、仰せごもっともと、私も百も承知しています」と編集委員の所感が記されている。将校や下士官中心の誌面構成に対する反発である。

他方で、戦争の暗部や軍隊の恥部に触れるべきではないとする考え方も根強かった。元将校の亀山専一が、「巻頭のことば」（同誌第八号、一九七一年）の中で、「戦場の悲壮な場面や、戦争経過等は今迄より少なくして、戦前、戦後、現在、未来の事(政治、経済、社会、人生、趣味等何でも)などや、詩歌、絵画等もふんだんに入れる等幅広い編集をお願いしたい」、「もっとユーモア味のある、或は明朗な内容のものが欲しい」、「捕虜になった他国兵や、友軍軍属の精励ぶりや、或は協力を惜しまなかった原住民のことや、志願出征して来た台湾高砂族の青年諸君の奮斗等も記録に残してやりたいものである」などと、編集部に要望しているのは、そのことをよく示している。

こうした中で、第八号(一九七一年)には、歩兵第二二八連隊の兵士としてガダルカナル島の戦闘で米軍の捕虜となった、吉田鉄雄の手記、「私はガ島に残った！(残された！)」が掲載された。実名こそあげてはいないものの、隊員が飢餓状態にあるにもかかわらず、肉の缶詰を独占していた大隊長や、米の分配の際に不正をして自分の取り分を増やそうとした中隊長の醜態などを赤裸々に描写した手記である。その後、『ラバウルの戦友』第一〇号(一九七一年)が、「「私はガ島に残った！」を読んで私は思う」という小特集を組んでいるのをみると、この吉田手記は大きな波紋を起こしたようである。

事実寄稿者の反応には微妙なものがあった。具体的にみてみると、元第三八師団参謀の神谷義治は、次のように書いている。

私もガ島戦に参加したが、当時一日平均盃一杯の配給米を、丹念に貯めて、僅かな粥を炊き、上官と部下と互いにゆずりあった揚句、一緒にすすり合った美談も見聞したり、又栄養失調で歩行の利かぬ上官を背負い、自らもまた力尽きて、背負うたままの姿で息絶えている尊い二人の姿を見たこともある。明日の命もわからぬ極地に立った場合、人類愛に徹するのが人情の自然であり、また美しさで、これぞ戦友愛の極地と謂うべきではあるまいか。

上官と部下との間にもうるわしい戦友愛があったというのが、神谷が一番言いたいことだろう。しかし、その神谷の場合でも、「表現の自由である現代、この記事の内容及び掲載の可否は言うまい」、「上官の中には、往々統帥権に関係ない私生活に於てわがままを振舞い、或は階級的不満が、おのずから下級者に皺寄せされるようなことも絶無だったとは言えない」としていることに注目したい。兵士からの告発を全面否定することは、もはや不可能になっているのである。

柳原清次の場合は、迷いが感じられる文章である。柳原は、悲惨な戦況の下では、軍隊という組織の「最も美しい面と、最もみにくい面とが露骨に現れることも初めて知った」としながらも、「みにくい面の報告も時に必要なことであり、また本誌の使命の一部でもあるということは、充分理解し乍《なが》ら、吉田さんのガ島戦の思い出の第一がそのみにくい面の、名前の判明している大隊長、中隊長であるとしたら、それは全く悲しいことであり、〔中略〕若しあの部隊の将兵のご遺族の方々でも読まれたら、どんなお気持ちをなさるだろうと悔まれます」と書いている。ためらいつつも、「みにくい面」だけに目を向けるべきでないというのが、ここでの基本的主張である。

重要なことは、柳原が、遺族への配慮を最大の理由にして、吉田手記を批判していることである。前述の神谷義治も、同様に、「あの記事を戦死者の遺族が読まれた場合、どのような感をもたれるであろうかと思うとき、いたたまれない気持ちがする」と書いている。凄惨で醜悪な戦場の現実を遺族には伝えるべきではない、という意識が元兵士たちの間で共有されているからこそ、「遺族への配慮」が、客観的には、証言を封じるための「殺し文句」となっているのである。

しかし、その後、『ラバウルの戦友』誌上では、旧軍組織を手厳しく批判する内容の回想記の類が目立つようになる。特に、階級間の上下の隔たりが極端に厳格であったため、上官と部下の間に精神的な結びつきがなかったことを批判する記事が目立つ。

例えば、『ラバウルの戦友』第二三号(一九七四年)に掲載された須田兼成「「底辺のスマトラ日記」姑の嫁いびり(第三回)」は、次のような軍隊論を展開している。

同じ日本兵なのになぜ仲良くできないのだろうか。小さな問題のようでも、これは重大な問題である。兵隊は兵隊同士で、将校は将校仲間で、表面化されないまでも、常にいがみ合い、憎み合い、敵視し合う。上下心を一つにするとか、協力し合い、助け合う戦友愛など、同期を除いては、空手形のようなものだったと思う。軍隊とは、「絶対服従」とか、人間性を無視した厳しい『軍律』の鉄鎖に縛られて、行動していただけのものではなかったろうか。

すでに述べたように、伊藤桂一は、『悲しき戦記』の中で、戦友愛で相互に結ばれた兵士たちの共同体を描いてみせたが、須田の軍隊論は、あきらかに、それとは異質な内容を持っている。

加害行為への言及

さらに、数は決して多くないものの、加害行為への言及も、会誌に登場するようになる。ここでは、輜重兵第二二連隊(編成地・宇都宮)の戦友会、「西湖会」の会誌『西湖』を見てみよう。一九七二年に日中国交回復がようやく実現するが、『西湖』第六号(一九七二年)の「巻頭言」は、この共同声明の中の田中首相の発言に言及して、「共同声明の中に「日本国が戦争を通じて中国国民に多大のご迷惑をおかけしたことについて、私は改めて深い反省の念を表明します」とあるが、私ども西湖会員も自分の意思ではなかったにしても、戦争中、中国内を行動し、中国国民に対し直接損害を与えたことを想起するとき、率直に謝罪したい気持ちである」と書いている。自分の意思ではなかったという留保がついているとはいえ、明確な謝罪の言葉である。

その後、一九七八年八月には日中平和友好条約が調印されるが、この時も、同誌第一二号(一九七八年)の「巻頭言」は、同条約の締結に関連して、「日本軍隊の犯した数々の過ちを赦し、賠償要求もしないで自力更生に励んでいる中国に対し、全ての日本人は心から感謝しなければならない」と主張している。

会員の投稿の中にも、強い自責の念を感じさせるものがある。一つは、小菅善一郎の「心の十字架」(『西湖』第七号、一九七三年)である。一九四二年二月、シンガポール攻略戦の際、英軍が遺棄した弾薬の警備にあたっていた小菅は、助けを求める中国人に連れられてある家屋の中に入り、強姦の現場を目撃する。「下半身を出したまま後始末もやらず泣き続ける女、其れを見つめて居る夫、拳銃をかまえている自分、見逃して呉れという兵士」。小菅は、結局、強姦をしたこの兵士を見逃してしまうが、この事件が自分の「心の十字架」になっているとして、次のように書いている。

あれから三十年の才月が流れて来た。しかし、二月十一日紀元節になると〔中略〕哀れな中国人夫婦を思い出す。五十の坂を越して居るだろう。〔中略〕もし自分等夫婦、子供等の事件で有ったらと思うと自分ながら返答に苦しむ。

もう一つは、荒木良次の「戦争のきずあと」(『西湖』第一三号、一九七九年)である。荒木は、一九四四年一一月、湘桂作戦に参加中の出来事を次のように回想している。

ある部落に食糧徴発に出かけた。先発隊の一部が部落民の襲撃にあい、古参兵がやられたという情報がはいり激怒した我々小隊は、直ちに、その部落に対して、一せい攻撃をかけたが、ひとっ子一人出てこない。さては逃げおったかと、なにげなくクリークのほとりに目をやれば乳飲み子を背負った一人の女性が逃げ出しているではないか。興奮状態にあった私は夢中でかの女性を撃ってしまった。なんという残酷なことか、女性は悲鳴をあげてその場にバッタリ倒れてしまった。又その倒れた母親の背中で、何も知らない乳飲子が火のつくように泣きじゃくっていた姿が、戦後、三十四年過ぎた今でも思い出されてならない。もしこれが、我が妻、我が子であったならと……年老いた昨今、幼い孫を見るたびに、いかに戦争とはいいながら、あまりにも、残忍な行為であった。

内部論争の公然化

戦友会や旧軍人関係団体内部で戦争の評価をめぐる論争が公然化するのも、この時期の特徴である。偕行社の機関誌『偕行』は、一九八四年四月号から一九八五年二月号にかけて、畝本正巳(陸士第四四期)の「証言による「南京戦史」」を連載した。日中戦争の初期に日本軍が引き起こした大規模な戦争犯罪である南京事件が架空の事件であることを論証しようとした企画である。

しかし、皮肉なことに、畝本の意図に反して、捕虜などの大量殺害を裏付ける史料や証言が次々に現われてくる結果になった。このため、『偕行』一九八五年三月号は、編集部名で「「証言による南京戦史」(最終回)〈その総括的考察〉」を掲載し、「この大量の不法処理には弁解の言葉はない。旧日本軍の縁につながる者として、中国人民に深く詫びるしかない。まことに相すまぬ、むごいことであった」との立場を明確にしたのである。

執筆責任者は著名な軍事史研究者でもある加登川幸太郎（陸士第四二期）である。加登川によるこの総括は、偕行社の内部で激しい論争をよびおこすが、偕行社は、この連載を踏まえて、南京事件の「定本」という位置付けで、南京戦史編集委員会編『南京戦史』(非売品、一九八九年)、同『南京戦史資料集』(非売品、一九八九年)、同『南京戦史資料集Ⅱ』(非売品、一九九三年)を刊行することになる。

この『南京戦史』の刊行に際しては、会内に激しい反対論があったが、編纂作業の中心人物であった高橋登志郎(陸士第五五期)のところには、偕行社副会長の田中兼五郎から刊行を支持する手紙が送られてきた。田中は陸士第四五期で戦後は陸上自衛隊に入り、陸将で退官した人物である。その手紙には、「被害者たる中国側から見れば、更に強い主張がある筈であって、これを抜きにした日本側だけの主張は、一方的主張との非難を免れない」などと書かれており、田中邸を訪問した高橋に対し、田中は、「弁護・弁解が多すぎる。言い訳は駄目だ。将校として恥をかくだけだよ」と語ったという(田中兼五郎追悼録刊行会編『田中兼五郎追悼録』非売品、一九九四年)。

旧陸軍航空隊関係者内の対立

旧陸軍航空隊関係者は、航空奉賛会編『陸軍航空の鎮魂』(非売品)を一九七八年に刊行している。編纂の中心は、防衛研修所戦史室の戦史編纂官をつとめた旧軍将校であり、陸軍航空隊についての「正史」をめざしたものである。内容的にも戦死者の慰霊・顕彰という性格が強い。同書の「航空同人の思い出」に手記を寄稿した人々も主として佐官クラスから将官クラスの「高級将校」である。ところが、出版と同時に旧軍関係者からの抗議が相次いだ。この点につき、同書の編纂にあたった生田惇(陸士第五五期、防衛研修所戦史室戦史編纂官)は、「出たら猛烈な反発があったんです。〔中略〕兵隊さんとか従軍看護婦さんといった人達が多かったんですが、だいたい参謀とか司令官といった方々は、部分的な細かいことは知りませんし、それにどうしてもかっこよくといいますか、きれいに書きますからね」と語っている(「巻頭座談会　御霊よ安らかなれ」草間洋一編『写真集碑』平和祈念刊行会、一九八二年)。

この批判に応える形で、「終戦時初級将校以下であった人々」に手記の執筆を依頼して編纂されたのが、航空奉賛会編『続　陸軍航空の鎮魂』(非売品、一九八二年)である。ただし、同書第二部に「知られざる中央の苦心」という章が置かれているように、執筆者の中には、軍上層部の人々の手記もかなり収録されている。これをみると、「終戦時初級将校以下であった人々」に手記の執筆を依頼するという当初の方針が、途中で変更されている可能性も否定できない。

『陸軍航空の鎮魂』と比べると、同書の内容は大きく変わっている。それは、書き手の中心が、下級将校や下士官、学徒兵、少年兵など、第一線の激しい航空消耗戦を生き抜いた人々だからである。そのため、苛烈な戦場の実相、精神的動揺をくり返す特攻隊員の姿、上官に対する批判など、「正史」には登場しないようなタイプの手記が多数登場することになった。

このことは「正史」を残そうとする側の神経を逆なでにしたようである。『続 陸軍航空の鎮魂』の「編集後記」には、「編集委員一同」の名で、「とはいえ、第一線での体験は、ともすれば自己中心にものを見、偏見におちいり易い。歴史的な必然、全般の情況からのやむを得ぬ事情も存在する。従って歴戦者あるいは中央当事者からの寄稿もいただいた。これらの寄稿はきわめて率直かつ真剣であって、全般の事情を明らかにしている。もし、この続・鎮魂誌上に偏見があれば、これらの文章によってそれを正すことが必要である」と書かれている。軍中央部にいた者だけが、全体の状況を正確かつ公平に見ることができる、といわんばかりのエリート意識むき出しの文章だが、ここから浮かび上がってくるのは、旧陸軍航空隊関係者の中に存在する深刻な亀裂である。

他方、水交会内部での旧海軍「高級将校」間の対立にも深刻なものがあった。一九七七年七月、水交会で中澤佑(元海軍中将)を囲む座談会が開催された時に、中澤から、「海軍の美点は多いが、結果的に反省すべきことも多い、反省会のようなものを作ってはいかがか」という提案があった。この提案が「海兵五〇期前後の大佐クラスの賛同を得て」、一九八〇年三月から「海軍反省会」とよばれる会合がもたれるようになり、一九九一年四月に一三一回目の会合を開催しているが、最終回は明らかでない(戸高一成編『[証言録]海軍反省会』PHP研究所、二〇〇九年)。しかし、同会の議論の内容は混乱と対立をはらむものだった。同会に参加していた内田一臣(海兵第六三期、戦後、海上幕僚長)は、その会合の状況について、次のように書いている(内田一臣「昭和58年(1983年)を迎えて」『水交』第三四九号、一九八三年)。

しかし驚いたことには、ここでは議論百出、反対もなく定説とされるようなものは少ないのであります。同じ人物に対する評価もひとにより異なり、ときには褒貶あい反し、また同じ作戦の指導でも賛否両論まことに華やかであります。承っておりますと、これでは残し伝えて海軍の誇りとするものもないのではないかと思うほどであります。いったい海軍の功績は何であったのか、時代を通じて若者に訴える感動的な海軍の姿というものはなかったのであろうかと、心淋しい感さえ抱くのであります。

若い海軍士官として、アジア・太平洋戦争を戦ってきたことを誇りにしてきた内田の動揺が伝わってくるような文章である。

海交会の動向

旧海軍関係者に関しては、海交会の動向が重要である。一九七七年三月、旧海軍特務士官(兵士からのたたき上げの下級将校)・准士官の恩給の是正を求めて、特准恩給是正貫徹同盟が結成されているが、この組織が発展的解消をとげて、一九八〇年二月に結成されたのが、「海交会全国連合会」である(旧海軍関係者の大同団結を謳ってはいるが、下士官・准士官・特務士官中心の組織である)。この海交会の機関紙、『月刊海交』(前身は『特准恩月報』)紙上では、この時期に興味深い議論が展開されている。

一つはアジア・太平洋戦争の性格や戦争責任をめぐる論争である。論争のきっかけとなったのは、『月刊海交』第二七号(一九七九年)に掲載された重野義夫の「わが大東亜戦争史観(Ⅱ)」であり、重野は、「大東亜戦決起は民族独立自衛戦争であり、(中略)「まつろわぬものをうちたいらげる」正義の自衛戦争であった」と主張した。これに対し、藤田祝の「皇国史観に反論」(『月刊海交』第三四号、一九八〇年)が、直ちに反論を加え、「これでは戦前の「皇国史観」そのままではないか(中略)外に向ってはアジアの隣人に対してどうであったか。それは朝鮮に対してやったこと一つ採り上げてもはっきり現われている。日本は多くの罪を犯してきたのである」と指摘した。

さらに論争は、天皇の戦争責任問題にまで及び、佐藤宗次の「天皇の戦争責任の私的考察」(『月刊海交』第三七号、一九八〇年)は、「「朕の命令で戦争やれ、だが朕には責任はないぞ」では筋が通らない」と主張し、金田三吉の「私の大東亜戦争観(前)」(『月刊海交』第六三号、一九八二年)は、「軍閥は大元帥陛下の皇軍を私兵化して侵略行為を堂々とやりだした」とした。この金田論文には、「国内でも侵略か進出かの論争が百花斉放となった。わが会員の中からも侵略だと断言する声がぼつぼつ現われ、紙面を開放した建設的論戦をたたかわしたいという読者が名乗り出てきた」という編集部名の前文が付せられている。ここには、教科書検定の国際問題化の影響を読みとることができる。編集部は明らかに自衛戦争論に肩入れしているが、反対意見もそのまま取上げている点に注目すべきだろう。

もう一つは、下士官・兵の立場からする兵学校出身将校に対する痛烈な批判である。例えば、八代正平の「下士官から見た士官考」(『月刊海交』第四六号、一九八一年)は、英海軍と比較しながら、「我が海軍士官が下士官兵は無知な者としているのは英と同じだが「人間と思うな」の人命軽視どころか人権無視が根底にあった」と論じているし、菅原順一の「「軍令承行令」に思う」(『月刊海交』第一〇〇号、一九八六年)も、「海軍部内には制度上・慣行上に数多くの不合理と矛盾が内在していた。〔中略〕その中の最たるものは「軍令承行令」であった、と私は断言したい」としている。軍令承行令とは、海軍将校の指揮権の継承順位を定めた規則であり、特務士官と兵学校出身の将校との間には大きな差別が存在していたのである。旧海軍関係者の大同団結を謳う組織の機関紙で公然と兵学校出身のエリート将校に対する批判が始まったこと、志願兵出身のプロ集団である下士官や下級将校の中から、侵略戦争認識が生まれてきていることが重要だろう。

なお、海交会は「靖国神社国家護持」路線をとっているが、会員の中には異論もあった。『月刊海交』第七四号(一九八三年)に掲載された匿名の投稿、「「靖国問題」私の疑問」は、軍人・軍属だけが靖国神社に合祀され、空襲や原爆、ソ連軍の暴行などによる民間人の戦争犠牲者に対する「国家による慰霊」がなおざりにされていることを強く批判している。

さらに、戦友会の中にも、一九八二年の教科書検定の国際問題化の際に、中国や韓国からの批判を受け止めようとする人が少数ながら存在したようだ。一九八三年八月、「歩八四会」常任委員会の席上で、増戸治太郎は、次のように主張している。常任委員会の中では完全な少数意見だったようだが、注目に値する発言である(「会誌に寄せる 教科書問題に思う」『歩八四会誌』第三号、一九八三年)。「歩八四会」は歩兵第八四連隊(編成地・宇都宮)を中心にした戦友会である。

中国、韓国等の抗議は、純理論的に反論する前に、私達日本人は、慎重に反省すべきである。現代史の中で、日本が両国に与えた苦痛と損害は測り知れないものがあり、その実況は先の大戦に参加した私達自身がよく知っている筈である。〔中略〕

文部省の考え方は余りにも小乗的である。局部的な問題はどうであろうと、大戦前の対朝鮮、対中国問題の基本には、対中、対韓侮蔑の精神が基底にあって、国策はもとより、彼等に接する日本人一人一人の態度にも彼等にとっては堪え難いものがあった。先の大戦の最大の教訓は、最も近いアジア諸国との善隣友好を忘れていたことであり、戦後三十七年、経済発展の蔭にこの反省を忘れかけて来ているのではなかろうか。

海外における遺骨収集活動

一九六四年の海外観光旅行の自由化、アジア諸国との国交回復、日本政府の第三次遺骨収集事業の開始に加えて、中国においては、「四人組」の追放を契機として、「四つの近代化」路線を推進してきた中国政府が、一九七八年に、中国旅行の事実上の自由化政策を決定し、旅行制限の大幅な緩和に踏み切ったこともあって、この時期、戦友会などによる海外慰霊旅行が盛んに行われるようになる。しかし、そこには、様々なトラブルがあった。朝日新聞社の松井やより前特派員は、戦友会などによる団体旅行を次のように批判している(『朝日新聞』一九八五年五月二六日付)。

かつての軍人が今はツーリストとしてアジアにやってくる。戦跡ツアー、慰霊観光、遺骨収集団……。

バターン半島やレイテ島などの激戦地は日本人の観光コースとなり、元日本兵たちは軍隊生活の思い出にふけり、亡き戦友をしのぶ。そして夜になれば、女遊び。かつて従軍慰安婦をはべらせたように。〔中略〕

約三十万人の日本兵のうち十七万人近くが戦死したビルマも慰霊観光団のメッカだ。古都マンダレーのホテルでそんな一団と泊まり合わせた。「隊長」などと軍隊用語で呼び合い、訪ねて来たビルマ人に戦時中同様、「マスター」と呼ばれて上きげんだった。夕食のとき、酒が入って軍歌を大声で歌い出し、他国の観光客が顔をしかめていた。

また、慰霊をめぐる原地住民とのトラブルにも深刻なものがあった。一九八〇年一〇月、中国東北地方(旧満州)を訪問した「日中友好福岡県訪中慰霊慰問団」について、一九八一年八月一〇日付『朝日新聞』(夕刊)は、「このトラブルは、〔中略〕一行が日本人避難民収容所のあった拉古で「為野戦重砲兵第二十連隊戦死者之霊」などと書いた卒塔婆《そとば》を立て、日の丸を掲げて法要していたところ、住民二、三百人が取り囲み「日本人に殺された中国人の供養がまだ済んでいないのに、日本人だけ供養するのはどういうことか」などと抗議、法要の中止を求めた。行事は抗議を無視して最後まで行われたが、その後に予定された屋外法要はすべて屋内に切り替えて帰国した、というものだ」と報じている。

中国・雲南地方での戦友会による遺骨収集、慰霊事業を調査した伊香俊哉は、日本側の「関係者の基本的な関心は日本軍があの地域で何をしたのかということにはないのであり、自分の戦友や身内がどこでいかに「勇敢」に死んだのかということにあるように思われる」とした上で、現地の中国人との意識の大きなズレを指摘している(伊香俊哉「雲南滇西地区における戦争の記憶」都留文科大学比較文化学科編『記憶の比較文化論』柏書房、二〇〇三年)。この地域では慰霊碑の建立も未だ実現していない。

また、一九八三年に訪中した歩兵第二一七連隊(編成地・大阪)第三機関銃中隊戦友会における、「今度の旅行で痛切に感じられた事は〝よくぞ日本に生まれける〟という事です。彼の地では既に戦後四十年近くなるというのにその日常生活を見、且、又聞いて我々との差の甚だ大きいのに驚きました」(小川信治郎「全般的所感」植三会第三機関銃中隊編『慰霊 戦跡を訪ねて』非売品、一九八三年)、「もの珍らしさにバスに群がって来る子供達は素足の儘《まま》の者も多く貧しさだけが強く印象付けられた今回の旅行でした」(迫下幸男「中国を旅して」同前書)という感想に示されるように、訪中が大国主義的感情を強化するだけの結果に終わっている場合も多い。

贖罪意識の芽生え

しかし、その一方で、現地の住民の協力を必要不可欠なものとする慰霊団や遺骨収集団に参加した元兵士たちが、侵略の被害者である相手国の民衆の眼差しをある程度意識せざるを得なくなるようになったのも確かである。例えば、一九七五年にビルマに派遣された遺骨収集団の「団員の心得」にも、「この国の人達には、かつての戦争は直接関係のない戦争であり、また、最大の犠牲を強いられた戦争でもあった」、「戦時中習得したビルマ語は、上級者から下級者に対するものが多いから、敬語の用法を習得する」などの表現が見られる。また、同年にインドに派遣された遺骨収集団の「団員の心得」にも、日本軍の軍紀の厳正さや戦後の日本の経済的繁栄に対する手放しの礼賛などがみられるものの、「嘗《かつ》ての戦争において、原地の人々に多大な人的、物的損害を与え申し訳ないという心」を持ち、「謙虚に感謝しましょう」などという表現がみられる(「勇士はここに眠れるか」編纂委員会編『勇士はここに眠れるか』非売品、一九八〇年)。

また、フィリピンの場合では、戦争の犠牲者であるフィリピン人の存在は常に意識され、現地で建立される慰霊碑も慰霊の対象を日本人だけに限定せず、慰霊行事に際して、フィリピンの人々に対する「お詫び」が表明されることも多い。参加者の多様性のために、「靖国の思想」からは意識的に一定の距離が置かれ、慰霊祭も仏式や仏式・神式併用で行われるのが普通である。ただし、残虐行為への直接の言及は少なく、自分自身や自己の部隊の残虐行為に対する罪責が語られることも少ない(中野聡「追悼の政治」池端雪浦、リディア・N・ユー・ホセ編『近現代日本・フィリピン関係史』岩波書店、二〇〇四年)。

フィリピンの場合、中国と違って現地の住民との交流が比較的自由に行われている。そのため交流を通じて「加害の記憶」が喚起されやすいこと、大規模な遺骨収集や慰霊碑の建立・維持のためには、現地の住民との恒常的な協力関係の構築が不可欠であることを日本側も認識していること、などがその背景にあると思われる。

中国の場合、部隊史や戦友会史で見る限り、中国政府は戦友会などが公式の慰霊祭を挙行することは認めず、非公式の慰霊祭を目立たない形で行うことを黙認するという政策をとっている。また、中国の民衆との交流は規制されている。それでも、日本側からの「謝罪」の例が全くないわけではない。一九七九年、歩兵第二二〇連隊(編成地・甲府)の戦友会は、戦友会であることを隠して訪中し、中国側の責任者から、訪中団の性格について問いただされた時、日本側の団長は、「じつは四十年前、かつて日本軍の一兵士として、男子団員一同は彼の地に進駐し、女子団員は当時の新郷陸軍病院に、従軍看護婦として勤務しておりました。私たちは日本国民として、あのころの非礼に対して深く反省し、心から謝罪したい気持ちでまいったものです。ですから、真実は戦友会の訪中団でございます。みなさま方にも改めてお許しを乞う次第です」と発言している(「歩兵第二百二十聯隊」編集委員会編『歩兵第二百二十聯隊』非売品、一九八二年)。

また、輜重兵第四連隊(編成地・大阪)の戦友会の一員として、一九八三年に訪中した山崎保夫は、多少のトラブルが原因で、中国人通訳から、「四十年前、あなた方はこの地で、どんなことをしていたのですか！　悪かったのはごく一部の軍国主義者で、あなた方は、ただ上からの命令で行動していただけとはいうものの……」と批判された。その時の自分と周囲の受けとめを、「もういい加減にやめればいいのにと思う。車内はシーンと静まり、白けきった」と書いている。しかし、その山崎も、現地での慰霊祭については、「遠い昔のこととはいえ、侵略された村人は、大きな犠牲を払っている。彼らの立場になれば、どうしても感情を害するのは当然だ。折衝の結果、「人目のつかないところで、速やかにすませてほしい。私(通訳)は見て見ぬ振りをする」という、黙認の形で話がつい」たと書いている(山崎保夫『行軍　神も仏も…』非売品、一九八五年)。そこには、中国の民衆に対するそれなりの罪責の念が感じられる。

　とはいえ、総じていえば、訪中した元兵士たちの認識は、中国政府の政策もあって、中国政府の寛大な対応に感謝するという次元にとどまっているように感じられる。野砲兵第一二二連隊(編成地・京都)の戦友会の一員として、一九八一年に訪中した中瀬正郎は、「私の心を打ったのは、侵略戦争を行った我々に、あなた達が悪かったのでは無い、一握りの政治家と軍の最高指導者達が悪いのであって、あなた達も中国人民も共に戦争の犠牲者だと言って過去の恩讐を忘れて接して呉《く》れた事だ。(中略)豊かな心が貴い、偉大な中国人民に学ぶべきだ」と書いている(中瀬正郎「訪中記」富田松一・長谷川益三編『砲声万里』非売品、一九八四年)。侵略戦争という認識はみられるものの、自己の責任に対する自覚は希薄である。

旧軍人の減少と高齢化

他方で、旧軍人の減少と高齢化という別の意味での変化も、このころから顕著になってくる。旧軍人本人に支給される軍人普通恩給受給者数のピークは、一九七〇年度の約一二五万六〇〇〇人であり、その後、じりじりと減少し、一九八九年度には約九三万四〇〇〇人となった(『軍恩新聞』第五四六号、一九九九年)。戦友会でも死去に伴う会員の減少や高齢化が深刻であり、会の将来に対する不安がひろがっていった。「祭五一会」では、赤堀光雄が次のような状況認識を示している(赤堀光雄「そんなに遠くない将来に慰霊祭が出来なくなるのでは」『祭五一会々報』第三号、一九八二年)。

毎年行はれる慰霊祭も、吾々生き残りが死に絶えて仕舞った後はどういうことになるんだろう?(中略)既に、昨年から今年にかけて、十名をこえる五一会員が鬼籍に入られたのであるが、恐らく、その数は年を追う毎に増えていくことだろう。(中略)又吾々の子供等に申し送ったとしても、近頃の子供等が吾々の意志を受け継いで呉れるとも思えないし、慰霊祭を行えるのは、恐らく吾々が生きている内だけのことであると思うのである。

だからこそ、靖国神社国家護持法案の成立が絶対必要である、というのが赤堀の主張である。「歩五八会」では、一九八七年四月、役員全体会議が開催されているが、席上、会長の西田将は、次のような今後の会活動の見通しを述べた。

そして十年後の五八会の姿を想像するに、簡単な話が年齢一つ考えても、会員の一番若い者で七十三、四歳、大先輩は九十歳を越える方も多くなり、主力の平均年齢が八十歳になります。もちろん、この間に亡くなられる方も年々多くなるでしょうし、十年後の五八会は、もはや残念ながら「老残の姿」と言わざるを得ません。

これでは「会」として活発な活動などやれるわけがありません。

西田は、こうした見通しの上に立って、「私たちは今や、避けることの出来ない五八会の消滅(死)から眼をそらすことなく、堂々と立ち向かおうではありませんか」として、今後五年間の会運営の基本理念を「有終への道」とするとした(「役員全体会議における会長挨拶(要旨)」『歩五八会報』第四〇号、一九八七年)。ここでは、戦友会の消滅がはっきりと認識されている。

なお、このころから、戦友会活動が新たな方向性を見いだせない状況の下で、戦友会の一部に極端なアナクロニズムが台頭してくる。「靖国戦友会」がその象徴である。この会は、軍服着用の上、軍刀、銃剣、三八式歩兵銃、九九式歩兵銃、一四年式拳銃などを携行し(もちろん全て模造品)、「例大祭、陸海軍記念日、開戦記念日、終戦ノ日等に」、靖国神社に集団参拝する旧軍兵士の会であり、最初の参拝が一九八五年八月一五日だった(『歩八四会誌』第六号、一九八六年)。同じ日に公式参拝した中曽根首相にとっては、さぞかし迷惑な存在だったろう。また、いつ結成されたかはわからないが、海軍にも、「軍服を着用、年二回建国記念日と終戦記念日に靖国神社に集合、行進参拝」し、「原則として当時の階級を維持している元海軍兵の集い」として、「海軍軍装会」がある(『月刊海交』第一〇七号、一九八六年)。「海軍軍装会をご存知ですか」というタイトルの記事なので、やはり、このころできたものだろう。

偕行社・水交会の将来問題

一方、偕行社では、一九八〇年代初頭から、会の在り方に関する論争が始まっていた。きっかけとなったのは、高山利武(陸士第五一期)の「偕行社の行方について」(『偕行』一九八一年七月号)である。高山は、この論説の中で、「現状のままで推移せしめるならば、行く行くは偕行会員の漸減に伴い偕行社は衰退の一途を辿る。遂には消滅同然に至るのであろうか。しかして、その活力の著しい衰弱をみるであろう時期は遠くないと私は思う。為すことなく偕行社を、そこへ追いやるわけにはいかない」として、偕行社を、機関誌『偕行』を一般向けの雑誌として出版する「図書出版会社」に改編することを主張した。以後、論争が始まり、防衛大学校の卒業生を後継者とする組織への改編案などが浮上してくることになる。他の一般の戦友会と異なり、偕行社で後継者・後継組織の問題が議論の対象となるのは、建前上は別組織とはいえ、自衛隊、特に陸上自衛隊という軍事組織が存在していたからである。

偕行社におけるこの論争の中で、興味を引くのは、「消滅論」の存在である。例えば、小池一臣（陸士第六〇期）の「偕行社の将来に就いての意見」（『偕行』一九八一年一一月号）は、防衛大学校と「吾が陸軍士官学校とは根本的に成立過程が異り、統帥権に至っての相違は言うも愚かであることは、（中略）明白であります。（中略）私は伝統及歴史的事実に従っての光栄ある消滅をこそ甘んじて受け度いと存念する者の一人であり、生者必滅会者定離を真理とする者であります」と述べている。また、越智義男（陸士第五六期）の「偕行社の存続について」（『偕行』一九八二年六月号）も、「防大卒業生に継承させるという意見もあるようだが、文民統制下の職業的武装集団と天皇親率の帝国陸海軍とは根本的に全く異質のものであり彼等には偕行精神を継承する資格は無いというべきだ」としながら、次のように結論づけている。「要するに敗れたるものが滅び去ることは古今東西世のならいである。どこかの国の将軍がいみじくもつぶやいたではないか。「老兵は死なず……云々」と」。

「老兵は死なず……云々」は、トルーマン米大統領と対立して更迭されたダグラス・マッカーサー元帥が離任に際して残した言葉、「老兵は死なず。ただ消え去るのみ」を指している。小池と越智、この二人の旧軍将校に共通しているのは、天皇親率の「帝国陸軍」と自衛隊とは異なる存在であるという強烈な自負心である。同時に、そこにはある種の敗戦責任論のようなものも感じ取れる。ちなみに、水交会の側には、同種の論争がほとんど見いだせないのは、旧海軍と海上自衛隊との間には、すでに述べたように、強固な人的連続性があり、海上自衛隊の側にも「帝国海軍」の伝統の正統な継承者であるという意識が強いという事情が関係していると思われる。つまり、海上自衛隊が何らかの形で水交会を継承することは、両者にとって自明の事柄だったのだろう。

靖国神社の危機

また、戦友会による慰霊活動の要をなす靖国神社にも危機がしのびよっていた。財界人の櫻田武などが中心となって、一九八〇年一一月に靖国神社奉賛会(後の崇敬奉賛会)が結成されたが、その直接の原因は神社の財政難である。戦後の靖国神社は、富国生命との関係が深く、遊就館を事務所として富国生命に貸与しており、その賃貸料収入が神社財政を支えていた。ところが富国生命の新社屋への移転に加えて、「物価の上昇、ご遺族、戦友等の老齢化、即ち御奉賛される方々の漸減による収入減等のため、神社の収支は急速に相償わなくなり、経常費約二億円の不足を来」たす事態が生じた。このため神社への奉納金を集める組織として、奉賛会が設立されたのである。会長は櫻田武である(靖国神社奉賛会事務局「靖国神社を国民の手で」『靖国』第三〇七号、一九八一年)。

財政難克服のため、靖国神社のリストラを推進したのは、皮肉にも松平永芳宮司だったが、その松平は、一九八一年一〇月の例大祭における挨拶の中で、「率直に申し、世の各界、即ち政・財・官界等の首脳陣が戦後世代に替り切ってしまはない内に、為すべき事を成し遂げて仕舞ひたいとするあせりから、一意邁進して居る」としていて、戦後世代に対する不信感からくる焦りを露わにしていた(『靖国』第三一七号、一九八一年)。なお、一九八四年二月現在の奉賛会の会員数は延べ二万三八〇〇名、奉賛金総額は、三億三五七〇万円であり、「その中で維持会員として一度に多額のご寄付を頂いたり、毎年一定額の会費をお収め願っている各界企業数は延一、〇〇〇社、奉賛金額は二億二千九百六十万円」である(櫻田武「靖国神社奉賛会会員の皆様へご挨拶」『靖国』第三四五号、一九八四年)。おそらく戦中派企業人が神社財政のかなりの部分を支えていたのだろう。

4　語り始めた元兵士たち

庶民が語り始める

一九七〇年代から八〇年代にかけて、「戦記もの」や戦争体験記に関しても変化が現れ始める。第一に指摘できるのは、その発行点数の増加である。フィリピン戦に関して、戦友会や個人が発行した「戦記もの」を調査した早瀬晋三によれば、その点数は六〇年

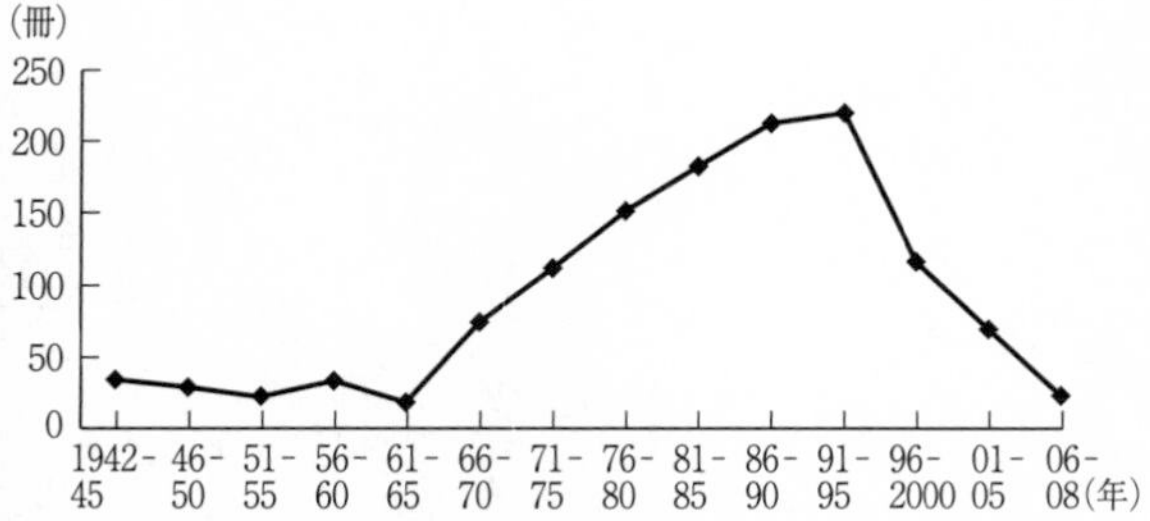

出典）早瀬晋三編『フィリピン関係文献目録——戦前・戦中，「戦記もの」』(龍溪書舎，2009年)

図6　発行年別フィリピン関係「戦記もの」刊行数

代後半から増加しだし、以後、九〇年代初頭までかなり急速に増加している(図6)。

「戦記もの」を含む沖縄戦関係の刊行物についても、一九七〇年代後半から九〇年代半ばにかけての増加が目立つ(吉浜忍「沖縄戦後史にみる沖縄戦関係刊行物の傾向」『史料編集室紀要』第二五号、二〇〇〇年)。また、「戦記もの」の内容が大きく変化し始めるのも、この時期である。以下、その変化の内容を具体的に見てみよう。

特徴の一つは、一般の庶民が自らの戦争体験を語り、書き始めたということである。『読売新聞』の「大阪・都市圏版」では、一九七五年七月から大阪社会部による「戦争」の連載が始まるが、庶民の戦争体験を軸にして、戦争の時代をえがこうとしたこの連載は、大きな反響を呼び、その後、読売新聞大阪社会部『新聞記者が語りつぐ戦争』全二〇巻(読売新聞社、一九七六―八五年)にまとめられた。社会部長の黒田清は「幸い、いままで語りたがらなかった人たちが、声高にというのではないが、自分と戦争とのかかわりについて、静かに語りはじめてくれた。その声をわたしたちは、心をこめてすくい取っていきたい」と書いている（読売新聞大阪社会部編『新聞記者が語りつぐ戦争2』読売新聞社、一九七六年）。

こうした中で、一九八一年一月には旧軍人を中心にして戦誌刊行会が発足している。「「戦誌刊行会」発足のごあいさつ」（『偕行』一九八一年二月号）は、「最近戦記ものがまた新たな関心と感銘を呼んで購読者もふえ、出廻り始めました」とした上で、「稀有なご体験を出版してタイムカプセルに」と訴えているが、この出版社の事業目的のひとつは、「個人の体験や伝記」刊行のサポートである。また、一九八〇年代に入ると「自分史」ブームが始まるが、その当初の担い手は、戦争体験を持つ男性だった（小林多寿子『物語られる「人生」』学陽書房、一九九七年）。

戦争体験の記録化――その契機

証言にしろ、執筆にせよ、戦争体験記録化のきっかけは何だろうか。ひとつには、一九七七年が三十三回忌にあたっていたことである。白鷗遺族会（この会は第一三期飛行科予備学生の戦友会でもある）理事長の杉暁夫は、「早いもので今年は終戦の年より数えて三十三年、仏式でいう三十三回忌の法要が数多く行われ、感慨又ひとしおの年であります」と書いている(杉暁夫「白鷗会の心を大切に」『白鷗通信』第四七号、一九七七年)。また、読売新聞記者の斉藤喬も、戦死した父親の三十三回忌について、「父の三三回忌法要は、六月はじめ佐賀県伊万里市の実家で、ゆかりの約三十人が集まって行われた。この日、同じ檀家で四組の法要があり、このため、読経は午前八時すぎからという異常に早い時間にはじまった。雨の中をモーターバイクでやってきた住職は「ことしは大変ですわ」とあわただしく読経をすますと、再び雨がっぱをはおって次の家に向かった」と書いている(読売新聞大阪社会部編『新聞記者が語りつぐ戦争5』読売新聞社、一九七七年)。三十三回忌が個人への追憶を通じて戦争の時代への関心を喚起したこと、出版や証言自体が死んでいった戦友たちへの供養の意味を持っていたのも確かだろう。

もうひとつの理由としては、一九八〇年代後半が戦中派にとって、人生の節目にあたっていたことがあげられる。一九八六年七月から始まった『朝日新聞』の「テーマ談話室「戦争」」は、当初の予定を大きく超過して一三カ月余のロングランとなり、投稿総数は四二〇〇通、圧倒的に多かったのは戦争体験を綴ったものだった。このシリーズの狙いについて、朝日新聞社の永沢道雄は、「一兵士としてあの戦争を戦ったのは、主として大正生まれの世代である。その最後の現役兵である大正一五年生まれの人が、このシリーズの始まる年に還暦を迎えた。普通の会社員なら定年となる。(中略)直接の戦闘体験者が60歳を越えた今がチャンスではないか」と書いている(前掲「テーマ談話室「戦争」から」)。「企業戦士」としてがむしゃらに働いてきた戦中派の人々が、定年を迎えて生活とこころのゆとりを取り戻し自らの人生をようやく振り返る、そこにジャーナリズムの側の働きかけが作用して、多数の投稿者が現れたのだと思う。

そのことは、個人差があるにしても、悲惨な体験を語り、書くことができるようになるには一定の時の経過が必要だということでもある。尾川正二が、飢餓・戦病死・自殺・安楽死が日常化していたニューギニア戦線の悲惨な現実を記録した『極限のなかの人間――極楽鳥の島』(創文社)を出版したのは、一九六九年のことである。その尾川が、新聞記者のインタビューに、「〔復員後、マラリアのため〕一年間、寝て過ごさねばなりませんでした。その間に、ニューギニア戦線の記憶をまとめてみましたが、とても他人に見せる気にはなりませんでした。遺族の方々は耐えられないでしょうし、私自身、その生々しさに耐えられなかったからです。それで、発表までに、二十数年の歳月が必要だったのです」と語っている(前掲『新聞記者が語りつぐ戦争2』)。

部隊史に対する批判・部隊史の変化

部隊史の刊行のピークは、すでに述べたように一九八二年のことだが、前述の戦誌刊行会は部隊史刊行のサポートもしていた。『隊史編纂刊行の手引』(戦誌刊行会、一九八一年)が、「最近とみに、各種隊史編纂のニーズが予想以上に昂まりつゝあることは、洵《まこと》にご同慶に堪えません」とした上で、「戦勢日々悪化する中において、なお終始任務に邁進した端末部隊将兵の善戦敢斗の真姿を記録にとどめ、民族の貴重な遺産として後世に伝え、正しい史観の展開に資することは同艱同苦を重ねた吾等戦友が果さねばならぬ責務であろうと信じて止みません」と書いているのは、部隊史の本質的な性格をよく示している。

しかし、この時期から、『戦史叢書』や、従来型の部隊史などに対する批判が本格化する。例えば、元陸軍主計将校で、レイテ戦の生き残りである冨田清之助は、「戦記というものは、往々にして無味乾燥なものになりやすい。時には参謀の報告のようなものもある。また図上戦術を文字化したようなものもある。それはそれで意義があると思うが、私は戦記というものは、戦場の実態を背景にして語らなければ、生きた戦記にはならないと考えている」と指摘している(冨田清之助『第一師団 レイテ決戦の真相』朝雲新聞社、一九七七年)。また、多田実「硫黄島海軍部隊の編成配置と戦闘状況について」(硫黄島協会『硫黄島戦闘概況 会報特集号』一九七九年)は、次のような『戦史叢書』批判を展開する。多田は元学徒兵である。なお、文章中に何字か脱落があるようである。

もっとも戦史部公刊戦史は大観的には正しくても、個々の戦闘の詳細に誤っている点も少なくない(中略)ようで、また旧陸軍の参謀や上級将校が中心になって供述、執筆されているだけに、公式報告中心の上、身内的かばい合いもあり、かんじんな点で真相を伝えていなかったり、真に非情で深刻な伝えられていないうらみがかなりあります。〔中略〕また、陸上戦斗に至らない以前に多数の戦死、病死、自殺を出すなど既に極限状態に近かったことなどの点も公刊戦史にはもれています。

要するに、『戦史叢書』は、軍中央部の立場からみた戦史であって、「現場」の凄惨な状況を伝えていないという批判である。

さらに、この時期には、兵士が編纂の主体となった部隊史の中に、異色のものが登場する。小野茂正編『あゝ戦友　支那事変台湾歩兵第一連隊第一中隊戦史』（非売品、一九八二年）がそれである。「はじめに」に「世には多くの戦史や写真集が出ているけれど、それは大まかなもので末端の小隊・分隊の苦しい戦闘行動までには及んでおりません（中略）本中隊史は、軍の末端の中隊の戦史ですので恐らく他部隊での企画は稀で、師団史や連隊史とは異なり、ピシッと折り目正しい厳粛なゴツゴツした軍隊調のものでなく、ザックバランな状態を書きました」とあるように、末端の兵士の目線で戦場という「現場」を描写するという方針で一貫している。特に、日本軍の性暴力のすさまじさ、「三光作戦」の実態、慰安婦の存在などが生々しくえがかれているし、上官に対する批判も痛烈である。編集・刊行に際しては、「中隊幹部のご協力が頂けなかった」とあるのは、そのためだろう。編纂委員の小野は労働組合の役員をやっている人物で、「「平和と核軍備反対・軍縮」は人類の願い」だとしている。

また戦友会主体の通常の部隊史にも変化が現われ始める。その変化を明確に感じとっていた棚辺久(元経理将校)は、その点を次のように指摘している(棚辺久「ラングーン撤退」「新緑青々」記念文集刊行委員会編『新緑青々』非売品、一九八六年)。

戦記、部隊史に対する考え方が最近は変わって来ている。責任感と死を恐れない勇敢な将兵、部下思い、上官に忠誠な将兵、凛々しい戦場動作、従来の戦記はかかる基調でものされていたが、其れは戦争体験のない若い世代に誤解を与えないか、(中略)若者に観念的な戦争観を与え、それが過大にしても過小にしてもミスリードさしてはいけない。戦いには人間関係のドロドロとした汚い、醜い一面もあるのだ、そういう反省が生まれている。第五三師団「安」の一二八連隊の戦記回想録などはK連隊長の統率に対して忌憚のない批判がなされている。

棚辺が言及している「一二八連隊の戦記回想録」とは、「私たちの戦記」編集委員会編『私たちのビルマ戦記「安」歩兵第一二八連隊回想録』(非売品、一九八〇年)のことである。同書の中では、「K連隊長」は、「菊池連隊長」として実名で登場しており、確かに部下に対して暴虐で非道な振る舞いの多かった連隊長だったようだ。これに関しては、いくつもの証言が収録されているが、条田清春の「菊池連隊長の面影」には、「終戦直前のミッチヨー作戦において、幸か不幸か戦死された時、一同声を揃えて「今晩は赤飯だ!!」と思わず万歳を叫ばせた一言は総てを裏付ける言葉だと私は思っている」とまで書かれている。

こうした痛烈な上官批判以外にも同書にはいくつかの特徴がある。一つには、同書の「編集後記」に、戦争の最大の犠牲者はビルマ人であり、「不幸国土、国民を荒らし去った罪悪には勝者敗者共顧みて懺悔の至りで、軍籍に身をおいた者すべてに連帯した戦争協力の点から、まず責任の自覚という原点にたって、その上で本記事を進めることとした」とあるように、戦争に協力した下級将兵もある種の責任を負っているという前提が置かれていることである。

もう一つは、戦場の凄惨で悲惨な現実を虚飾なく描き出すという編集方針である。この点につき、「編集後記」には、「戦争は狂気の一つで、人間性の喪失の他、常規をはみ出した様相、軍内部の崩壊とうわべの虚飾等」、「日本軍隊内のさまざまな人間群像」を描こうとしたと記されている。部隊史のこうした変化の背景には、上官の死去によって、戦友会の主導権が下級の将兵に移っていったという事情も関係しているかもしれない。

加害証言の登場

さらに重要なのは、前述の読売新聞大阪社会部の『新聞記者が語りつぐ戦争』、朝日新聞の「テーマ談話室「戦争」」に見られるように、一般の兵士が、戦場の凄惨な現実、捕虜や現地住民に対する加害行為、加害体験を語り始めたことである(前掲『日本人の戦争観』)。特に自分自身の人肉食体験や強姦体験についての告白が登場するのが注目される。前者に関しては、海軍兵科予備学生出身の長井清(元中尉)が書いた『悔恨のルソン』(築地書館、一九八九年)が、その代表的なものである。長井は、この本の中で、フィリピン戦線において、上官の命令とはいえ、「度胸試し」のために、米軍の捕虜を斬首した経験を赤裸々に語っているだけでなく、飢餓状態の中での自らの人肉食体験をも告白している。人肉食についてふれた戦記はかなりあるが、自らの人肉食体験に関する実名の告白はきわめて数が少ない。長井は、「これは、文字どおりの私の懺悔の記録であり、悔恨の書である」としている。

強姦に関しても目撃証言は多数存在するが、自ら強姦したことを告白したものは、きわめて少ない。その点で、曽根一夫『南京虐殺と戦争』(泰流社、一九八八年)は戦記の中で重要な位置を占める。曽根は日中戦争期の華中戦線で古兵にそそのかされながら、中国人女性を強姦した時の状況を、自分自身の意識も含めてかなり詳細に記述している。

同時に注目したいのは遺族に対する姿勢の変化である。硫黄島で生き残った前述の多田実は、硫黄島戦に関する徹底した調査を行い、それを『海軍学徒兵、硫黄島に死す』(講談社、一九八〇年)にまとめたが、その過程で、硫黄島協会の遺族に対して、次のように自分の意図するところを説明している(多田実「『硫黄島戦記』出版中間報告」『硫黄島協会会報』第九号、一九七八年)。

日本軍内部の深刻な対立、指揮官の非情や判断の誤り、本当は泳いでも家郷に帰りたかった将兵の心情、局限的戦場での狂気、――なども、ご遺族には申し訳ないが、なるべく正直に書き綴りました。〔中略〕こう書くと「読むのが嫌になる」と思われるご遺族もあろうかと思いますが、真実を知ることによって絶望しながら戦死されていった父や夫や兄弟と同じ想いに始めてひたれる。それこそが何よりの逝った者への供養になるのではないかと小生は真剣に考えました。

前述した『私たちのビルマ戦記「安」歩兵第一二八連隊回想録』の「編集後記」にも、「今般苦闘を綴った詳しい敗戦体験記が出来あがった。御遺族の方々にはあるいは非情のおそれなしとしないが、これこそ永久に浮かばれない、あるいは死んでも死にきれない戦友の魂への餞《はなむ》けとして至上の挽歌であると考えられる」という一節がある。

生還した兵士は、戦死者の遺族に対して自分だけが生きて帰ったという強い負い目を抱いており、それが戦場の生々しい現実を遺族に対して語る、あるいは書くことに対する強い抑止力となっている。しかし、ここでは真実を語り、それを遺族に知ってもらうことこそが、死者に対する本当の意味での追悼になるという発想の転換が見られる。なお、多田実は調査の過程で、「戦後三十数年今まで貝のように口を閉ざしていた硫黄島生還者が初めて重い口を開いてくれたこと――それが多くの新事実の発掘に役立った。戦いの非情さ残酷さが次々と展開され、今までの定説や推測は大きく修正された」とも書いている（前掲『海軍学徒兵、硫黄島に死す』）。ここでも一九七〇年代後半に入る頃から、兵士たちが体験を率直に語り始めたことが示されている。

第五章　終焉の時代へ

保阪〔正康〕　戦後はある会社の社長さんです。行ったら、ポケットから数珠《じゅず》を出すわけね。そして、いつも電車のなかで四、五歳の子どもを見たらこれで手を合わせてるというんです。それで、孫を自分は抱けなかったというんです。なぜかといったら、やっぱり中国で三光作戦をやって四、五歳の子どもを殺した体験を持っていたんですよ。〔中略〕「キミ、日本は悪くないんだ」なんて言ってるんだけれども、ちょっと裏返しになると本当にシューンとしちゃうんですね。彼は口ではまさに軍国主義的なことを言いますよ。だけど、そんな人間のうしろに贖罪《しょくざい》意識が隠されている。やっぱりそういうことをきちっと、戦争体験世代の次の世代として聞いておかなければと感じるんですね。

（京極夏彦『対談集　妖怪大談義』角川書店、二〇〇五年）

1　旧軍人団体の活動の停滞

侵略戦争認識の定着

一九九〇年代以降の時代に入ると、戦争責任問題をめぐって、日本政府の軌道修正が明確となる。一九九三年八月九日、細川護熙(日本新党代表)を首班とする非自民八会派連立内閣が成立し、三八年間続いた自民党政権の時代が終わった。細川首相は就任後最初の所信表明演説の中で、「過去の我が国の侵略行為や植民地支配などが多くの人々に耐え難い苦しみと悲しみをもたらしたことに、改めて深い反省とおわびの気持ちを申し述べる」と発言した。八月一〇日の記者会見では、「侵略戦争」と明確に表現していたものが、「侵略行為」に変わるなど、無視できない変化が生じているものの、日本政府は、敗戦後、ほぼ半世紀近い年月をへて、戦争責任や植民地統治の責任を、ようやく認める方向に舵を切ったのである。また、細川首相は、八月一五日の「全国戦没者追悼式」における首相式辞の中でも、「アジア近隣諸国をはじめ、全世界すべての戦争犠牲者とその遺族に対し、国境を越えて謹んで哀悼の意を表する」と述べた。戦後の「全国戦没者追悼式」で、日本人以外の戦争犠牲者に対する追悼が行われたのは、これが初めてであり、以後、毎年の「全国戦没者追悼式」では内外の戦争犠牲者に対して、追悼の意を表することが恒例となった。

さらに、戦後五〇年の節目の年に当たる一九九五年八月一五日には、社会党の村山富市首相が、「戦後五十年に際しての談話」を発表し、「植民地支配と侵略によって、多くの国々、とりわけアジア諸国の人々に対して多大の損害と苦痛を与え」たことを認め、「痛切な反省の意」と「心からのお詫びの気持ち」を表明した。いわゆる「村山談話」だが、その後の歴代内閣も、この談話を継承することを明らかにしている。また、村山談話に先立ち、同年六月九日には、激しい対立と混乱の末に、「歴史を教訓に平和への決意を新たにする決議」が衆議院で採択された。内容的には曖昧な点を含むものの、「世界の近代史上における数々の植民地支配や侵略的行為に思いをいたし、我が国が過去に行ったこうした行為や他国民とくにアジアの諸国民に与えた苦痛を認識し、深い反省の念を表明」した決議だった。こうして、日本でも過去の負の歴史の清算が、ようやく始まったのである。

同時に、こうした政策転換に対応する形で、かつての戦争を侵略戦争と見なす意識も国民の中に次第に定着していく。ＮＨＫが、二〇〇〇年五月に実施した「世論調査・日本人の戦争観」(『放送研究と調査』二〇〇〇年九月号)によれば、「先の戦争は、アジア近隣諸国に対する日本の侵略戦争だった」という評価に対する回答は、「そう思う」＝五一

%、「そうは思わない」＝一五%、「昔のことだから、自分には関係ない」＝七%、「わからない」＝二八%、だった。

その後の各種の世論調査をみても、「わからない」と答える人や「やむを得ない」戦争だったと答える人がかなり存在するものの、半数を超える人々が、かつての戦争を侵略戦争と考えていること、アジア解放のための戦争、もしくは自衛のための戦争と考える人は一割程度にとどまっていることがわかる(前掲『日本人の戦争観』)。

しかし、侵略戦争認識が定着し始めるとはいえ、政府の政策転換に反発する動きが、一九九〇年代半ば頃から急速に台頭してくるのも見逃すことができない。一九九七年一月には、「新しい歴史教科書をつくる会」が結成されているが、同会は、「自虐史観」や「東京裁判史観」の克服をスローガンに掲げて、現行の歴史教科書への批判と自らが作成した歴史教科書の採択運動に取り組んだ。八〇年代から九〇年代にかけて、日本政府の政策転換を受ける形で、教科書の内容がかなり変わり、慰安婦・南京事件・七三一部隊・強制連行などの加害記述がいっせいに登場するようになったが、そのことに対する反発がこの運動の背景にあった。また、政府レベルでも、自民党の小泉純一郎首相が、二〇〇一年八月一三日、二〇〇二年四月二一日、二〇〇三年一月一四日、二〇〇四年一月一日、二〇〇五年一〇月一七日、二〇〇六年八月一五日に、靖国神社に参拝し、これによって中国や韓国との関係が急速に悪化した。ただし、いずれの参拝も政府見解では、私的参拝である。

その一方で、日本社会の中では戦争体験世代の急速な減少が進んでいた。一九九〇年実施の国勢調査によれば、六五歳以上の人口(老年人口)は一四八九万人で、総人口に占める割合は、一二・〇%である。また、男子の老年人口は五九九万人、総人口に占める割合は、わずか四・八%である。一九九〇年で六五歳の人間は一九二五年生まれだから、ここでの老年人口は、敗戦時に二〇歳以上だった世代であり、この男子老年人口の五九九万人が、少年兵の存在を無視すれば、兵士の中心をなした世代である。また、人口性比(女子一〇〇人に対する男子の数)は、全体で九六・五、六〇―六四歳で九二・二であるのに対して、六五―六九歳では七五・五と大幅に低下しており、戦争の影響をはっきりと見てとることができる(総務庁統計局編『我が国人口の概観』非売品、一九九二年)。

戦友会の解散

この頃から、構成員の高齢化や死去によって、旧軍人関係団体の活動の停滞が目立ち始めてくる。荒谷金子(男性)は、「石川県戦友諸団体協議会」の会誌に、次のように書いている(荒谷金子「戦友も老いた八十路坂」『北陸戦友』第一六号、一九九一年)。

最近、各会の集会も、戦団(「石川県戦友諸団体協議会」の略称)事業の協力者も、年々少くなり、各会々員が、月毎に病死、その他でへりつつあるようです。これも終戦後四十七年、お若い隊員でも還暦を過ぎ古稀近く、生存者平均年齢は七十五—六歳との事、師団〔第九師団〕最高長寿者は九十三歳、私も八十路坂、老いました。〔中略〕最近の老齢化死亡者は急速し護国神社に毎年報告する物故者は多く淋しい現象です。

また、この頃から、解散する戦友会が出てくるようになる。「第一師団レイテ会」は、一九九四年一一月に解散しているが、解散に際して、会長の長嶺秀雄〔陸士第五一期〕は、次のように述べている〔長嶺秀雄「巻頭の言葉」『第一師団レイテ会会報』終刊号、一九九四年〕。解散にともなう寂寥感、死んでいった戦友への哀惜の念、日本の世情に対する焦り、などがないまぜになった印象的な文章である。なお、長嶺は大隊長としてレイテ戦に参加しているが、大隊員六六三名中、生きて帰国できた者は一八名にすぎなかった〔長嶺秀雄『戦場　学んだこと、伝えたいこと』並木書房、二〇〇三年〕。

第一師団レイテ会は、今年十一月六日に靖国神社で五十年祭を行い解散します。それに伴い、この会報も終刊号となりました。諸行無常でありますからやむを得ぬことですが、まことに淋しく思います。〔中略〕先日の旅行会で私は「大正生れ」の歌を唄いました。五十年前のレイテ決戦を闘った戦友は、師団長閣下や聯隊長方を除いて九九%は大正生れでありました。〔中略〕最近の日本政治の乱れ足、まことに残念です。「世の様の移りかわりて、かくなれるは、人の力もてひきかえすべきにあらずとはいひながら」とは、昔の軍人勅諭の前文にあるお言葉ですが、散って行った戦友達の魂を思うと、なんとかならぬか、あせりを感じます。会は解散となりますが、皆様どうか最後までがんばって、戦友鎮魂の道を歩ゆまれるよう、感謝を込めてお願いいたします。

長嶺が言及している「大正生れ」の歌は、一九七六年に藤木良がテイチク・レコードで吹き込み、当時普及し始めたカラオケで、よく歌われるようになった歌で、作詞は小林朗、作曲は大野正雄である。その後、ほぼ同じ歌を俳優の西村晃がキャニオン・レコードで吹き込んでいる(加藤哲郎氏のホームページ http://members.jcom.home.ne.jp/katori/taisho.html、二〇一一年六月六日参照)。この歌は戦友会などで歌われる間に、いくつものバージョンが生まれたようであり、西湖会の機関誌には、次のような「大正生まれ」の歌が収録されている(『西湖』第一九号、一九八五年)。

(1) 大正生まれの俺達は
明治と昭和にはさまれて
いくさに征って　損をして
敗けて帰れば　職もなく
軍国主義者と指さされ
日本男児の男泣き

腹が立ったぜ　なあお前
（2）大正生まれの俺達は
戦後の荒れた山・河に
頼りにされて働いて
みな青春も　何のその
腹を減らしたときだって
歯を喰いしばって　頑張った
苦しかったぜ　なあお前
（3）大正生まれの俺達は
祖国の復興なしとげて
やっと平和な鐘の音
今じゃ世界の日本と
胸を張ったら　後輩が
大正生まれは　用済みと
バカにしてるぜ　なあお前
（4）大正生まれの俺達は
六十過ぎのオジイチャン

会社も定年　ハイ・サラバ
可愛いワイフもオバアチャン
長い人生振り返りゃ
まだまだやりたいことがある
休んじゃならぬぞ　なあお前
元をとろうぜ　なあお前

藤木良の「大正生れの歌」が、どちらかと言えば、「大正生まれ」のプライドや自負心を歌い上げているのに対し、『西湖』版「大正生まれ」の歌には、「割を食った」世代という自己認識がより強く投影されているように思われる。

戦友会に話を戻そう。「歩五八会」の会員数で見てみると(前掲図1、一七八頁)、一九八五年度に八二七名でピークを迎えた会員数は、一九九〇年代に入ると確実に減少し始め、二〇〇二年度には二七六名までに低下した。同会が会員の高齢化を理由にして解散式を行うのは、二〇〇三年一〇月のことである(『歩五八会報』第七八号、二〇〇三年)。全国的な状況をみても、前掲表1(一二七頁)によれば、戦友会の解散が目立ち始めるのは一九九〇年代後半であり、二〇〇〇年代前半にはまさに急増している。

もう一つ、解散時の状況を具体的に示している会報をあげておこう。一九五三年に創立された歩兵第七一連隊(編成地・広島)の戦友会、「五五八会」は、二〇〇〇年度をもって、毎年一回、五月八日(連隊の軍旗祭の日)に開催される慰霊祭を除いて、会としての活動を停止することを決めているが、会長の永田致直は、その理由を次のように説明している(『会報　五五八会』二〇〇〇年)。

(一)歳月は容赦なく流れ、当時、若盛りであった会員各位も歳七五を越え、大方が何らかの老化現象に悩まされています。その為に五月八日の慰霊祭、総会の出席者が急減しつつあり、また、出席者の中にも、杖を手に無理を押しての義理堅い出席のお姿が多く見られるようになりました。更に、一見元気そうな皆さんも階段の足運びに老いの慎重さが散見されます。その様なお姿に感銘を受けながらも、「見極め」をつけなければならない時期ではないかと思います。

(二)会務の執行に携る幹事達にも老化の波は押し寄せ、健康不調がその家族にも及び、諸事に無理押しは出来ない状態であります。

(三)戦後五十有余年を経て、今尚健在する戦友会として、その団結と崇高な活躍が高く賞賛されている五五八会であるが、会員各位の健康状態から推して、もう活動の限界ではないだろうかと察せられるので、事業内容を縮小して、五月八日は慰霊祭だけを県護国神社で行うことにしたい。

こうした中で、戦友会などが海外に建立した戦没者慰霊碑なども、戦友会の解散に伴い、放置されたままの状況にあるようである。厚生労働省の調査によれば、このような慰霊碑は、少なくとも五七九基あり、このうち、管理状態良好が三一九、不良が三六、不明が二二四あった。調査にあたった太平洋戦争戦没者慰霊協会の秋上真一理事は、「建立者と現地管理者の間に管理費の定期的支払いがなく、放置せざるをえない状況がある。落書きされたり、射撃の的となったり、気味悪がられたりするものもあり、現地の人も日本の対応を望んでいる」と話しているという(『朝日新聞』二〇〇四年七月三日付夕刊)。

軍恩連の衰退

次に戦友会以外の、旧軍人関係団体についても見てみよう。**表3**は、いくつかの年度をピックアップして、軍恩連の会員数の推移を示したものである。

軍恩連の会員の中心は、旧軍人本人が軍人恩給を受給しているA会員と、本人死去後に遺族(多くは妻)が普通扶助料を受給しているC会員である。その他にA会員の妻であるB会員がいるが、会員数がわからない年度があることもあって、本表から除外した。ちなみに、二〇〇七年度のB会員数は、一万五七二〇人である。

本表から次のことが指摘できる。一つは、元兵士であったA会員の死去などによる会員の急速な減少である。女性の方が男性より平均寿命が長く、夫の方が一般的には妻より年齢が上であることもあって、二〇〇一年度の時点で、C会員数がA会員数を超えた。

表3　軍恩連の会員数の推移

（単位：人）

	A 会員	C 会員	計
1990 年度	31 万 7000	9 万 5000	41 万 2000
1995 年度	24 万 8000	13 万 3000	38 万 1000
2000 年度	14 万 3660	14 万 1410	28 万 5070
2001 年度	12 万 1230	13 万 6800	25 万 8030
2005 年度	5 万 2690	8 万 9560	14 万 2250
2007 年度	2 万 2350	6 万 6830	8 万 9180

出典）海老原義彦編『百万人の復権大行進 ── 軍恩運動の歴史』(ぎょうせい，2009 年)

つまり軍恩連は会員数だけで見れば、女性中心の組織に変容しているのである。事実、こうした状況をうけて、一九九九年七月に開催された第一一一回臨時総会では、「軍恩連盟男女共同参画推進要綱」が承認されている。『軍恩新聞』第五四四号(一九九九年)は、同年六月に国会で可決、成立した「男女共同参画社会基本法」にも言及しながら、同「要綱」の背景を次のように説明している。

さて、この法律の趣旨を軍恩連盟の場合に当てはめてみると、連盟は創立以来、恩給受給者本人のA会員により主として運営されてきた。しかし、今日では、扶助料受給者などの女性会員(B・C会員)が過半数を占め、かつ、平均年齢もB・C会員のほうが数年も若いという現実を前にして、これからの軍恩は、女性にも男性と同様の活動を願い、軍恩連盟のさらなる活性化の実現をめざす趣旨から、軍恩独自の「男女共同参画推進要綱」を制定した。

しかし、「後継者」のいない団体である以上、会勢の退潮に歯止めがかからないのは、ある意味で当然だった。その後、二〇〇八年三月の軍恩連盟全国連合会定期総会で、

「全連解散の提議」が可決され、翌年三月をもって全連は解散、その後は、四月以降も存続する県連を中心にして「軍恩連盟全国協議会」が結成されている。

日本傷痍軍人会の衰退

日本傷痍軍人会(日傷)の場合も事態は同様である。二〇〇九年度における傷病恩給の受給者数を見てみると、増加恩給の受給者数が六七〇〇人、傷病年金の受給者数が一万二九〇〇人、特例傷病恩給の受給者が四〇〇人、合計二万人にすぎない(『日傷月刊』第六六七号、二〇〇九年)。日本傷痍軍人会と日本傷痍軍人会妻の会は、一九六五年より合同大会という形で全国大会を開催しているが、その会員参加者数のピークは、一九八一年一一月に開催された第一九回全国合同大会の二万七〇〇〇人である(『日傷月刊』第六六四号、二〇〇九年)。それが、二〇一〇年一〇月開催の第四八回全国合同大会では、七二〇人にまで落ち込み、会員の平均年齢は八九歳、妻の平均年齢は八三歳であるというから(『日傷月刊』第六八四号、二〇一〇年)、会勢の衰退は覆うべくもない。

これを地域レベルで見てみると、二〇〇〇年に日本傷痍軍人会理事・新潟県傷痍軍人会会長となった夏井清次(元陸軍曹長)は、会の「運営困窮に至った主要要因」として、「戦傷病者のみの集団であり、後継者がなく、会員の平均年齢が満八十五歳に達した」こと、「会員の死亡、支部解散による脱落などで会員数が急減しつつある」こと、「会員の減少による会費収入減などに起因する財政難」、「支部役員の死亡、故障などで後継者が得られず解散支部が続出して」おり、「県傷事務局による直轄会員制を設けて会員の脱落防止に努め」ているが、「歩止まりは二〇～三〇％である」こと、などをあげている。

また、夏井によれば、一九九五年の全国の会員数は、日傷会員数六万数千人、妻の会会員数七万人、二〇〇五年の会員数は、日傷会員数二万数千人、妻の会会員数三万数千人である（夏井清次『道を拓く』新潟日報事業所、二〇〇七年）。すでに一九九五年の時点で、日傷会員数を妻の会会員数が上まわっていること、この間の会員数の落ち込みが急激であることがわかる。こうした中で、二〇一一年三月に開催された日傷・同妻の会合同役員会の席上で、奥野日傷会長は、二〇一三年に会を解散する方針を明らかにしている（『日傷月刊』第六八九号、二〇一一年）。

なお、ここで、傷痍軍人の中でもあまり言及されることのない戦争で精神障害者となった兵士たちのことについても簡単に触れておきたい。戦傷病者特別援護法に基づき、入院治療中の精神障害元兵士の数は、一九七〇年で五六七人、一九八〇年で五四〇人だったが、その後急速に減少し、一九九〇年には三七六人、二〇〇〇年には一四六人、二〇〇四年には九四人となった（清水寛「戦傷精神障碍元兵士の戦後史（上）」『季刊　戦争責任研究』第五二号、二〇〇六年）。新聞報道によれば、二〇〇五年三月末現在での入院者数は八四人であり、「心に深い傷を負ったまま、多くは家族との交流もない状態」だという(『毎日新聞』二〇〇五年一二月五日付)。

同時に、日本傷痍軍人会の場合は、生活苦、差別や偏見に耐えながら生きてきた傷痍軍人である夫の労苦、夫を「二人三脚」で支えてきた妻、というやや定型化された従来の語りがある。ところが、それとは異なる新しい証言や回想が登場するようになる。特に、荒れる夫に耐え続けてきた妻の側の証言にその傾向が著しい。傷痍軍人会の活動の停滞の中で、妻の会の活動の比重が増大し、妻の会の発言権が強まってきたことが、その背景にあると考えられる。ここでは、二つの回想を取り上げたい。

一つは、渡辺たみ江「我が家では未だ戦争は終わっていない」である(日本傷痍軍人会『戦傷病克服体験記録』非売品、二〇〇〇年)。たみ江の夫の渡辺正一は、一九四二年にフィリピンで受傷(左上膊《じょうはく》部切断)した傷痍軍人で、一九四三年にたみ江と結婚している。しかし、「娘の感傷で結婚」したものの、「理想と現実は違ってい」た。夫は左腕の痛みが激しく、毎晩、酒の力を借りて酔っているうちに床についたが、「夜中一眠りすると又痛み出して、何度も寝返りをして、時には癇癪を起こして」、たみ江に当たり散らした。また、「隣組や自治会の行事等も私ばかりで、男の人の半分しか仕事が出来」ないだけでなく、「「お宅はよろしいね沢山年金をもらって」と嫌みを言われ白眼視され」たという。傷痍軍人の場合、通常、軍人恩給(普通恩給)に加えて傷病恩給が支給される。渡辺たみ江は、この文章の最後に、「私の家では未だ戦争は続いております。戦争が終わるのは主人が亡くなった時です」と記している。ここにもまた、「終わらぬ戦後」がある。

もう一つは、柴田ミソカ「主人と共に生き暮らした四十二年間」である。日本傷痍軍人会大分県傷痍軍人会支部・宇佐市傷痍軍人会・同妻の会の文集である、寄村文利編『労苦を越えて(第一集)戦傷病者の叫び』(非売品、二〇〇五年)に収録されている。ミソカの夫の柴田重一は、アジア・太平洋戦争末期のニューギニアで米軍機の攻撃で受傷した。顔面胸部爆創・両眼損傷・右前腕坐断・両耳鼓膜損傷という重傷である。戦後、ミソカは「方面委員(民生委員の前身)をしていた父から、お前が目となり、手となって力になってあげなさいと言われ、兄弟姉妹の反対する中」、重一と結婚した。精神的にも荒れていた重一は、恩給の受給日には、「この金が自分の目と手の代わりかと思えばと悔しくて、やけになって芸者を揚げて飲んでしま」うこともしばしばあった。また恩給が上がると、家の外で酒を飲むようになり、鬱屈した思いを妻にぶつけた。ミソカによれば、「目が見えないのでどうしようもなく癇癪がでるのです。なかなか難しい人で、結婚したことを何回も後悔しました」という。重一自身も何度も自殺を考えたが、最後は、自宅の火事で焼死する。ミソカは、その時のことを、次のように書いている。なんともやるせない文章である。

遺体は、顔や前の衣服は焼けていたが、背中は焼けておらず何も変わったことはありません。日ごろ座って壁に背をもたせかけていたそのままの姿でした。火が回り逃げ出すこともできぬまま、何度も自殺を企てたことが、今かなえられると思ったのか、あわてたり、乱れた姿のなかったことは、瞬間に安じんを決めたのでしょう。苦しかった人生と別れ、仏のもとに行かれたことでしょう。四十二年の毎日が針のむしろの上に居るような気がしながら、主人を、かわいそうにとか、気の毒にとか思ったり、私自身をなさけなく思ったりの生活でした。

偕行社の後継団体問題

一方、偕行社と水交会は、自衛隊との接合をめざした。偕行社の場合、第四章で述べたような紆余曲折をへて、二〇〇七年三月に「寄附行為」の一部変更が認可された。これにより、「寄附行為」の第四条は、「この法人は、旧陸軍の勤務に関する戦争犠牲者の福祉を増進し、及び陸上自衛隊殉職隊員の慰霊等陸上自衛隊に対する必要な協力を行い、あわせて会員の互助親交を図ることを目的とする」となった(『偕行』二〇〇七年五月号)。傍点の部分が、変更により、新たに付加された文言だが、変更の狙いは、陸上自衛隊の元幹部自衛官(退職者)を新たな会員として組織することにあった。

しかし、元幹部自衛官を会員にして、組織の存続を図ることには会内にかなり反発もあったようである。偕行社の齋須重一・理事長(陸士第五七期)は、「偕行社の将来問題について」(『偕行』二〇〇四年六月号)の中で、「自衛官会員を増やすということは、実のところそれほど簡単なこととは思っておりません。これまで長い間のボタンの掛け違いがありましたし、最近でも一部の先輩が、自衛官の入会に強硬に反対しておられたということは、自衛隊関係者の中に案外に伝わっております。何を好んでそんな団体に入れて貰わなくてはならないのだという反発も尤もです」と書いている。陸上自衛隊の場合、その前身の警察予備隊時代から旧陸軍色を薄めることが意識されていたこともあって、陸自と偕行社はやや疎遠な関係にあった。この点は、新聞報道でも、偕行社と陸上自衛隊の関係について、「これまで両組織のつながりは薄かった。陸自の前身の警察予備隊の発足時に、旧内務官僚たちが旧陸軍を徹底的に排除したことなどからだ」と指摘されている(『朝日新聞』二〇〇五年七月二〇日付夕刊)。

その後も、陸自の元幹部自衛官の入会はあまり進んでいない。二〇一〇年九月時点での元陸上自衛隊幹部自衛官の会員数は、一二六一名に止まっていて、同年九月に開催された入会促進委員会では、志摩副会長が、「偕行社が「国を守る志」を共有する元幹部自衛官及び陸軍将校の会として、歴史と伝統を継承していくためには、元幹部自衛官が5千名程度はおろか1万人くらいまでは是が非でも獲得しないと、偕行社は無視されるような小会派になる。英霊奉賛も自衛隊支援も消えてしまう」と強く訴えたという(「入会促進について」『偕行』二〇一〇年一一月号)。なお、二〇一一年一月一日現在の会員数は、九七二五名、うち元幹部自衛官会員の数は一三六二名である(「平成22年度特例財団法人偕行社最終年度事業報告書」『偕行』二〇一一年四月号)。

水交会と海上自衛隊との接合

一方の水交会も、会存続のため、海上自衛隊の元幹部自衛官の入会をめざした。一九九七年六月には、あらたに「海上自衛隊に対する協力」を会の目的に加えた「寄附行為」の変更が認可を受けた。また、これに伴い、「寄附行為細則」が変更され、海上自衛隊に対する協力は、「殉職隊員の慰霊」、「広報、教育訓練等の施策への協力」という形をとることになった(「一九九七年度　財団法人水交会事業報告書」『水交』第五二〇号、一九九八年)。偕行社にかなり「先行」する形で、「寄附行為」の変更が行われていることがわかる。

さらに、二〇〇一年四月には、水交会と、海上自衛隊の退職者の任意団体である「海上桜美会」との合同が実現し、水交会と海上自衛隊との接合が完成する(吉田学「洋々乎たり伝統継承の流れ」『水交』第五四八号、二〇〇一年)。

以上のように、偕行社と比べると水交会の方が自衛隊との接合をスムーズに達成していることがわかる。すでに述べたように、旧「帝国海軍」と海上自衛隊との間には、はっきりした人的連続性が認められ、海上自衛隊の側にも旧「帝国海軍」の伝統を継承するという意識が強い。そのことが、偕行社との大きな違いとなって表われたのである。ただし、水交会会長の中村悌次によれば、一九九〇年代末の時点での水交会会員のうち、海軍兵学校などの軍学校に在校中に敗戦を迎えた人々が全体の三分の一を超えるに至っていた。つまり、会活動を実際に支えていたのは、「海軍士官のタマゴ」であった人々である（中村悌次「新年のごあいさつ」『水交』第五一五号、一九九八年）。そして水交会理事長の林崎千明によれば、「現在の水交会会員は海軍ＯＢ約３、５００名、海上自衛隊ＯＢ約３、６００名となっており、今後は海上自衛隊ＯＢの比率が更に多くなる」ことは避けられなかった（林崎千明「水交会社屋更新のための募金活動について」『水交』第五九六号、二〇〇七年）。その意味では、水交会と「海上桜美会」との合同は、消滅しようとする旧海軍関係団体が海上自衛隊のＯＢ組織に「吸収合併」されたことを意味していた。

最後に日本郷友連盟の場合もみておくことにしよう。そもそも郷友連盟自体がはっきりと認識しているように、「連盟結成に立ち上がった人々は、紛れもない純粋の旧兵役関係者であり、後、会員資格を一般に広げたといえ、中核となる会員の多くは、旧兵役関係者ならびにその家族親戚縁者であり、その限りにおける組織の発展であり、世代交代による組織の永続発展に限界あるのは避けられない組織であった」。登録会員数は、一九六二年度以降、四〇万名代を維持していたが、実態を伴わず、一九八五年には、「会勢回復の努力が払われたに関わらず、人材の喪失や会員の離散から消滅か休眠状態に陥る支部が出現」、一九九五年には、「会勢を二十三万に修正」、一九九九年以降は、これを約五万名に再修正し、これが比較的実態に近い数字とされている(日本郷友連盟『日本郷友連盟五十年史』非売品、二〇〇六年)。

2　侵略戦争論への反発

細川首相発言の波紋

すでに述べたように、一九九〇年代は、日本政府がかつての戦争の侵略性を認める方向に軌道修正を行った時期だった。しかし、元兵士たちの中には、これに反発する者も少なくなかった。それを示しているのが、一九九四年三月二七日付の『産経新聞』に掲載された意見広告、「日本は侵略国ではありません！「英霊」は、侵略戦争の加担者ではありません」だった。この意見広告は、当初は開戦記念日の一九九三年一二月八日付の『読売新聞』に掲載される予定だったが、内容が「断定的すぎる」として、二度にわたって掲載を拒否され、最終的には、『産経新聞』に掲載されることになった(波多野澄雄「遺族の迷走――日本遺族会と「記憶の競合」」細谷千博ほか編『記憶としてのパールハーバー』ミネルヴァ書房、二〇〇四年)。その内容は、「細川首相は、昨年に引き続いて今回の訪中で表現を異にしながらも、侵略と謝罪の発言をしております。このことを英霊は、どのようにお聞きになっておられるでしょうか」とした上で、アジア・太平洋戦争の勃発は、ルーズベルト米大統領の陰謀によるものであり、日中戦争の発端となった盧溝橋事件も中国共産党の陰謀であったという歴史観を提示しながら、「細川首相に、誤まれる罪悪史観を払拭し、正しい歴史観の下に靖国神社に国家、国民を代表して、感謝の誠をささげ、参拝されることを心から要請」したものだった。この意見広告の主体は、「英霊にこたえる会 中央参加団体」、「英霊にこたえる会 都道府県本部」だが、前者のなかには、神社本庁、日本遺族会、「隊友会」(自衛隊退職者の会)などの他に、偕行社、「近歩二会」(近衛歩兵第二連隊戦友会)、軍恩連盟全国連合会、水交会、全国戦友会連合会、日本傷痍軍人会などの旧軍人団体、そして、「戦中派の会」などが含まれている。

このうち、全国戦友会連合会の会誌をみてみると、細川首相発言や村山首相談話に対する反発には強烈なものがある。『戦友連』第二九六号(一九九三年)の巻頭に掲載された佐藤博志(同連合会常任理事)の論説、「断じて許すまじ 細川首相の侵略発言」は、次のように主張する。表現の激越さにいささか驚かされる。

私どもは、就任早々の細川首相のこの亡国的侵略発言を耳にして以来、かすかに抱いていた新政権に対する期待も瞬時にして消え去り、己れの醜い政治的野心の前に歪曲した歴史観にひれ伏し、尊い生命を国に捧げた英霊を冒瀆し、ひいては国の大本を誤らんとするが如き言辞は、絶対に許すことは出来ず、怒りまさに心頭に発しているのである。

また、一九九五年の村山首相談話に関しては、『戦友連』第三二一号(一九九五年)の巻頭に無署名論説、「血迷ったか、狂気の沙汰! 終戦記念日の村山首相談話は社会党々首と総理の立場の混同だ」が掲載され、「いやしくも先人が国を守るため心ならずも矛を取って立ち上がった戦の道を、国策を誤ったと切り捨てるとは何たる傲慢さだ。しかも侵略と決め付け、それが疑うべくもない歴史の真実と論断するに至っては、正に狂気の沙汰である」と主張した。

＊ ちなみに、村山首相談話は、閣議決定を経て公表されており、首相の個人的談話ではない。また、村山首相談話は、社会党首班内閣の下、首相官邸主導で発表されたと一般的には受け止められているが、事実はそれほど単純ではないようだ。服部龍二「村山談話と外務省――終戦50周年の外交」(田中努編『日本論――グローバル化する日本』中央大学出版部、二〇〇七年)は、それが、外務省主導で作成されたことを示唆している。

とはいえ、先の意見広告で興味を引くのは、かつての戦争をアジア解放のための、あるいは「大東亜共栄圏建設」のための、いわば「聖戦」として正当化してはいないことである。さすがに、そういう形での諸団体内部での合意形成は難しかったのだろう。代わって登場しているのが「陰謀論」だが、「陰謀論」には大きな陥穽があった。「陰謀論」で戦争の原因を説明してしまうと、「陰謀」を見抜けず、それに翻弄され続けた日本の国家指導者の資質が問われることになってしまうからである。事実、この意見広告には、次の一節がある。

古来から謀略は戦の常であり、わが国に戦争責任があるとするならば、国家・国民に対して時の為政者が、その策略を見抜けなかった道義上の責任が問われることではないのでしょうか。

ここでは、国家指導者の国民に対する道義的責任の問題を、戦争責任という形で、消極的にせよ言及せざるをえなくなっているのである。

「不戦決議」反対運動

さらに、「戦後五〇年」をめぐる動きの中で、一九九四年から一九九五年にかけて、日本遺族会、神社本庁、靖国神社、日本郷友連盟、「英霊にこたえる会」などの諸勢力は、「終戦五十周年国民委員会」を結成し、国会での「不戦決議」の採択に反対するため、地方から中央を包囲するという「草の根」の阻止戦略を展開した。

「不戦決議」とは、前述したように、最終的には一九九五年六月の衆議院で、「歴史を教訓に平和への決意を新たにする決議」として採択された決議のことである。以下、特記しない限りは、終戦五十周年国民委員会編『終戦五十周年国民運動記録集　終戦五十周年――大東亜戦争の真実を伝えて』(非売品、一九九六年)によりながら、この運動を見てみよう。

同委員会は、「戦没者への追悼感謝決議」をできるだけ多くの地方議会で採択させるという戦略をとり、最終的には、二五の県議会で、そうした決議が採択された。しかし、この運動を分析した波多野澄雄の前掲論文が注意を促しているように、「戦没者に対する追悼・感謝の決議を超えて、解放戦争論など積極的な戦争肯定論を含んだ決議を採択した県議会は一つもなかった」のである。例えば、一九九五年三月、宮崎県議会で全会一致で採択された「先の大戦における戦没者への追悼と恒久平和に関する決議」の全文は、次の通りである。

平成七年は、先の大戦が終結して五十年目という歴史的に大きな節目の年を迎えようとしている。宮崎県議会は、終戦五十周年という歴史的な節目に当たり、昭和の国難に直面し、祖国の安泰と郷土の平安を守るために尊い生命を捧げられ、今日の平和と繁栄の礎を築かれた三百万余の戦没者に対し心からなる追悼と感謝の意を表明する。この平和で豊かな今日においてこそ、自らの歴史を厳しく見つめ、戦争の悲惨さと、そこに幾多の尊い犠牲があったことを憶い、またこのことを次の世代に語り継がなければならない。さらに、先の大戦から学び取った多くの教訓を改めて深く心に刻み、国際社会において枢要な地位を占める一員として、世界平和の確立と、犠牲になられた人々の諸問題解決に政府が積極的に対応するよう強く求め、また、我が宮崎県議会も最大限の努力をすることを表明する。右、決議する。

全会一致という決議の基本原則があるため、戦没者に対する「追悼と感謝の意」を表明しつつ、戦争に対する反省や、戦争犠牲者(文脈上は日本人以外の犠牲者を含むように読める)に対する何らかの形での「補償」のニュアンスをにじませるなど、玉虫色の内容となっていることがわかる。また、戦争を自衛戦争や解放戦争として積極的に肯定する内容には確かになっていない。

また、「終戦五十周年国民委員会」は、一九九四年五月から、「我が国の戦争を一方的に断罪する「反省と謝罪の国会決議」に反対する請願」の署名活動を開始し、最終的には、五〇六万人分の署名を集めているが、その請願のなかで述べられていた反対理由は、次のようなものだった。

平成七年の終戦五十周年を機に、先の我が国の戦争を一方的に断罪し、関係諸国に対する「反省」と「謝罪」を表明する国会決議を行う計画が進められています。かかる決議は、世界史上で唯一、我が国のみが戦争責任を負う犯罪国家であることを、国家意志の表明として内外に宣言することであり、ひいては国家、民族の名誉を傷つけ、国難に殉じた英霊を冒瀆し、我が国と国民の将来に重大な禍根を残すことは必至であります。

この請願の意味するところについて、反対運動の中心メンバーの一人だった大原康男は、次のように説明している（大原康男「終戦五十年の闘い」前掲『終戦五十周年国民運動記録集 終戦五十周年――大東亜戦争の真実を伝えて』）。

ここで誤解されては困るのは、謝罪決議に反対しているからといって、あの戦争はアジアの解放のための戦争であった、あるいは自衛の戦争であったということを声を揃えていっているのではないということである。決議反対の人々のあいだでも歴史観は多様である。ただ、「我が国の戦争を一方的に断罪する「反省と謝罪の国会決議」に反対」（請願の趣旨書）しているにすぎない。

つまり、反対運動の裾野を広げていくために、戦争の性格をめぐる議論は棚上げにした上で、他国もまた同じような侵略戦争や植民地統治を行った、悪いのは日本だけではない、ということを暗に示唆しながら、日本の戦争責任の相対化がはかられているのである。こうした運動の圧力が、衆議院での決議の内容をきわめて曖昧なものにさせたのは確かだが、もはや自衛戦争論や解放戦争論の立場に立った反対論は、展開できていないのである。

戦争に対する多様な見解の存在

「終戦五十周年国民委員会」が右のようなある種の「高度な政治判断」をせざるを得なかった背景について、もう少し具体的にみてみよう。第一には、旧軍人団体内部にも、かなり多様な意見が存在していたことが指摘できる。偕行社は、本来は親睦団体的組織であり、政治的問題には関わらないことを会運営のいちおうの基本方針にしてきたが、一九九〇年代に入る頃から、日本国家と日本人の戦争責任の問題が国際的に大きな争点となったこともあって、会誌上でも、「自虐史観」や「東京裁判史観」克服のキャンペーンをはるようになる。しかし、偕行社内部には、別の潮流も存在したようだ。『偕行』一九九二年一一月号には、安部喜久雄(陸士第五三期)の「偕行社で今為すべき事――陸軍の反省」が掲載されているが、安部はこの文章の中で、次のように述べて、「陸軍の反省と贖罪のキャンペーン」を実行すべきだと思います」と主張したのである。

偕行社は「生き残った陸軍現役将校を主とした」集まりです。私どもは私ども陸軍の失敗・誤り等を明らかにして公表すべきである。俗に言えば「自分たちのわるぐち」を自分たちで公表すべきです。

この問題提起を受けとめたのが、すでに述べたように、「「証言による南京戦史」(最終回)〈その総括的考察〉」をまとめて、「中国人民に深く詫び」た加登川幸太郎だった。加登川は、偕行社の了承を得て、一九九四年三月から一九九五年三月にかけて、会員有志との間で、陸軍史についての「対談集会」を延べ一四回行った。そして、『偕行』一九九五年八月号には、加登川幸太郎「「対談集会」の記録(その一)わが人生に悔あり――陸軍追想」が掲載された。「対談集会」については、「全然、キレイごとはない。忌憚のない旧軍批判である」としつつ、次号より「対談集会」の記録の連載を開始することを告げる内容である。ところが、『偕行』九月号には連載休載の「お詫び」が、一〇月号には連載中止の「お知らせ」が載った。結局、闇から闇へ葬り去られる形になったが、偕行社の中に、こうした潮流が存在した事にも注意を向けるべきだろう。

また、「自虐史観」「東京裁判史観」克服キャンペーンが、会員の充分な理解を得られた訳では必ずしもなかったようだ。『偕行』編集委員会は、一九九六年一一月末を締め切りにして、会誌のあり方に関するアンケート調査を実施している。編集委員会「『偕行』誌のあり方について　アンケート集計報告」(『偕行』一九九七年三月号)によれば、回答者数は二六七人にすぎないが、会員の意識を考える手がかりにはなると思う。このアンケートの集計結果で注目したいのは、次の質問項目である。〝花だより〟とは、前述したように同期生の消息や同期生会の案内などを伝える情報・通信欄であり、同期生ごとの親睦・交流の核になる欄である。

問　現行の『偕行』では、〝花だより〟欄を全体の40%程度に押さえるように編集されております。一般記事と〝花だより〟との構成割合について希望されるところをお答え下さい。

七〇%前後＝　九人(三・四%)
六〇%前後＝　二三人(八・六%)

五〇％前後＝　八〇人（三〇・〇％）
四〇％前後＝一五〇人（五六・二％）
無回答　　＝　五人（　一・九％）

現状維持が六割弱で多数派を形成してはいるが、〝花だより〟の増頁を主張する人々、いわば、親睦・交流の場としての『偕行』に期待を寄せる人々が約四割も存在するのである。

また、このアンケートでは、一般記事で取り上げるべきテーマについても聞いているが、「歴史認識を糾す記事を載せる」に関しては、「可」が二二一人、「不可」が二五人だった。少数とはいえ、「自虐史観」・「東京裁判史観」克服キャンペーンに同調しない人々が存在するのである。事実、『偕行』一九九八年一〇月号に掲載された遠藤十三郎（陸士第五八期）のエッセイ、「偕行記事に思うこと」は、「翻って最近の偕行記事の論調は、歴史認識その他の諸問題に対し、あまりにも保守的で、いささか感情的に過ぎはしないか。何事も両面的に見てこそ公平である。1万5千人の会員が総て同じ意見とはとても思えない。我々は戦争への反省と敗戦の責任を考え「向こう側の声」も聞き、もっと謙虚であるべきだと思う」と指摘している。

全国憲友会連合会という組織

次に、「全国憲友会連合会」の動きを見てみよう。元憲兵の全国組織である憲友会が最初の全国大会を開催したのは、一九五四年五月のことである。『憲友』第三号（一九五四年）が、この大会の状況について、「敗戦後憲兵は映画や新聞によって極端に歪曲され、誤解されて来た。これを憲友会の運動によって世人に正しく認識せしめねばならぬと強調され」たと報じているように、憲友会は、憲兵の「名誉回復」のための運動体という一面を強く持っていた。同会は、一九六三年九月に「全国憲友会連合会」（全憲連）に改称されるが、その後も、憲兵に関するマスコミ報道などに抗議行動をくり返していくことになる。

こうした中で、『朝日新聞』山形版は、一九八四年八月から一九八五年四月にかけて、「聞き書き 憲兵・土屋芳雄半生の記録」を連載し、大きな反響を呼んだ。土屋自身の体験に基づく生々しい加害証言の記録である。この連載は、後に朝日新聞山形支局『聞き書き ある憲兵の記録』（朝日新聞社、一九八五年）にまとめられる。

これに対し、全憲連の機関誌『季刊 憲友』は、土屋を激しく批判するキャンペーンを展開しただけでなく、土屋が属していた山形県憲友会の一九八五年度総会では、「会員土屋芳雄除名処分の件」が議題に取り上げられ、「その行動が元憲兵の体面を汚すものとして満場一致憲友会より除名し、名簿より削除することに決定」している（『季刊 憲友』第三四号、一九八五年）。土屋は全憲連の会員ではなかったが、全憲連の執行部会は、次回発行の『憲友名簿』(消息が確認できる元憲兵の名簿)には土屋の名前を掲載しないという制裁措置を決めている(『季刊　憲友』第三一号、一九八五年)。そこには、憲兵に対する批判は、たとえ、「身内」の者であっても絶対に許さないという組織としての意思が示されている。

ちなみに、敗戦時の憲兵数は三万六〇〇〇名、そのうち消息が確認され、一九九五年末発行の『新全国憲友名簿』に名前が掲載されている元憲兵の総数は一万六三〇〇名、このうち全憲連の正会員(会費納入者)は四〇六八名である(「憲友会四十年のあゆみ」編集委員会編『憲友会四十年のあゆみ』非売品、一九九五年)。すなわち、全憲連が組織できているのは、所在が確認できる元憲兵のうちの約二五％である。

慰安婦問題をめぐる論争

その全国憲友会連合会でも、一九九〇年代後半には、深刻な論争が生起する。きっかけとなったのは、本原政雄(広島県憲友会)の投稿、「「従軍(軍特殊)慰安婦・南京事件・侵略戦争」問題の考察(一)」(『季刊　憲友』第八〇号、一九九七年)である。本原は、全国憲友会連合会編纂委員会編『日本憲兵外史』(非売品、一九八三年)の編集委員の一人でもあった(同書には慰安婦や戦争犯罪問題への言及もある)。

本原によれば、「現在我が国では、表題三問題の存在が否定肯定に別れてい」るが、

「本誌掲載の論説では圧倒的に否定」だった。つまり、『季刊 憲友』誌上では、慰安所への軍の関与や慰安婦の徴集の強制性を否定し、南京事件の存在を否定し、かつての戦争が侵略戦争であったことを否定する論調が支配的だという。それに対して、本原はかつての戦争は侵略戦争であり、南京事件は「まぼろし」の事件などではないとしながら、慰安婦についても、「軍は全く無関係でなく、換言すれば軍特殊慰安所は「関東軍の許認可業」といえましょう。「関東軍許認可業」を錦の御旗にした業者の甘言に誘われ「満州の軍隊で歌をうたったり茶菓を接待するのが仕事だ、とだまされた」という慰安婦証言が全て嘘とは考えられません」と主張した。

続いて、本原は、『季刊 憲友』第八一号(一九九七年)にも、「「軍慰安婦問題の考察」その二」を投稿する。その内容は、「新しい歴史教科書をつくる会」の中心メンバーであり、「従軍慰安婦」の存在を正面から否定していた「教育学者」、藤岡信勝の議論に逐一反論しながら、「戦争史から女性受難史を切り離すことは出来ません。〔中略〕日本軍の強姦防止のため「いわゆる従軍慰安婦」にされた他民族女性の苦しみも女性受難史です」として、中学校の歴史教科書に「軍慰安婦問題」を掲載することを主張したものだった。

この本原の論説には、各県の憲友会からの批判が相次いだだけでなく、徳島県憲友会長は、このような論説を掲載した全国憲友会連合会の会長に抗議し、さらに、一九九八年五月の全憲連創立四五周年特別総会では、長崎県憲友会長からこの問題についての批判的な質疑があった。これに対して、全憲連会長の亀井隆義は、慰安婦の存在そのものを否定する徳島県憲友会長の抗議には、「慰安婦不存在説は事実でない」と反論しつつ、長崎県憲友会長の質疑に対しては、「慰安婦は商行為」としながら、「憲兵には法的な意味での〔慰安婦に対する〕監督権はなく、従って軍の関与や強制連行のありやなしは一般の行政警察権者の専管事項だから元憲兵にしても慰安婦問題に深入りすることは好ましくないと私は思います」と答えて、事態の収拾をはかった（亀井隆義「慰安婦問題の帰結」『季刊　憲友』第八五号、一九九八年）。戦友会の中でも最も保守的と考えられる憲兵の戦友会の中で、慰安婦問題が大きな論争に発展したことは注目に値する事実である。

軍上層部への怒り

以上、旧軍人団体の中にも、多様な見解が存在することをみてきたが、もう一つ留意する必要があるのは、村山首相談話に対する批判や反発は、かつての戦争や旧軍組織を丸ごと肯定することを決して意味していないという点である。

海交会全国連合会は、「戦後五〇周年」記念事業として、海交会全国連合会編『戦争体験を語る』（非売品、一九九五年）を刊行しているが、この会の会長である若林繁雄が同書の序文を書いている。若林は、熱心な靖国神社国家護持派であり、前述した「終戦五十周年国民委員会」の代表委員の一人でもあった。若林は、この序文の中で、村山首相談話を激しく非難しているが、その一方で、「「沈黙の海軍」における戦闘力発揮の根幹にあったのは、黙々と部署を守る、余人をもって代え難い物言わぬ「沈黙の下士官」」だったという自負心を支えに、次のように、海軍という組織の体質を痛烈に批判する。

それにもかかわらず、海軍では制度上からして、いわゆる「下士官兵」として、さながら蔑称のごとく呼称され、食事、食卓、排泄、集会の場所にいたるまで区別（差別）され、中には下士官兵とは口を利くなという者までいたのである。〔中略〕今で言えば人権無視とも言える海軍の扱いに、我々は少なからず矛盾と不満を感じたものである。軍規・軍律の名においても、説得力のない強制に調和が保たれるはずもなく、今にいたるも打ち解けない逼塞した気持ちがあるのは、このようなところにあるのではなかろうか。〔中略〕「兵学校出にあらずんば人に非ず」と言わんばかりの人事配置や処遇を構築し、確固とした学歴社会を築き上げ、特権階級化したのは、海軍の諸制度の運用に柔軟性を失わせる結果ともなったのではと思われるのである。また、陸軍よりはまだよかったかも知れないが、「陛下の赤子」と呼ばれながら、本当に人を大事に扱ったであろうか。忠勇武烈に名を借りて人間が粗末に扱われることがなかったか、今にして疑問なしとしないのである。

ここでは、村山首相談話に対する反発が、海軍の体質に対する強烈な批判と共存しているのである。

もう一つ、軍人恩給連盟浮羽郡支部編『後に続く真の日本人へ――大東亜戦争の想い出』(明窓出版、二〇〇一年)をあげておきたい。タイトルが示唆しているように、この本の意図は、「大東亜戦争」がアジア解放のための戦争であったことを後世に伝える、という点にある。しかし、収録された会員の手記には明らかな不協和音が含まれている。例えば、大山成範の「回想」は、細川首相の「侵略戦争の発言には、抵抗を感じている」としながらも、次のように書いている。

しかし外交政策の不手際もあり、又、軍部の独裁関与により、中国の協力が得られず、かえって中国民族の根強い排日感情を生ぜしめ、忌まわしい日支事変の泥沼にのめりこんでしまった。又、其の結果として、アジアの繁栄を願ったのに、目的に反しアジアの同朋に大変な苦しみを与えた事は間違いない現実である。このことについては深く謝罪すべきであり、その責任は避けられないと思う。かてて加えて大陸に進出の際、日本人特有の礼節、道徳、信義が永い戦いの苦しみの中で、ややともすると、常軌を逸脱した行動があったことが悔やまれてならない。しかし私達の青春、ひたすら尽忠報国の信念に燃えた赤い血が、「侵略」と云う言葉で黒く塗り潰された様な気がしてならないが、そう思うのは私だけであろうか。

「アジアの繁栄」という意図があったということが前提になってはいるが、アジア諸民族に大きな被害を与えた正当化できない戦争という認識は、はっきりと読みとることができる。その点では、「遠くない過去の一時期、国策を誤り」とした村山首相談話とも、それほどの距離はない。しかし、「侵略」と一方的に断罪されることは、自らの存在そのものを全否定されたように感じられて反発するという意識のありようが読み取れる。

犬死論

「大東亜戦争肯定論」とは一線を画してはいるものの、このような意識は、かなり広範囲に存在する。作家の伊藤桂一も、インタビュアーの「アジアの国々の独立が、やがて中東、アフリカ諸国の解放をひきおこすという、第二次大戦後の大きな流れがありますね」という、いささか誘導尋問的な質問に次のように答えている(伊藤桂一『若き世代に語る日中戦争』文春新書、二〇〇七年)。

そうだと思います。また、そう思わないと、僕ら戦中世代はやりきれないですね。日本の軍隊の出血は、遠大な歴史的視野に立てば、けっして無駄ではなかった、そう信じたいんです。そうでも思わないと、僕たち戦中世代の人間は、浮かばれないわけです。

伊藤の議論は、「侵略戦争＝犬死論」とでも呼ぶべき主張と重なってくる。一九九三年八月一〇日の記者会見における細川首相の「私自身は侵略戦争であった、間違った戦争であったと認識している」という発言に対しては、あの戦争が侵略戦争なら、戦死した人々の死は犬死になるのかという反発が一部で広がった。例えば、翌一一日、「みんなで靖国神社に参拝する国会議員の会」などの自民党関係者が首相官邸を訪れ、「あの戦争で死んだ人間は犬死にだったのか。遺族の心境も考えて欲しい」などの理由で、首相の発言の撤回を求めている(『朝日新聞』一九九三年八月一四日付)。こうした議論をここでは、「侵略戦争＝犬死論」と呼ぶことにするが、『週刊金曜日』一九九三年一二月三日号は、この問題をとりあげて、「あれは「犬死」だった！」という特集を組んでいる。その前文には、「国家の強制力に翻弄され、自らの生をいきることを許されなかった人々の死。「感情」としてはしのびないものがありながらも、われわれはそうした死をあえて「犬死」と呼ばざるをえない」と書かれている。

実際には、後でもみるように、この特集に収録された論文には、かなりの意見の振幅があるが、編集部としては、あの戦争は侵略戦争であり、その下での日本人の死は「犬死」であると考えていることがわかる。歴史家の中で、こうした「犬死論」を早くから明確に主張していたのは、家永三郎だろう。家永は、この問題について、「「犬死」というのは、その語感からすれば、遺族にとってもっとも「残酷」に聞える言葉であろう。しかし、私もまたあえて、十五年戦争による死はすべて「犬死」であったことを確認したい。かつて小田実氏が、「「難死」の思想」と題する論文で、戦死を「散華」として美化することに反対し「難死」と考える意見を公にされたが、私の見解もほぼ氏と同じような考え方に立つものである。もちろん、私は「犬死」という残酷なひびきをもつ言葉で、戦争による犠牲を規定するだけで終わらせるつもりは毛頭ない。むしろ、「犬死」を「犬死」に終わらせないためにどうするべきであるかを考えるのが、生き残った者あるいは生き残った者から生まれてきた者の義務と思うのであ」ると指摘している(家永三郎『歴史と責任』中央大学出版部、一九七九年)。

細川首相発言が波紋を起こした後、しばらくたって、中国帰還者連絡会(中国の戦犯管理所から釈放され帰国した人々が組織した平和団体)が中心になって発行している雑誌、『中帰連』第一〇号(一九九九年)に戦後生まれの山本史郎の投稿、「「犬死」をめぐって」が掲載された。その内容は、『中帰連』第八号(一九九九年)に掲載されたグラビア中の「将兵は「犬死」を強要されたのである」という文章に対する異議申し立てであり、「戦争体験者、とりわけ戦場体験をもつ方々や戦没者遺族の方々などに広範に呼びかけていくためには、この「犬死」という表現は使用しない方がよい」というものだった。元兵士であった山本の父親は、「犬死」という言葉に激しい反発を見せたことがあり、「父としては、戦後日本のカッコ付の「革新勢力」が戦没者を「犬死」と呼ぶことによって、実に多くの戦争体験者や戦没者遺族たちを平和運動から排除していったことを指摘したかったのだろうと、現在になって考えてい」るという。

この山本の問題提起を受けて、『中帰連』第一一号(一九九九年)は、「「犬死」を考える」という特集を組んでいる。『週刊金曜日』の特集も、『中帰連』の特集も、論者の多くは侵略戦争における戦死者は「犬死」だとする見解だが、論者によって論点が微妙にずれているようにも感じられる。また、山本の問題提起にしても、率直に言って、戦術的、政治的配慮をすべきだという次元にとどまっている。したがって、ここで問題の整理を試みてみたいと思う。

無益な死の実態の解明

第一には、戦争の性格についての歴史的評価(自衛戦争か侵略戦争か)の問題と、戦死者、戦没者の死の意味は、常に等号で結ばれるわけではない、ということである。つまり、侵略戦争だから「犬死」だとは必ずしも言えないということである。この点については、元学徒兵の岩井忠熊が、『週刊金曜日』の特集論文、「わたし自身も「犬死」した」の中で、「死それ自身はだれにとっても物理的かつ生物的な結果以上のものではない。死を意義づけるのはつねに生き残った者の「哲学」である」と指摘している通りである。事実、作間忠雄は、『週刊金曜日』の特集論文、「天皇の命令で狩り出された「犠牲者」たち」の中で、次のように論じているのである。

そうすると戦死者は侵略戦争の「犠牲者」にすぎないのか？　いや、あの戦争を歴史的に位置づけるならば、一見逆説的であるが、日本はあの戦争の敗北により初めて明治以来の独善的・侵略的な天皇制絶対主義から決別できたのであるから、彼らの死は決して単なる「犠牲」ではなく、「無駄死」でもなかった。戦後の日本を民主・平和国家へ先導したのは彼らであり、「日本国憲法」はその輝かしい記念塔である。

死者の死を意味あらしめるのは、生者の主体的営為であり、戦死者、戦没者の死が何の媒介もなしに、自動的に日本国憲法を生み出したわけではない。しかし、作間の議論は侵略戦争という前提に立ったとしても、「犬死」以外の意味づけを与えることが可能なことを示している。要は、生者の側が戦死者・戦没者の死にどのように向き合い、そこからどのような歴史的指針を導き出すかという主体的契機の問題を抜きにして、「犬死」か否かを論じても、あまり生産的ではない。「犬死」論者の家永自身は、この主体的契機という問題を自覚しており、だからこそ先の引用文の中にも、「「犬死」を「犬死」に終わらせないためにどうするべきであるか」という問いを立てているのである。

＊　近代社会における死の意味付けについて分析した興味深い論考として、田中悟「負け犬の犬死に——近代における死の問題に関する一試論」(『六甲台論集——国際協力研究編』第七号、二〇〇六年)がある。

第二には、「犬死」か否かの概念論争よりも、死そのものの、あまりにも無残なありように、もっと目を向けるべきではないか、ということである。「犬死」論の立場に立つ人々の、死者を「殉国の英霊」として美化されたくないという心情は、よく理解できる。しかし、「犬死」と断定することで問題が解決するわけではないだろう。その点で示唆的なのは、藤原彰の『週刊金曜日』特集論文、「「犬死」の歴史的背景」である。藤原は、この論文の中で、「侵略戦争、不正不義の戦争のために死んだことは、無用な、役に立たない死であることはいうまでもない。そして私は、〔中略〕先の戦争は侵略戦争であると思っているのだから、この戦争による死者は無益な犠牲となった人びと、つまり犬死だという立場である」としながらも、次のように続けている。

だがこれから述べようとしているのはそのことではない。〔中略〕侵略戦争でないとしても先の大戦での日本軍の死者の大多数が、無益な死に方、つまり犬死をしたのだということを論じたい。戦争がどのような性質のものであったかは別にして、日本軍の死者の大半は、戦局の帰趨に全く関係のない、役に立たない死に方をしていたのだということを明らかにしたいのである。

藤原が、ここで問題にしているのは、日本軍の戦死者の多くが、戦病死という名の餓死者であったという事実である。中国戦線を転戦した歴戦の中隊長でもあった藤原は、この少し前の時期から、日本軍における餓死の問題に関心を持ち本格的な研究を開始していたが、その研究成果の集大成が前述した『餓死した英霊たち』だった。

藤原のこの問題提起を踏まえると、戦局や戦闘の帰趨に全く影響を及ぼすことのない、おびただしい数の無残な死を生み出したことが、アジア・太平洋戦争の大きな軍事的特質であり、その死のありようを明らかにすることこそが歴史学の課題だということになるだろう。そして、アジア・太平洋戦争を侵略戦争だと考えない元兵士の中にも、無残で無益な死を戦友に強いた戦争の意味を絶えず問い返している人々が存在していることも忘れてはならないだろう。

3　持続する変化

戦友会の会誌

同時に、この時期は、元兵士たちの中に、大きな変化が現われ始める時期でもあった。戦友会の会誌からも、そうした変化を読みとることができる。『歩七の友』でも軍隊に対する根本的な批判が現われてくる。柴野雅二(一九四一年徴集)の「軍隊生活により生まれたもの」(『歩七の友』第二六号、一九九〇年)がそれである。戦前の日本では、毎年入営してくる新兵たちを前にして、中隊長が次のように訓示するのが常だった。「中隊長はお前たちの父であり、班長は母であり、古年次兵は兄である。困ったことがあったらいつでも相談せい」。これが、「帝国陸軍」の建前だったが、その実態を柴野は、次のように指摘している。

軍隊生活の初期においては、軍服を着した者の殆どが味わう、私的制裁である。不思議なもので、器物によらず下された鉄拳制裁の数多くは、記憶が薄れて笑い話の種になっている。問題は、精神的追い詰めによる苦痛が、忘れられないものとして、脳裏から消えていないことだ。全く自分以外頼る依りどころのない立場で、中隊長は父、班長は母、古年次は兄と言う建前ながら、会話などない父、継母、暴力団の兄と言うことが真相と知る。

柴野はまた、階級によって支給額に差がある軍人恩給に関しても、軍上層部の戦争責任論とからませながら、次のように論じている。

特に、言い度いことは、将官であろうが、一兵卒であろうが、邦家のため、斃れた貴重な生命であり、一個の尊い命であることに、変わりはない筈である。然し、英霊にまで階級差別をつけ、金額差を設けていることは〔戦死者遺族に支給される扶助料のこと〕靖国神社の中でも、上級者は、特別室にでも入っているものなのだろうか。〔中略〕軍人恩給についても、無くなった筈の階級が立派に復活している。何で国民は、戦争責任を負うべき者に対して税金を払わなければならないのだろうか。

柴野は、この論説を、「知れば知る程に、矛盾の数々に、憤懣やる方なく胸につかえている一部を吐露した次第」という文章で結んでいる。

さらに、輜重兵第二二連隊の所属していた第二二師団関係の戦友会では、「日中友好元二十二師団戦友会連絡会」が結成されている。一九八九年一一月付の「趣意書」(「二十二師団戦友会に「日中友好の会」発足」『西湖』第二三号、一九八九年)には、次のように記されている。中国に対する贖罪のため、日本の書籍を中国に寄贈することを目的にした組織の立ち上げである。

戦友会も益々高齢化を迎えるにあたり、従来行われて参りました慰霊と親睦会のみで老兵が消え去ることに一抹の淋しさを感じます(中略)祖国のためとは申せ他国の領土に於て戦争に参加し地域住民に迷惑をかけた過去を振り返って思うとき、心に痛みを覚えます。戦後私達国民の血の滲むような努力によって敗戦より立ち直り世界一の経済大国、平和日本の恵まれた現在の境遇の中で思うとき、私達戦争体験者が、そのことに対してなんらかの償いを行い、併せて日中友好に些かなりとも寄与する事が出来るとすれば、今日においてほかには無いのではないかと考えます。

このような認識の上にたって、同連絡会は、「二十二師団と関わりのある地域の学校または公的機関に日本の書籍等を贈呈致すこと計画」し、募金活動を開始したのである。その結果、一九九一年六月三〇日現在で、総応募者数は八六四人、募金総額は四四〇万二七〇〇円に達し、上海復旦大学日本研究センター、杭州大学などに、書籍やワープロなどを寄贈している。こうした「日中友好活動は、中国大陸に派遣された数ある師団の中で唯一」のものであるという(宮沢寿「日中友好元二十二師団戦友会の募金活動結果報告について」『西湖』第二五号、一九九一年)。

もっとも、西湖会の会誌、『西湖』の「巻頭言」には、一九八〇年代以降、右寄りの論調が目立ちはじめる。『西湖』第一八号(一九八四年)の「巻頭言」は、靖国神社国家護持を主張し、第二九号(一九九五年)の「巻頭言」は、国会での「不戦決議」採択の動きに対して、「英霊の名誉の為に」、「慎重且つ賢明なる対応」を要望している。また、第三〇号(一九九六年)のそれは、日本の歴史教科書が、「日本の悪逆非道を教える東京裁判史観」に基づいているのではないかと、疑問を投げかけている。執筆者(無署名)の個性による面もあるだろうが、戦争責任問題や歴史教科書問題が政治争点化する中で、それに対する反発も顕在化してくるのである。

ある元兵士の総括

それでも、日中友好のための募金活動に見られるように、「西湖会」の中に、対中国戦争に対する贖罪の意識が存在していたのも事実である。その意味では、最終号となった『西湖』第三三号(一九九九年)に掲載された宮沢寿の論説、「私の言い残したいこと——元一兵士の提言」は印象的な内容になっている。宮沢は、長年にわたって同誌の編集に携わってきた人物だが、この論説の中で、次の三つのことを主張している。

一つ目は、兵士の責任の問題である。宮沢は、戦後、戦友会有志と何度も訪中しているが、中国側との懇談会の席上で、「あいさつの冒頭、必ず私たちが戦争中多大の迷惑をかけたことをお詫びした。するとどこでも「中国は日本軍の侵略により大変被害を受けたが、あれは日本の軍国主義がやったことで、皆さんの罪ではない。」という実に寛大な言葉があった」という。しかし、宮沢は、「私たちはそれを真に受けて「ああそうか、あの戦争は軍国主義がやったことで、実は私たちも軍国主義の犠牲者であったのか？」と勝手に解釈したのであったが、果たしてどうなのか？」と自問している。宮沢自身、明確な答えを見い出し得ていないように思われるが、少なくとも自らの戦争協力の責任を捉え直そうとする姿勢が、そこには感じ取れる。

二つ目は、中国大陸における日本軍の加害行為の問題だが、この点に関しては、自己の行動も含めて、次のように回想している。

徴発について始めの頃は躊躇した私も、腹が減っては戦ができないので背に腹は換えられず古参兵の真似をして徴発略奪をくり返した。また、部落に宿営する場合は、門戸を厳重に閉ざして逃げている民家を破壊して中に入り、家財道具や邪魔になるものは外に放り出して宿営した。食事作りのときは彼らが大事にしていた家具でもなんでも破壊して燃料にした。ある作戦では上部指揮官の命令により部落ごと焼いたこともあった。

さらに、宮沢は、アジア諸国の戦争被害に言及しながら、「大方の日本人は、これらの他国の人々に与えた迷惑とか損害に案外無関心のように思う」としながら、訪中旅行団の一員として訪中した際にも、「加害者と被害者の間にはかなりの温度差があることを感じ」たとしている。

三つ目の問題は、戦争責任と靖国神社の問題である。宮沢は、「当時の陸海軍首脳に全面的に責任があ」り、「特に最高責任者たる東条首相は、米軍に占領される前に士らしく腹を切るべきではなかったか」とする。そして、「今からでも遅くない。中国に一歩譲って、東京裁判でA級戦犯とされた方を別祀し、靖国神社には大臣から下々まで誰でも堂々と参拝できるようにしてもらいたい」と主張する。いわゆる「A級戦犯分祀論」であり、戦死した戦友の靖国での慰霊という枠組みから離れられてはいないが、中国に対する加害責任の自覚を伴っているところが大きな特徴だろう。なお、宮沢は昭和天皇に関しては、「なお、あのとき天皇が退位していれば今頃までこんな問題は起きていないのではないかと私は思うのである」と書いている。抽象的に書かれているので、意味がとりづらいが、敗戦直後に退位すべきだと考えているようである。宮沢のように戦争責任・加害責任の問題と向き合おうとした元兵士もいたことに注目したい。

新しいタイプの部隊史

部隊史の中にも興味深いものが現われてくる。一つは、野戦重砲兵第一二連隊(編成地・三島)の連隊史、連隊史編集委員会編『野戦重砲兵第十二連隊史』(非売品、一九九四年)である。この連隊史は、フィリピンでの慰霊祭とそのための現地の人々との交流の記録という性格を強く持っているが、交流を積み重ねる中で、加害の自覚が深まっていく状況が読み取れる。

特にこの戦友会の現地慰霊活動の中心になってきた藤沢由徳は、「なぜこのような無謀な戦争をしたかという反省と、戦争指導者に対する激しい怒りは、五十年を経過してもおさまる事がない」としながら、「戦後何度となく戦跡を巡拝しつつ、私達は自分や亡き戦友、及びご遺族の悲しみばかりを想って、一番の被害者であるフィリッピンの住民の事を忘れて居るのではないかと気付かされた」と指摘している。その藤沢は、訪問先の小学校の女性の教頭から、「わたしたちの親が日本軍のためにこの大木に首吊りされて殺されたのだ、この怨みは忘れることができない」と告げられ、記念撮影を拒否された経験を持っていた(藤沢由徳「フィリッピンの住民に思いやりを」同前書／同「第五次、訪比戦跡巡拝の旅を終えて」同前書)。

もう一つは野戦重砲兵第九連隊(編成地・下志津)の連隊史、野重九会連隊史編纂委員会編『みんなで綴る野重九連隊史』(非売品、一九九三年)である。同書の冒頭に掲載された野重九会連隊史編纂委員会名の「連隊史刊行メッセージ　会員のみなさまへ」は、「新しいスタイルの連隊史を目指し」たとして、その新しさを次のように説明している。

新しいとは、部隊の行動や戦闘を主眼とする公文書に依拠した連隊史では、それが高度であればあるほど資料価値は増大しようが、「一将功成って万卒枯る」現象がそこでも見られて、軍隊構成員の九〇％を占めて主体ともいえる兵一般は殆んど埋没する。それでよいのか、部隊の行動や戦闘で一番苦労し、命を落とすのは兵なのだから、その兵の姿が見えず声も聞こえない(皆様の投稿がまさにその姿であり、声である)連隊史は真の連隊史ではないという主張のことです。

ここでは、元兵士からの投稿が重視され、あくまで、兵士の目線でみた連隊史の編纂が意識的に追求されているのである。また、「投稿のすべては戦争を容認せず、平和こそを至上の価値としています。そこに確かな合意の成立があり、本書及び皆様の投稿一つ一つは、期せずして戦争告発の社会的意義をも持つものになったことを知りましょう」とあるように、「戦争告発」という姿勢を明確にしているのも特徴的である。なお、「野戦重砲兵第九連隊戦友会」に属する「東寧二中隊会」は、行縄仁の描いた軍隊絵日記を収録した『画集で綴る軍隊生活　想い出の満州』(非売品、一九八九年)を野戦重砲兵第九連隊戦友会の名で刊行している。兵士たちの日常生活を描いたユニークな画集だが、「蝉」、「「捧げ銃」の罰」、「自転車乗り」、「のれん」、「各班回り」などの私的制裁の様子が詳細に描かれていて興味深い内容となっている。
もう一つは、サイパン・テニアン島で全滅した歩兵第一三五連隊（編成地・名古屋）の連隊史、歩兵第百三十五連隊史編集委員会編『歩兵第百三十五連隊の思い出』（非売品、一九九四年）である。この連隊史の特徴は、「英霊」の「顕彰」に止まっているだけでは、真の意味での慰霊にはならない、戦場の凄惨な現実にもっと眼を向けるべきだ、という問題意識で貫かれていることである。連隊史編集委員会名で同書に掲載された「刊行にあたって」は、この点を次のように述べている。

連隊、英霊の顕彰・追悼録たらしめる為、連隊創設の歴史的背景・役割を明らかにするとともに各種の資料に滲み出ている出動、戦闘の悲運さ、苦難、惨烈そして全滅であったその真相を留めるべく努めた。玉砕の名を掲げ、兵士の死をいたずらなる美辞麗句で称えることは戦没者に対する心からの慰霊にはつながらないと思うのである。戦没者の声なき声に耳を傾け往事を偲びたい。

靖国神社の存在自体を否定しているわけでは全くないが、ここには、「顕彰」を不可分の要素とする靖国神社的な慰霊観からの静かな離脱がある。また、同連隊史の編集委員長は、「あとがき」の中で、編集作業について、次のように述べてもいる。

今更思い出したくもない、との意見もきいた。しかし、連隊史には創作は無い。また、美辞麗句で素通りしたくはなかった。戦闘に関する新たな資料はあまり出て来なかった。ただ、生還された方々が異口同音に言われたことは、戦場とはまさしく凄惨、地獄さながらでどんな言葉をもってしても人に実感として捉えて貰えないだろう、巷間いろいろなサイパン戦記が出たが何故か真実を避けているようなものが多い。生き地獄であったそのままの状況を書き残して欲しいと言う意見が強調された。

生還した兵士の中に、「生き地獄であったそのままの状況」を書き残すべきだ、という主張が現われてきているのである。

遺族の側の変化

同連隊史編集委員会は、その後、連隊史編集委員会事務局編『鎮魂所感文集　歩兵第百三十五連隊の思い出を読んで』(非売品、一九九五年)を、さらには、歩兵第百三十五連隊史編集委員会編『歩兵第百三十五連隊の思い出　続編』(非売品、一九九八年)を刊行している。『歩兵第百三十五連隊の思い出　続編』刊行の経緯については、同書の「まえがき」が、次のように説明している。

『歩兵第百三十五連隊の思い出』、『鎮魂所感文集　歩兵第百三十五連隊の思い出を読んで』をご覧いただいたご遺族から『今後とも、何か少しでもサイパン戦の情報があったら、知らせてくれ』というご要望が事務局に引続き寄せられている。〔中略〕戦死した肉親の情報を少しでも知りたいという願いはどのご遺族にも共通であろうが、サイパン戦線で命を落とされた方々の情報は極端に少ないだけに、そのお気持ちは特に強い。〔中略〕やはりできる範囲でご遺族のお気持ちにお応えするのが私どもの責務であろう。特にご遺族の中には、今までに伝えられた全滅戦の状況の中で語られなかった陰ともいうべき真相にも迫りたいとの願望を持っておられる方の多いのに驚いている。

その結果、民間人生存者の手記も掲載した『歩兵第百三十五連隊の思い出 続編』が刊行されることになるが、「まえがき」の中でも指摘されていたように、たとえ、どれほど凄惨で悲惨な現実であろうとも、ありのままの事実を知りたいという思いが遺族の中で、強くなっていることに気づかされる。同書に収録されている北山奈津子の「語られていない真相をぜひ後世に残して下さい」は、次のように主張している。北山の父親はサイパン島での戦死者である。

サイパン戦に生き残って復員された方々にお願い申し上げたいことは、鬼畜のような米軍に、かくのごとく勇敢に戦ったということより、叩かれっ放し、追い詰められる住民や日本軍の無念さ、あわれさ、死にたくない―そこに何があったか―を語りついでほしいということです。サイパン戦には軍のメンツは不要と思います。父が何処でどのような死に方をしたのか、屍を何処にさらして眠っているのか……。

どんなことにも驚きません。

くり返し述べてきたように、戦場を体験した元兵士たちの口を重くしてきたのは、これほど惨めで無残な死に方をしたという事実を、遺族には知らせたくないという強い自己規制である。ところが、ここでは、元兵士の側にも、遺族の間にも、ありのままの事実を知りたい、知らせたいという意識の変化が生じているのである。

ただし、部隊史の変化を過大に評価することには慎重でなければならない。大久保由理「断裂する日本占領下の記憶——グアムのひとびとと旧日本軍」(今井昭夫ほか編『記憶の地層を掘る——アジアの植民地支配と戦争の語り方』御茶の水書房、二〇一〇年)は、グアム島から生還した元日本兵・日本人民間人の証言や回想記の中に、現地のチャモロ人の姿がほとんど登場しない事実に注意を促している。この点は右の歩兵第一三五連隊関係の三部作の場合も全く同様である。

朝鮮で編成された部隊に関しても、ほぼ同様のことが言えると思う。例えば、歩兵第七九連隊(編成地・龍山)の連隊史、歩兵第七十九聯隊史編集委員会編『歩兵第七十九聯隊史』(非売品、一九八四年)を見ても、陸軍士官学校出身の朝鮮人将校に関する思い出や朝鮮人特別志願兵の優秀さに言及した文章が散見されるだけで、現地の朝鮮人の姿は全く見えてこない。朝鮮で編成された部隊の部隊史については、今後、精査が必要である。

戦史室の変化

ここで、戦史室の変化についても簡単に述べておきたい。防衛研修所戦史室は、一九七六年五月に戦史部に改組され、一九八五年には防衛研修所が防衛研究所に改組されている。歴代の戦史室長、戦史部長は旧軍関係者で占められてきたが、一九八七年には旧軍の軍歴を持たない土谷一郎が戦史部長に就任し、一九九〇年には防衛大学校卒の大東信祐が戦史部長となった。戦史部研究者の世代交代を象徴する出来事である(吉田裕「戦争と軍隊――日本近代軍事史研究の現在」『歴史評論』二〇〇二年一〇月号)。

また、戦史部所蔵史料の公開という点では、戦史部が一九七九年一二月に陸上自衛隊市ヶ谷駐屯地から目黒区の新庁舎に移転した頃から、少しずつ一般公開が進み始めていたが、二〇〇一年四月の情報公開法施行が大きな意味を持った。朝日新聞記者が同法に基づき、所蔵史料の目録の開示請求を行い、二〇〇三年二月に至って防衛庁が目録の公開をようやく決めたからである(『朝日新聞』二〇〇三年四月二二日付)。これによって、所蔵史料の全容がほぼ明らかになり、以後、公開が急速に進んでゆく。

さらに、『戦史叢書』に対する批判的検討が戦史部自身の手で始められるのも、この時期の特徴である。例えば、防衛研究所が発行している『戦史研究年報』の第一二号(二〇〇九年)には、庄司潤一郎(戦史部上席研究官)の論文、「「戦史叢書」における陸海軍並立に関する一考察――「開戦経緯」を中心として」が掲載された。『戦史叢書』編纂時における旧陸軍関係者と旧海軍関係者の対立について歴史的・批判的に分析した論文である。

加賀谷貞司(戦史部長)によれば、現在、戦史部は、「新たな視点あるいは新たな史料の発見から〝太平洋戦争を見つめ直す〟こと」を目標に、「部の中期構想として、平成27年(2015年)を目標に新たな「太平洋戦争史」(仮称)編さんを目指」している(加賀谷貞司「「戦史叢書」刊行30周年に寄せて」『戦史研究年報』第一三号、二〇一〇年)。加賀谷の文章は、同号の「『戦史叢書』刊行完結30周年記念」企画への寄稿文の一つだが、戦史部勤務の経験を持つ波多野澄雄(現・筑波大学教授)は、同じ記念企画への寄稿文、「市ヶ谷台の戦史部と戦史叢書」の中で、「新・戦史叢書」は、「東アジア諸国に受け入れられる事業でなければなら」ず、「侵略戦争論で染め上げる必要は全くないが、少なくとも「肯定史観」と受けとめられるような編さんや研究方針を掲げることは慎むべきであろう。〔中略〕さらに重要な点は、上記に関連し、戦争による「負の遺産」(虐殺事件、化学戦、慰安婦、〔毒ガスなどの〕遺棄兵器、俘虜問題など)の記述を避けて通らないことである」と指摘している。

語り始めた元兵士たち

この時期のもう一つの重要な変化は、元兵士の人々が、自らの戦争体験を積極的に語り始めたという事実である。具体的には後述することとして、ここでは、その背景について、少し考えてみたい。第一には、国際的にも国内的にも歴史認識の問題や戦争責任の問題が大きな政治的争点となり続けることによって、戦争の時代の記憶が常に喚起されるという点があげられるだろう。特に、アジア・太平洋戦争の戦後処理の問題が曖昧にされ、先送りにされた結果として、国家指導者の戦争責任をめぐる議論が不十分なままに終わっているという意識が根強く存在することが重要である。読売新聞社が二〇〇五年一〇月に実施した世論調査に次の質問項目がある(『読売新聞』二〇〇五年一〇月二七日付)。

問　あなたは、先の大戦当時の、日本の政治指導者、軍事指導者の戦争責任問題をめぐっては、戦後、十分に議論されてきたと思いますか、そうは思いませんか。

十分に議論されてきた	五・六%
ある程度議論されてきた	二四・六%
あまり議論されてこなかった	四三・二%
全く議論されてこなかった	一四・七%
答えない	一二・〇%

「あまり議論されてこなかった」と「全く議論されてこなかった」の合計は、五七・九%に達する。つまり、国家指導者の責任の問題に関しては、納得していない人、わだか

まりを持ち続けている人が多数存在するということである。このことは、かつての戦争を侵略戦争と考えるか否か、という問題と関連はするが、区別して考えなければならない事柄である。元兵士たちが何かを語り残しておきたいと考えるのは、重要なことが曖昧にされてきたという国民意識と関連しているように思われる。

第二には、悲惨で凄惨な体験を語るにはやはり時が必要であるということである。『東京新聞』の連載、「記憶」を担当した社会部長の菅沼堅吾は、「時間の経過とは本来、戦争を風化させるのではなく、戦争体験者が自分にとっての戦争のすべてを語る決意をするために必要な時間ではないのか。ことしに入り、「今だから話す」と重い口を開いた多くの戦争体験者に社会部員たちは会っている」と書いている(菅沼堅吾「「記憶」を受け継ぐ記者たち——取材通じ体験を自らに刻み込む」『新聞研究』第六五〇号、二〇〇五年)。

もっとも、時の経過が重い口を開かせるという関係は、一九七〇年代の後半ぐらいからかなり顕著になってきていたことはすでに述べた通りである。それに対して、この時期に固有な特徴は、時の経過にくわえて、証言がある種の「遺言」としての性格をいやおうなしに帯びてきたことがあげられるだろう。戦争体験者からの聞き取りを続けてきた開業医の佐賀純一は、「これらの人々が口を開いてくれた一番の背景には、老いが関係しているだろう。それがどんな日々であったにせよ、それぞれが過ごした強烈な世界の記憶が消えないうちに、それを伝えておきたいという思いは確かにあったろう。他の人の目ではなく、自分自身の目で見た事実を残しておきたいという思いも強かったのだろう」と書いている(佐賀純一『戦火の記憶――いま老人たちが重い口を開く』筑摩書房、一九九四年)。

「遺言」としての性格については、長年にわたって、元兵士たちからの聞き取りに取り組んできた仙田実が、やはり次のように書いている(仙田実・仙田典子『昭和の遺言 十五年戦争 兵士が語った戦争の真実』文芸社、二〇〇八年)。

　実際に話をしてくれた人々は、多く八〇歳前後からなかばで、なかには九〇歳をこえた人もいた。彼らは人生の盛りに戦場に送られ、生死のさかいを何回も、また何年もさまよった。それは人生における死の初体験であり、命の終末をまぢかにしてさえも、意識の底に当時のままの姿で生きている。

　事実、私は何回か話しを聞くうちに、彼らの口からそれが奔流のごとくほとばしる―あいだに嗚咽、感泣、慟哭がまじる―のに接し、感動の涙にさそわれたことが幾度あったかしれない。戦争が終わって五〇余年―人間の一生にとって、これはけっして短い歳月ではない。そのあいだ意識の底に生きつづけた彼らの痛切な思いや体験は、生半《なまなか》な言葉ではいいあらわせない深さをもっている。それはまさに「昭和の遺言」、しかもきわめて特殊な「遺言」である。これは人生二度目の死を目前にしての体験告白であり、懺悔なのである。

第三には、戦友会や遺族の問題があげられる。戦友会が元兵士たちの証言を抑制する機能を持っていること、その戦友会が、会員の死去や高齢化に伴って、解散もしくは休会状態に陥っていることについては、すでに述べた。戦友会の消滅は、元兵士たちの証言を抑止してきた要因の一つが除去されたことを意味していると言っていいだろう。

事実、沖縄戦に参加した元兵士たちの取材を二〇〇六年暮れ頃から始めた國森康弘は、元兵士たちが沖縄戦から六〇年以上経過して、ようやく、彼らが沖縄住民に対して強いた犠牲について語り始めた理由を、次のように指摘している(國森康弘『証言　沖縄戦の日本兵——六〇年の沈黙を超えて』岩波書店、二〇〇八年)。

証言者は若くても八〇代であり、九〇代の人も多く高齢化が進んでいる。自分が死ぬ前に、自身や部隊が沖縄住民に強いた犠牲について住民に「謝りたかった」。〔中略〕証言者の多くは、程度の差こそあれ、「我々(軍)が住民を戦闘に巻き込み、不必要な犠牲を強いた」との認識を共有しており、住民に対して「気の毒」「申し訳ない」など謝罪や悔恨の思いを抱いている。〔中略〕

また、仲間意識の非常に強い「戦友会」も多くが高齢化のために会員が減り、「緘口令」の圧力が弱まりつつある。戦友会が〝元気〟な時代であれば、「部隊の内実や、戦友や上官の悪口をいうと、裏切り者扱いされるから、怖くて言えなかった」という。

遺族の世代交代

もう一つの抑止要因は遺族の存在だった。生き残った戦友に対する遺族の感情には、きわめて複雑なものがある。弟の松尾勲(海軍予備学生)がブーゲンビル島で戦死した平田とみは、予備学生同期生会の慰霊祭に招待された時のことを次のように書いている。きわめて率直な感情表明である(平田とみ「おとうと」『海軍ソロモン会会報』第三号、一九八九年)。

四十年の歳月は、かつての紅顔の海軍士官の頭に霜を置き、若い防人の面影を彼等の上に置くのを難しくしている。その人達の名簿をくってみると、一流企業の社長、大学教授、自営業等社会の中軸で活躍している人達が多い。偉くなどならなくていい、私はただ、弟に生きていて貰いたかった。女きょうだいはなくただ一人の兄とは早く死別して以来、弟は私にとって掛け替えのない存在であった。〔中略〕生還をなし得た彼の戦友達を目前にして、私は複雑なねたみに似た感情を覚えた。然し戦場で命を落としたのは弟の不運とより言いようがないではないかと、今は弟を弔ってくれる彼等に感謝するのみである。〔中略〕帰宅後私は丁寧な御礼状をしたためた。その返書に生前の弟をほめ、死を惜しむ言葉が書いてあった。然し私の胸には空しさが残った。ただ空しい。この空しさは終生私から離れる事はない。

元兵士たちは、遺族から向けられる眼差しを常に意識し記憶している。中国戦線で負傷し、右足を失った良玄喜雄は、戦友の遺族のことを次のように回想している(良玄喜雄「行けど進めど麦畑」月居義勝ほか編『傷痍軍人会札幌支部四十年史』非売品、一九九三年)。

数年後機会があって戦病死された戦友の生家をお訪ねした。親御さんは喜んで仏間に通して下さった。香華を供へ手を合わす自分に「誠に失礼とは思いますが」と前置して、「貴方は片足を無くされても生きて帰られてさぞかしご両親は安心をしたことでしょう。私の息子はこのとおりです。どんな姿になっても生きて帰ってほしかった」と涙ながらの母親のあの一言が五十数年たった今も深くこの胸に突刺って離れない。

しかし、ここに来て、遺族の側にも大きな変化が現われている。たとえ悲惨なものであっても事実を知りたいという意識変化については、すでにふれたが、遺族の世代交代の持つ意味も大きいようだ。軍人・軍属の戦死者の遺族、特に両親や妻の人数を見る際には、公務扶助料や遺族年金の受給者数が一つの目安になるが、その受給者数は一九六〇年前後の約一八〇万人から、二〇〇五年の約二〇万人にまで大きく減少している。その一方で、戦死者の遺児や兄弟姉妹などが受給する特別弔慰金の受給者数は、一九七〇年前後の六十数万人が二〇〇五年には約一六〇万人に増大している。年齢を考えれば、特別弔慰金の受給者の中心は戦死者の遺児だと考えられるが、遺族の世代交代が確実に進んでいるのである(朝日新聞取材班『戦争責任と追悼』朝日新聞社、二〇〇六年)。このような遺族の側の変化も、兵士たちが感じる負い目や精神的負担感の減少という意味で、兵士たちが証言を始めたことのもう一つの背景として指摘できるだろう。

『孫たちへの証言』

こうした中で、今、元兵士たちの証言が新たな、そして最後のピークを迎えようとしている。「自分史」ブームの「仕掛け人」として知られる福山琢磨は、一般の人々の戦争体験記を公募し、応募作品を選考して、毎年『孫たちへの証言』という記録を出版している。しかし、二〇〇六年には応募数が三五二編に激減した。「応募数が激減、「戦争」を記録することもほぼ限界か」と題した「あとがき」の中で、福山は、「応募数がこれまでの二番目に低い数字であったことに大きな衝撃を受けた。この証言集を刊行して十九年になる。どこまで続けられるかだ」と書いている(福山琢磨編『孫たちへの証言』第19集、新風書房、二〇〇六年)。翌二〇〇七年も、応募数は三四七編でほぼ横ばいだった。しかし、福山の「あとがき」によれば、「投稿された人に明らかな変化が見られ」、九〇歳以上の応募が一七人もあり、最高齢者はこれまでで最高の一〇〇歳だった(『孫たちへの証言』第20集、二〇〇七年)。

そして、二〇〇九年には大きな転機が訪れる。福山の「あとがき」、「発行の継続を悩むなか、応募が九百編を越える」は、新たな変化を次のように指摘している(『孫たちへの証言』第22集、二〇〇九年)。

この証言集も毎年一冊ずつ編んで二十二冊目となった。戦後五十年に当たる第八集の千二百十二編をピークに応募数は減少し、十七集で半分に落ち込んだ。十八集は戦後六十年の節目で千三編まで持ち直したが、その後三百台を低迷していた。〔中略〕そんな憂鬱さを一挙に跳ね除け今年は九百九編となった。〔中略〕年齢別では高齢化が強く反映されている。八十歳代、九十歳代の伸びが目立つ。七十歳代が昨年の百八十編に対し今年が四百十五編である。八十歳代が百二十六編に対し三百七十五編、九十歳代は十編に対し四十八編である。

零戦パイロットの証言

また、海軍の戦闘機、零戦に関する興味深い戦記を書き続けてきた神立尚紀は、「私が取材を始めた平成七年夏の時点で、生存する零戦の元搭乗員は約千百人といわれていた。その中には、敗戦後、ずっとかたくなに沈黙を守ってきた人が多い。しかし、戦後半世紀の時間が心を徐々に溶かしたのか、ちょうどその頃、彼らの間に「いま、語っておかなければ」という気運が芽生えてきているところであった」と指摘している(神立尚紀『祖父たちの零戦』講談社、二〇一〇年)。

パイロットの戦記は、「空のヒーロー」の「武勇伝」になりがちだが、神立の戦記は、従来の空戦記と違って、パイロットが負った「心の傷」の存在を浮き彫りにしているところに、一つの特徴がある。例えば、歴戦のパイロットである中村佳雄(元海軍飛行兵曹長)は、次のように語っている(神立尚紀『零戦 最後の証言』光人社、一九九九年)。

ある時、空戦でF4U(米軍の戦闘機)を撃墜したんですが、うんと近づいて射撃して、あやうく追突しそうなところでかわすと、その瞬間、そいつはパアッと火を吹きました。しかし、その時、驚いてふり返った相手のパイロットの顔を、間近ではっきり見たんです。彼は脱出できずにそのまま墜ちて行きました。めったにないことだけど、自分が撃った相手の顔を見るのはイヤな気持ちでしたね。戦後も、あの恐怖にひきつった顔を夢にまで見ましたよ。あれは今でも、忘れられません。

同様に、宮崎勇(元海軍少尉)も、一九四四年一月にマロエラップに来襲した米機動部隊に対する迎撃戦の時の体験を次のように回想している(同前書)。

この戦闘中、私は一機のF6F(米軍の戦闘機)が、海面スレスレの超低空でフラフラ飛んでるのを発見しました。追いかけて、すぐに射撃できる態勢になったんだけど、敵は気づいているはずなのに、反撃しようともしない。操縦席を見ると、パイロットは疲れ切った表情でこちらを見るだけでした。それを見たら、墜とせなくなりましてね。空戦してる時は、相手は飛行機だから、パイロットの顔が見えないから戦えるんだけど、顔見てしまったら人間同士ですからね。甘いと言われるかも知れんが、どうしてもとどめをさせなかった。〔中略〕最初のうちは、墜としたら嬉しかった。でも、〔中略〕次々敵機を墜としているうちに、だんだん恐ろしくなってきたんです。〔中略〕俺もいつかああいう形で墜とされるのかな、と我が身に置きかえて考えて見ると、ぞっとしてた。だから、マロエラップで敵の顔を見てしまった時も、とどめを刺せなかったんだと思います。

「証言記録　兵士たちの戦争」

兵士たちからの組織的な聞き取りという点では、NHKが二〇〇七年八月から、放送を開始したBS-hiシリーズ「証言記録　兵士たちの戦争」が重要な意味を持つ。多数の生き残りの兵士たちの証言に基づいて、アジア・太平洋戦争中の様々な作戦の実態にメスを入れたこの番組は、戦場の生々しい現実をリアルに再現しているだけでなく、現代における元兵士たちの証言の持つ特質をも浮き彫りにしているからである。なお、この番組は、現在までに、NHK「戦争証言」プロジェクト『証言記録　兵士たちの戦争①〜⑤』(日本放送出版協会、二〇〇九―一一年)として出版されている。

この証言記録に関しては、特に、次の点を指摘したい。第一には、ここでも兵士たちが重い口を開き始めた事実が確認できることである。NHK「戦争証言」プロジェクトの専任ディレクターである太田宏一は、この点について、次のように書いている(太田宏一「おわりに」『証言記録　兵士たちの戦争②』二〇〇九年)。

しかし、そんな中で、私たちは数年前からあることに気づき始めていました。それは、最前線の戦場で戦った元兵士の方々が、以前に比べインタビューに応じていただきやすくなったことです。〔中略〕凄惨極まりない戦場の記憶は、体験者の心に深い傷を残します。また、自分一人生き残ったことに強い負い目を感じている方もいます。そのため、戦場体験を家族にも語ったことのない人が多く、以前は、取材のお願いは難航することが常でした。長い沈黙を破って証言していただいた方の一人が、「死ぬまでに話してよかった。肩の荷がおりた思いがする」という趣旨のことをおっしゃっていたのを記憶しています。人生の最晩年を迎え自分の体験を語り残したいと考え始めた人たちの存在。それが、彼らの言葉を記録として残そうと私たちが考えた最初の大きな理由です。

実際、レイテ島の激戦を生き残った小石澤正(元陸軍少尉)は、自らの思いを次のように語っている(同前書)。

でも、やっぱり戦死したその人たちを思うとね、俺は生きて帰った。そしてね、俺は生きて帰って申し訳ないと、割腹して自決してね、戦友にお詫びしようかなという気持ちがあったですよ。そう思ってね、寝れない日があったですね。悩んだ、本当に悩んだ。

だから、戦争のことを、〔中略〕吹聴してという、そういう気持ちには全然なれなかった。遺族、死んだ兵隊さん、遺族に申し訳ないなと、そういう気持ちでね、レイテのことを話す気持ちになれなかったですね。〔中略〕でも、六〇年たって、戦後六〇年たって戦争の悲惨さを伝えなきゃという空気がこう出ましたよね。それで、初めて話しました。

証言の生々しさ

第二には、悲惨で凄惨な戦場の生々しい現実が赤裸々に語られていることである。具体的にいえば、圧倒的な戦力格差の下で一方的に殺戮されてゆく戦友、自責の念を伴って語られる住民に対する残虐行為や常態化した略奪行為、餓えと病に苦しめられる悲惨な退却行、苛酷な戦闘や行軍に耐えかねた自殺、軍医や衛生兵などによる傷病兵の殺害や自殺の強要、飢餓状態の中で「盗賊集団」と化し、食糧強奪のため友軍を襲撃する兵士、煩悶し苦悩する特攻隊員の心理、等々である。

重要なことは、「犬死論」に対する反発を突き抜けるような意識が生まれ始めていることである。すなわち、元兵士たちの中に、たとえ悲惨で凄惨な事実であったとしても、ありのままの戦場の現実を伝えることが慰霊であり、追悼であるという意識が、ここでも芽生え始めているのである。

激戦の島、硫黄島の戦闘で生き残った兵士たちに取材したNHKのスタッフは、この点を、次のように証言している(NHK取材班編『硫黄島玉砕戦　生還者たちが語る真実』日本放送出版協会、二〇〇七年)。こうした変化があるからこそ、「証言記録　兵士たちの戦争」のような番組が成立するのだろう。

じつは、戦後しばらく歴史研究やメディアの間で「兵士の証言」が高い地位を得にくかった風潮が存在した。兵士たちの証言は、「苦労談」「死んで行った戦友の勇敢さ」「仲間をかばい合う友情」など、軍内部の物語に向けられがちで、どうしても加害の実態や戦場の凄惨さを避ける傾向があったからである。ある兵士は、「戦争体験を否定的に語れば、自らの体験だけでなく、命を落とした多くの戦友たちの死の意味すら否定することにつながる」と告白していた。しかし、そうした戦争体験者たちの傾向は、次第に変わりつつある。今回、硫黄島からの生還者が語った内容は、明らかに戦場の普遍的なむごさと醜さにあふれていた。何が彼らを駆り立てたのか。太平洋戦争の災禍の記憶も薄れはじめ、世界中で戦争が政治の選択肢のように語られる現代、戦争の記憶、それも戦場のおぞましい記憶を持っている人間が急速に減りつつあることに焦慮を感じたのが理由の一つだという。

同書は、また、「生還者たちの多くが、戦後、どう生きることが戦死した仲間たちを供養することになるのか、と悩みながら歳を重ねてきた。「国のために勇敢に戦って玉砕した」と歴史に記憶してもらうことが、戦友や遺族には好ましいことだろうと長く思ってきた。しかし、これほどの苦しみを経て死んで行ったという事実を知らせないのもまた、弔いになっていないのではないかと自問してきた」とも指摘している。

この点に関連して、興味深いのは、比暮寥(本名は山鹿菊夫)の『弾痕の青春』(遥かな日の叢書刊行会、二〇〇二年)である。比暮は、一九四四年九月に入営した戦争体験者だが、「英霊と悲霊との、両面を合わせ持つ一体霊」として、「戦争霊」を把握すべきだと主張する。「英霊」とは、「国家の命令によって戦場へと駆り出され」、「上官の命令によって」、「否応なしに散華していった」兵士の霊である。これに対して比暮は、「悲霊」を次のように定義する。

ある者は無謀な作戦命令故に、ジャングルに放棄され餓死するしかなく、ある者は肉弾攻撃の果て、直撃弾を浴びて樹上に屍を晒し、ある者は疫病に冒されても医薬は絶え、血便を垂れ流しながら泥土にまみれ、ある者は累々と横たわる死の谷の群れの中で、縋りつくように望郷の幻を追い、ある者は敵に捕らえられ二頭の水牛の股裂きにあい、絶叫し吐血しながら息絶えていったのである。〔中略〕これはもう、名誉の戦死ではない。華々しき殉国の〝英霊〟などと呼べるものではない。明らかに憤怒に震える〝悲しみの霊〟であり、戦争霊を深部から炙り出してくる激情の

〝悲霊〟なのである。

比暮は、他方で、「国立戦没者追悼施設」の建設を回避するためにも、宗教施設である靖国神社を「純然たる慰霊施設」である「靖国霊社」に改編すること、A級戦犯の合祀者を靖国神社内の鎮霊社に分祀することなども主張しており、靖国神社の存在そのものを否定しているわけではない。しかし、「悲霊」は、明らかに靖国神社的な「英霊」観の否定を意味している。

＊ 鎮霊社は、本殿に祀られていない全ての日本人戦没者と世界中の全ての戦争の戦没者の霊を祀るため、一九六五年に創建された。従来は一般の参拝者が自由に参拝できる状態にはなかったが、二〇〇六年一〇月に、「参拝者がお気遣い無く」「お参り出来る様」、参道が完成している(『靖国』第六一六号、二〇〇六年)。天皇のために戦い天皇のために戦死した軍人・軍属だけを合祀している、あるいはアジア・太平洋戦争時の民間人戦没者の存在を無視している、という批判に対する靖国神社なりの対応だろう。

虚構の大義

兵士たちの証言の第三の特徴は、かつての戦争や戦友の死にどのような意味があったのか、という深い疑念である。印象的な証言を三つだけあげておく。

ビルマ戦線で戦った坂口睦(元陸軍中尉)の証言(『証言記録 兵士たちの戦争①』二〇〇九年)。

死にに行ったんですよ。死にに行っちょる。勝つ戦争ではないもん。どこから見ても勝つ戦争じゃあらへん。食いもんもない、撃つ弾もない、完全な武器も持たんのやから、戦争の内に入らんですよ。死にに行ったんですよ。私はそう思います。死にに行ったと。

ビアク島で戦った早坂定吉(元陸軍軍曹)の証言(『証言記録　兵士たちの戦争②』二〇〇九年)。

〔死んだ戦友のことを〕終生、忘れないと思います。苦しいときよりも楽しいときほど、彼らのことが思い出されて、かわいそうな人生だったと思い出すね。兵隊をただ送っただけで、弾丸の補充もなく、食料の補充もなく、戦をして勝てるということを思っただけでも、何というずさんな計画、国策を取ったのだろうと。

中国戦線で戦った菊地十男(元陸軍軍曹)の証言(『証言記録　兵士たちの戦争④』二〇一〇年)。

ただ(大陸に)行ってきただけだ。兵隊苦しんだだけで。そんなばかな話ねえわね。あんなところまでなんで押した(進撃した)んだかおらはわかんないけど。命令だから行くほかないから行ったけど。まったく兵隊は容易でないことだ。ばかみたいに。何にもないいんだもん。ただ兵隊殺してきて、何の効果もないいんだもの。

軍事指導者や国家指導者に対する批判と結びつきながら、無意味な戦争という強い実感が元兵士たちの間に広範囲に存在することが重要だと思う。悲惨な体験に裏打ちされたそうした強い実感が、自衛のための戦争やアジア解放のための戦争という主張が一部の元兵士の間でしか共感をよばないことの背景にあると考えられるからである。多くの元兵士たちにとって、それは「虚構の大義」にしかすぎないのである。

以上、NHKの「証言記録　兵士たちの戦争」についてみてきたが、それでも、やはり戦場における性暴力に関する証言がみられないことにも留意する必要がある。聞き手の側にもためらいが生じるという事情があるかもしれないが、元兵士たちは、残虐行為などの戦争犯罪に関しては証言しても、性暴力、とりわけ自分自身が行った性暴力については語ろうとしないのが一般的である。戦後、中国・撫順戦犯管理所に収容された体験を持ち、二〇〇〇年一二月に開催された女性国際戦犯法廷で、自らの性暴力に関して勇気ある証言を行った金子安次(元陸軍伍長)は、その意味で稀有な存在である。しかし、金子の場合でも、撫順戦犯管理所時代には、強姦をした事実を認めなかったという。金子にインタビューした熊谷伸一郎は、金子とのやりとりを次のように記録している(熊谷伸一郎『金子さんの戦争』リトルモア、二〇〇五年)。

とりわけ、強姦などの性犯罪については話せなかった。「二回や、三回じゃないよ。作戦中には一日に何度も強姦したことだってある。だから、金を取られる慰安所に行くよりも、強姦で済ませることが多かった」性犯罪について話すことは殺人よりも精神的に辛い。一つには、それが「命令でやった」という免罪符の使えない犯罪だからでもある。「最後の最後になっても、反省する気持ちと開き直る気持ちが半分半分だったね」

証言の記録化という点からすれば、「証言記録　兵士たちの戦争」には戦場や戦闘に焦点を合わせたことによって、逆に戦場や軍隊の日常性が後景に退いてしまうという問題がある。セレベス島に駐屯していた奥村明（元陸軍少尉）は、鉄道のないこの島では、輸送は自動車に頼るしかなかったが、彼の部隊には、一台のトラックも自転車の支給さえもなく、「行く先々で待っている任務は、土方か沖仲仕《おきなかし》」だったと書いている。その任務に向かう完全軍装での行軍の苦痛を、奥村は次のように書いている（奥村明『セレベス戦記』図書出版社、一九七四年）。

このながいながい炎天下の行軍の苦痛は、余計な戦力の消耗と思われてならなかった。兵士たちの、本当の苦労は、はなばなしい銃撃戦や白兵戦にだけあるのではなくて、ながいながい無意味なほどの消耗に、たえることでもあった。

土方と沖仲仕と行軍が、奥村にとっての戦場の日常だったのであり、むしろそこに、機械化の遅れた日本軍の本質が凝縮しているとも言える。

また、このことは、「体験の悲劇性の序列化」という問題とも関連している。小林多寿子の前掲書、『物語られる「人生」』によれば、自分史の書き手は他者の体験と自己の体験を比較して「体験の悲劇性の序列化」を行い、記述をためらう傾向があるという。事実、最近になるまで、中国戦線の戦争体験を語ろうとはしなかった、財界人の品川正治について、彼にインタビューした堀切和雅は沈黙の理由を次のように書いている(堀切和雅『なぜ友は死に俺は生きたのか　戦中派たちが歩んだ戦後』新潮社、二〇一〇年)。

　言えない理由は、いくつかあった。もっと非道い、ニューギニアとかビルマとかレイテとか、ああいう戦争に行った人の前で、「私も中国で戦争してました」とは、おこがましくて言えない。彼らは餓死、病死、悲惨な目に遭ったことを、戦後の勉強で知ったから。それから、アッツ島や、硫黄島、マキン、タラワの「玉砕」。つまり、勝つことが考えられない戦闘をして果てた人たちがいた。自分が中国で戦闘しているときは、少なくとも、「勝つことが考えられない」ということはなかった。

証言の記録化を行う場合、こうした問題への配慮がやはり必要だろう。ちなみに、小林多寿子は、前掲書の中で、「だが、自分史で戦争の記憶を綴ることが、個人の人生全体の軌跡の中での戦争体験の意味づけをおこなう作業であること、そしてたとえ私的な空間であっても「残す」「伝える」ことの意義を認識するとき、躊躇は払拭される」と書いている。

世論調査にみる戦中派

最後に、元兵士たちの現在の意識を世論調査からみてみたい。彼らが長い長い戦後史の末に、どのような歴史認識を持つに至ったのかという問題を考えてみたいからである。

関連するデータに乏しいが、朝日新聞社が、二〇〇六年四月に、憲法と戦争責任に関して実施した世論調査が参考になる。この世論調査に関しては、性別・年齢別のデータが公表されているので(『朝日総研リポート』二〇〇六年六月号)、以下に、重要な質問項目をピックアップしてみる。一番上の年齢層は、「70歳以上」という形で一括して計上されているので、全体の数値と七〇歳以上の男性の数値を比較してみることにする。軍隊戦争体験を有する世代の意識をみるためには、少年兵の存在を捨象するならば、八〇歳以上の男性の数値と比較すべきだが、データが得られないため、七〇歳以上の数値を近似値とみなして分析を行うことにする。最初の質問は、「昭和20年、1945年に終わった戦争」の評価に関する質問である。

問　日本がおこなったこの戦争は、どんな戦争だったと思いますか。侵略戦争だったと思いますか。自衛戦争だったと思いますか。それとも、両方の面があると思いますか。

侵略戦争だった	全体＝三一％	七〇歳以上男性＝三七％
自衛戦争だった	全体＝　七％	七〇歳以上男性＝一四％
両方の面がある	全体＝四五％	七〇歳以上男性＝三九％
よく知らない	全体＝一五％	七〇歳以上男性＝　七％
その他・答えない	全体＝　二％	七〇歳以上男性＝　三％

侵略戦争か自衛戦争かという二者択一でなく、「両方の面がある」という第三の選択肢を提示しているので、二者択一方式の他の世論調査と比較すると、侵略戦争と考える人の割合が押し下げられていると考えられる。自衛戦争とは考えないが、侵略戦争と断定する、あるいは他国から断定されることにはためらいを感じる微妙な国民意識が読み取れる。そのことを確認した上で、七〇歳以上の男性をみてみると、自衛戦争と考える人の割合が全体の平均よりかなり高い半面、侵略戦争と考える人の割合も全体の平均をかなり上回っている。また、「侵略戦争だった」と「両方の面がある」の合計、つまり少なくとも侵略戦争の側面があったことを認める人の割合は全体、七〇歳以上ともに七六％に達している。ちなみに、七〇歳以上の女性の場合、「侵略戦争だった」＝一三％、「自衛戦争だった」＝一一％、「両方の面がある」＝三九％、「よく知らない」＝二三％、「その他・答えない」＝四％である。

次は、昭和天皇の戦争責任に関する質問である。

問　ここに掲げたそれぞれについて、戦争の責任がどの程度あると思いますか。まず、天皇についてはどうですか。

きわめて重い責任　全体＝一六％　七〇歳以上男性＝一一％
重い責任　全体＝二二％　七〇歳以上男性＝一二％
ある程度の責任　全体＝四二％　七〇歳以上男性＝四六％

責任はない　全体＝一五％　七〇歳以上男性＝二五％
その他・答えない　全体＝　五％　七〇歳以上男性＝　六％

全体を見ると、戦争責任はないと考える人の割合は、わずか一五％で、軽重の差を別にすれば、何らかの形で責任はあるとする人の割合は、八〇％にも達する。七〇歳以上の男性の場合、全体よりは天皇に対する批判的意識は希薄ではあるが、最も徹底した忠君愛国教育をうけたこの世代でさえ、何らかの形で責任があるとする人の割合が六九％に達している。

次は軍部の責任に関する質問である。

問　軍部についてはどうですか

きわめて重い責任　全体＝五四％　七〇歳以上男性＝六五％
重い責任　全体＝二四％　七〇歳以上男性＝二二％
ある程度の責任　全体＝一四％　七〇歳以上男性＝　八％
責任はない　全体＝　二％　七〇歳以上男性＝　一％
その他・答えない　全体＝　六％　七〇歳以上男性＝　四％

全体でも、「きわめて重い責任」と「重い責任」の合計は七八％、七〇歳以上の男性の場合では八七％であり、強固な反軍部感情の存在を確認することができる。

国民の責任に関する次の質問も興味深い。

問　国民についてはどうですか

きわめて重い責任	全体＝　四％	七〇歳以上男性＝　四％
重い責任	全体＝　八％	七〇歳以上男性＝　六％
ある程度の責任	全体＝三九％	七〇歳以上男性＝三八％
責任はない	全体＝四三％	七〇歳以上男性＝四八％
その他・答えない	全体＝　六％	七〇歳以上男性＝　三％

全体と七〇歳以上の世代の間で、ほとんど差がみられないことにまず驚かされる。一般的には当事者が自己の戦争責任を認めることには、大きな困難が伴うと考えられるからだ。しかし、「きわめて重い責任」と「重い責任」の合計が全体で一二％、七〇歳以上の男性で一〇％に止まる一方で、「責任はない」とする人が全体で四三％、七〇歳以上の男性で四八％に達するなど、国民＝被害者という認識が強いという事実は否定できない。とはいえ、「きわめて重い責任」、「重い責任」、「ある程度の責任」の合計が全体で五一％、七〇歳以上の男性で四八％に達していることに注目するならば、国民自身の戦争協力の問題に対する内省的で批判的な意識が戦中派の中にもかなり存在すると位置付けることもできるだろう。

その次は、A級戦犯問題に関しての質問である。

問　靖国神社についてうかがいます。靖国神社には、一般の戦死者とともに、A級戦犯の東条英機元首相らも、まつられています。あなたは、このことについて抵抗を感じますか。抵抗を感じませんか。

抵抗を感じる　全体＝三一％　七〇歳以上男性＝四六％
抵抗を感じない　全体＝六三％　七〇歳以上男性＝四六％
その他・答えない　全体＝　六％　七〇歳以上男性＝　八％

ここでは、七〇歳以上の男性で「抵抗を感じる」と答えた人の割合が目立って高いことが重要である。この世論調査を分析した木村彰一「東京裁判60年、戦争責任の空白と「自ら」の不在」(前掲『朝日総研リポート』)が指摘しているように、そこには、「戦争に動員され苦難を味わった世代の心情の反映」を見てとることができる。なお七〇歳以上の女性の場合、「抵抗を感じる」＝三二％、「抵抗を感じない」＝五七％、「その他・答えない」＝一一％である。

最後に採り上げる質問項目は、首相の靖国神社参拝問題である。

問　あなたは、日本の首相が靖国神社を参拝することに賛成ですか、反対ですか。

賛成　全体＝五〇％　七〇歳以上男性＝五〇％
反対　全体＝三一％　七〇歳以上男性＝三七％
その他・答えない　全体＝一九％　七〇歳以上男性＝一三％

一九八五年に中曽根首相が靖国神社を公式参拝した当時は、参拝支持が多数派だった。

ところが二〇〇一年から二〇〇六年にかけて、小泉首相が毎年参拝をくり返すことによって、日中関係、日韓関係が悪化するようになると、参拝反対派が増大し、状況によって乱高下をくり返しながらも、時には参拝反対派が参拝賛成派を上回ることもあるようになる。そして、もう一つの変化は、一九八五年当時は、高齢者が参拝を支持し、若者が参拝に反対するという構図があったのに対し、二〇〇一年以降はその構図が完全に崩壊するということである(吉田裕「台頭・噴出する若者の反中国感情」『論座』二〇〇五年三月号)。この世論調査でも、男性の場合、反対が一番多いのは六〇—六九歳と七〇歳以上の三七%である(女性の場合は、反対が一番多いのが四〇—四九歳の三二%、反対が一番少ないのは、七〇歳以上の二二%である)。

結局、元兵士という言葉で我々がイメージするほどには、彼らの歴史認識は保守的なものではなかった。むしろ、彼らは戦争の歴史をひきずり、それに向いあいながら、戦争の加害性・侵略性に対する認識を深めていった世代だった。同時に彼らは、彼らの戦友を「難死」に追いこんでいった日本の軍人を中心にした国家指導者に対する強い憤りを終始忘れることのなかった世代でもあった。

終章　経験を引き受けるということ

もはや問題は、沖縄戦体験者側の語り手側にあるのではなく、それを継承しようとする非体験者である私たちの聞き手側にあるのではないか、と思わざるをえないのだ。〔中略〕

私たち戦後世代は、非体験者であるにもかかわらず、沖縄に生まれ育ったという〈特権〉により、体験者の体験にもたれかかり、その視線で安易に語りすぎているのではないか、という自省の声が聞こえてくる。今、戦後世代の私たちに問われている緊要なことは、非体験者としての位置を自覚しながら、体験者との共同作業により沖縄戦の〈当事者性〉を、いかに獲得していくことができるかにある、と言えるのではなかろうか。

（屋嘉比収『沖縄戦、米軍占領史を学びなおす』世織書房、二〇〇九年）

戦後史の特質

元兵士たちが生きてきた戦後史を理解するためには、彼らが置かれた歴史的状況を理解する必要がある。この点について、議論を呼んだ加藤典洋の『敗戦後論』(講談社、一九九七年)は、次のように書いている。

この根源にある問題は、侵略戦争のために無意味に死んだ自国の死者を無意味なままに深く弔う仕方を、わたし達がいまだに見つけられないでいる、ということなのではないか。悪い戦争を戦った敗戦国というカテゴリーは実は世界戦争の出現以前は存在していない。第一次世界大戦でのドイツ、第二次世界大戦の日本、ドイツ、イタリア、ヴェトナム戦争のアメリカはいずれもその死者を義によっては弔えない形で戦争をはじめ、終えた敗戦国である。

ここには単純な事実誤認がある。国際紛争を解決するため武力行使に訴えること自体が違法となり(戦争違法観の成立)、侵略戦争を国際法上の犯罪とみなす「平和に対する罪」が定立されるのは、第二次世界大戦末期のことである(大沼保昭『戦争責任論序説』東京大学出版会、一九七五年)。また、イタリアは、一九四三年九月に連合国に無条件降伏した後、同年一〇月にはドイツに対して宣戦布告をして連合国の「共同参戦国」になっているため、敗戦国であると同時に戦勝国でもある(高橋進「イタリアにおける戦後秩序の形成と再編」『現代史研究』第四〇号、一九九四年)。したがって、加藤の指摘は、日本とドイツとは、「その死者を義によっては弔えない」戦争を戦った最初の国家であり、国民であるというように読み変える必要があるが、その指摘自体はきわめて重要な意味を持つ。死んでいった戦友たちの死の意味づけをめぐって、「帝国陸海軍」の元兵士たちが直面せざるを得なかった矛盾を端的に言いあてているからである。

もう一つは、戦後の日本社会では、戦争の全ての責任が軍部・「軍閥」に押しつけられる形での戦後処理がなされ、戦争や軍隊に対する強い忌避感が形成されたことである。また、その社会が戦争や軍隊に対してどのようなイメージを抱いているかを示すミリタリー・カルチャアの面では、「軍事的」なるものの徹底した脱色化が進んだ。自衛隊が、歩兵連隊を普通科連隊、砲兵連隊を特科連隊、戦術爆撃機を支援戦闘機などとよんでいるように。そうした形での問題の処理の仕方が、総体的には非軍事化された社会を生み出したのも事実だが、他方で元兵士たちの中に深いわだかまりを残したのも確かである。高橋三郎は、この点を次のように指摘している(高橋三郎「「記憶の貯蔵所」としての戦友会」『思想の科学』第一五九号、一九九二年)。

こうした戦後処理がそれなりの効果を持っていたことは否定できないが、その反面こうした処理のしかたが戦闘・軍隊体験者のひとりひとりの心理的レベルにおける問題解決に役立たなかったことも事実なのである。多くのひとたちは、自分たちの体験が納得しうるようなかたちで社会的に意味づけられなかったことにたいする「わりきれなさ」を心の底に沈殿させることになったのである。

そうした状況の下で、元兵士たちは、強いわだかまりに悩まされながら、彼らの戦後史を生きてきたのである。彼らがかかえこまなければならなかった固有の困難さを認識した上で、彼らの戦後史を理解する必要がある。

経験の持つ意味

それでは、元兵士たちの戦時・戦後経験は、どのような歴史的意味を持っていたのだろうか。第一には、戦争という行為の悲惨さや虚しさを身をもって体験し、「帝国陸海軍」がいかに非人間的・非合理な組織であり、深い亀裂の入った分断された組織、つまり構成員間の一体感が欠如した組織であったかを知りぬいた多数の人々がこの社会の中に存在していたこと自体の重みである。すなわち、自衛隊という軍事組織を持ちながらも、相対的には軍事化の進展度の低い社会を維持することができた重要な理由の一つは、兵士であった人々の軍隊観や戦争観が社会全体に浸透していったからだった。その意味では、非軍事化の問題は、一面では日本の戦後処理の結果ではあったが、他面では彼らの経験の反映でもあった。

例えば、一九九九年に中央調査社が実施した「戦没者の慰霊に関する意識調査」によれば、「慰霊にあたり大切だと思うこと」という質問に対する回答(複数回答)は、次の通りである(吉田裕「昭和天皇と戦争責任」網野善彦ほか編『岩波講座　天皇と王権を考える1』岩波書店、二〇〇二年)。

戦没者に感謝すること	三八・八%
世の中の平和を祈ること	五六・五%
過ちを繰り返さぬと誓うこと	五一・九%
戦没者の苦難をよく知ること	二〇・一%
戦没者の功績を讃えること	一一・三%
特にない　わからない	七・四%

全体として、平和に引きつけた形での慰霊が主流であり、「戦没者の功績を讃えること」という靖国神社的な顕彰観を持つ人はむしろ少数派であることがわかる。ちなみに、この世論調査では、七〇歳以上の世代でも、「戦没者の功績を讃えること」の割合は、一一・二%である。このことは、戦後の日本社会では、戦死者を英雄視するような文化は育たなかったことを示している。

第二には、彼らが過激なナショナリズムの温床とはならなかったことがあげられる。

一般的には敗戦国の元兵士は、そうした温床になりがちである。しかし、日本の場合、「帝国」意識の根深い残存や被害者意識の根深さ（ただし、これには本書で述べてきたように歴史的根拠がある）という問題をはらみながらも、むしろ、多くの元兵士が、戦争の侵略性や加害性への認識をしだいに深めていく方向に向った。それは、ためらいや逡巡、反発や反動を常に伴ってはいたが、「生きる」という実践を通じた壮大な「学習」の過程でもあった。

第三には、戦争や戦場の生々しい実態についての無数の記録や証言を、とりわけ下級兵士の記録や証言を彼らが残してくれたことがあげられる。前掲『共同研究　戦友会』が戦友会に集う人々の第三者に対する態度を、「あなたがたに、われわれの体験について話したい。しかし、あなたがたにはわからないだろう……」と定式化しているように、元兵士たちの中には、深い諦念やそれに基づく沈黙という選択肢が存在した。しかし、様々な葛藤の末に最終的には「語る」ことを決断した多くの人々が現れてきたのである。彼らの記録や証言は、戦争の歴史を民衆史の側からとらえ直してゆく上で、我々の貴重な共有財産である。

時代の終わりを前にして

しかし、彼らの時代も、今、終わろうとしている。そのことは、彼らの経験を我々自身がどのようにして引き受けるのかが問われる時代の始まりを意味している。「証言記録 兵士たちの戦争」のエグゼクティブ・プロデューサーである伊藤純は、この問題について次のように書いている(伊藤純「はじめに」前掲『証言記録 兵士たちの戦争④』)。

長い時間を経て初めて語られる事実――「証言記録」には、自らの戦争体験をある種の覚悟を持って伝えようとする方々が登場します。カメラの前で話してくださるまでには、さまざまな危惧や逡巡があることでしょう。〔中略〕そうした葛藤を乗り越え取材に応えてくださるのは、それぞれの方が自分の人生の意味を考え抜き、次の世代に体験を語り残すことに使命感を見いだしてくださったからと思います。そうした、覚悟を持った重い証言から何を受け取りどう活かしていけばいいのか、それが私たちに問われています。私たちは戦争体験者の方々に、いわば「試されている」のだと思います。

深い共鳴を覚える文章である。そして、亡くなった屋嘉比収《やかびおさむ》が前掲書『沖縄戦、米軍占領史を学びなおす』の中でつかった「学びなおす」という表現も同じことを意味していたのだと思う。

最後に、残された多くの課題の中から、一つだけ記しておくことにしたい。それは何百万人もの男たちが、それも階級や階層、学歴や経歴、ライフスタイルなどが全く異なる男たちが、軍隊という場で遭遇し、彼らの人生が交差したという経験が戦後の日本社会に何をもたらしたのか、という問題である。ライフ・ヒストリーの研究者であり、学徒兵(少尉)の経歴をもつ中野卓は、軍隊生活で学んだことについて、「もちろん戦闘技術をその間に叩き込まれたことは無駄死しないため役立ちました。それ以上に大切な学問だったことは、大学などでは不可能な農民や鉱夫や店員たちと一緒に短期間ながら同じ兵卒としての暮らしを体験できたことでした」と書いている(中野卓『「学徒出陣」前後ある従軍学生のみた戦争』新曜社、一九九二年)。

同じように、評論家の大牟羅良も、敗戦直後の手記、「私といふもの」の中で次のように書いている(「附録 大牟羅良資料」『岩手の保健』第一四巻、金沢文圃閣、二〇一〇年)。

私は軍隊生活に於て、凡ゆる階級の凡ゆる性格をもつ兵隊達と交渉を持つべく余儀なくされた。私はこれによつて、社会の人々の多くの面を知らされた様な気がするし、又、私自身が社会の色々の層により、如何に解釈され、如何に受入れられるかもおほよそ解つた様な気がする。

戦争の経験といえば、どうしても戦闘・戦場だけに目を向けがちだが、経験の総体を問うためには、この問題を避けて通ることはできないだろう。

あとがき

なかば自分史のような著作を書いてしまった、というのが執筆を終えた後の率直な感想である。思春期、青年期の私は、なぜあれほどまで無慈悲に、父親の世代の戦争体験に無関心、無関係を決めこんでいられたのだろうか。街頭には白衣の傷痍軍人の姿を見ることもあったし、私が育った町には、陸軍航空士官学校を米軍が接収した「ジョンソン基地」(現・航空自衛隊入間基地)があり、その中には、旧軍時代の建物が、いくつもそのままの形で残されていた。農家の家々に戦死者の遺影が飾られていたのも、その線香の香りとともに記憶に深く刻みこまれている。「戦争」はまだ、手をのばせば、とどく所に「転がっていた」のである。

父は理系の研究者であったため軍隊には行かずにすんだようだが、父親の世代の戦争体験に背を向けていたことに対する負い目のような感情が自分自身の中に芽ばえていったのは、父を亡くしてからのことのような気がする。本書がなかば自分史のような色あいを帯びているのは、ある種の自責の念がモチベーションになっているからだろう。今、ようやく本書を書き終えて、責めを果たしたような気がする。

とはいえ、こうした自責の念は、どうも私だけのものではないようだ。本書執筆のために様々な文献に目を通す中で、私と同世代の人間が同じように感じている事実に気がついた。職場の同世代の同僚からは、父親の戦争体験の聞き取りをしたいので、参考文献を紹介してほしいという相談を何度もうけた。戦後、六十数年もの歳月が流れて、私たちの世代は、ようやく父親の世代の戦争体験に向きあおうとしているのだろうか。

それにしても、職場内外の仕事の量が私のこなせる水準をはるかに超えてしまっているため、本書は、大げさに言えば、「息も絶え絶え」の状態で書いた。それでも何とか書きあげることができたのは、岩波書店編集部の吉田浩一氏の厳しい取り立てと協力のおかげである。また、「しょうけい館」の植野真澄さんにも貴重なアドバイスをいただいた。ともに記して感謝の意を表したい。

最後に言わずもがなの一言。現在、我が家の一人娘は、美大でアニメの勉強をしている(はずである)。どうも父親の本など一冊も読んだことはないようだが、読まないまでも、この本だけは手にとってほしいと思う(なんだか情けない)。この本はお父さんの半生記のようなものでもあるのだから。でも、五〇代半ばを過ぎてから、こんな本を書いている父親に、君にそんなことを求める資格はないかもしれないね。

二〇一一年六月

吉田　裕

岩波現代文庫版あとがき

二〇一一年に本書を刊行して以降、元兵士たちにどのような変化が生じたのだろうか。最大の変化は元兵士たちの急速な減少だろう。「平成30年度 恩給統計」で見てみると二〇一八年度の軍人恩給本人受給者数は一万四〇六七人である。二〇〇九年度のそれが一六万一九六〇人だから、大幅な減少である。二〇〇八年八月一五日付の『毎日新聞』は、軍務についていた期間が所定の年限を満たしていないため軍人恩給を受給できない兵士(恩給欠格者)の割合を本人受給者数の五二%と推定しているので(本書二頁)、この数字を二〇一八年度に当てはめてみると、本人受給者数プラス恩給欠格者の総数は二万一三八二人となる。元兵士で生存している人はすでに三万人を大きく割り込んでいると推定される。元兵士たちの存在自体が「歴史」となる日がすぐそこまで来ているのである。そうした時代状況を踏まえ、この「あとがき」では、本書の狙いやアプローチについて改めて簡単に説明してみたい。

第一には、戦前と戦後を一体のものとして把握するというアプローチである。元兵士たちが、戦時中にどのような体験をしたかということだけではなく、元兵士たちが自分自身の体験に戦後どのように向き合ってきたのかという問題を、社会全体の変化とも関連させながら明らかにしたいという問題意識である。これまでの研究で戦時中の問題に関しては自分なりの分析を重ねてきたので、本書では思い切って戦後史そのものに焦点を合わせたということになる。

その場合、問題となるのは体験と経験の区別である。本書執筆の時点では、私の中で両者の区別は曖昧だったが、ここでは成田龍一『「戦争経験」の戦後史』(岩波書店、二〇一〇年)の「個別に存在する戦争体験を、他者にも通ずる「戦争経験」とする」、あるいは「戦争の体験を経験化する」という把握に従うことにしたい。それでは「体験」と「経験」の区別と関連はどうなっているのだろうか。この点については、元軍医の佐藤衛の書いた『雲騰る海　海軍軍医太平洋戦争流離譚』(非売品、一九九〇年)が説得的である。ただ、佐藤は戦後日本社会に定着した「戦争体験」という言葉に引きずられている面があるので、「経験」を「体験」に、「体験」を「経験」に読み替えることにする。佐藤は次のように書いている。

過去を語るとき、経験と言い或いは体験と言う。経験と体験はどう違うのか。経験とは、「実際に見たり聞いたり行ったりすること、それによって得た知識技能」のことであり、体験とは「経験したあらゆる真実と、それに対して生じたところの、我々の全精神の反応」を意味する。換言すると経験は自己成長しないが、体験は経験より出発し帰結を求めて思索しつづけ変容する。経験は具体的・固定的・編年的であるが、体験は各人の性格・生活信条・経歴により多様であり、しかも過去・現在から未来へ或いは未来から逆に過去へと、流動的であり絶えず変化する。だから戦争体験も、開戦時の生活・思想・戦争観により、戦争参加の態様により、更に戦後の生き方・思索・成長により、各人各様であると同時に、各人の中でも変容しつづける。だから私の戦争体験も、それを書きつづる私の視点と時点と問題意識により、いくら書いても終る時はないのである。

もう一つの問題意識は、矛盾した言い方になるが、元兵士たちの体験や経験に寄り添いながらも、冷静な観察者として一歩距離を置くという姿勢である。一九三一年生まれの藤井忠俊が書いた『兵たちの戦争――手紙・日記・体験記を読み解く』(朝日新聞社、二〇〇〇年。朝日文庫、二〇一九年)は兵士論のいわば古典だが、藤井は同書を常に兵士たちの傍らに寄り添うような形で書いている。兵士たちの生と死に関して、「やりきれなさと悲しさ」、「やるせない気持ち」、「やはりあわれ」、「歯ぎしりするほどの哀れさ」といった表現が繰り返し出てくるのはそのことをよく示している。藤井の姿勢は極めて印象的だが、率直に言って藤井ほどの強い感情移入は私にはできない。しかし、その一方で、一九二二年生まれで中隊長として中国戦線を転戦した藤原彰が書いた次の文章には深い共感を感じる。

戦死よりも戦病死の方が多い。それが一局面の特殊な状況でなく、戦場の全体にわたって発生したことが、この戦争の特徴であり、そこに何よりも日本軍の特質をみることができる。悲惨な死を強いられた若者たちの無念さを思い、大量餓死をもたらした日本軍の責任と特質を明らかにして、そのことを歴史に残したい。大量餓死は人為的なもので、その責任は明瞭である。そのことを死者に代わって告発したい。それが本書の目的である(藤原彰『餓死した英霊たち』青木書店、二〇〇一年。ちくま学芸文庫、二〇一八年)。

こうした両義的な意識は、私が戦後生まれ——それも戦後早い時期の——であることに関係しているだろう。村上登司文《としふみ》「戦争体験を第4世代(次世代)に語り継ぐ平和教育の考察」(『広島平和科学』第四〇号、二〇一八年)が提示した戦争体験による世代の分類モデルによれば、私は「戦争体験第2世代」(生まれは一九四六—七五年)に属している。村上によれば、「親たちの世代(第1世代)が戦争について語らなくても、親や親族と日常を共有する中で、家庭や地域社会で戦争体験の記憶が引き継がれていった」世代である。一言補足すれば、戦前の義務教育を受けた親たちの世代との間には、深い文化的断層が横たわる世代でもある。そうした両義性が本書の中には色濃く表れていると思う。

以上のような問題意識に基づいて書かれた本書が明らかにしたことはと言えば、元兵士たちは様々な葛藤を内に抱えながらも、軍事化の進展度が相対的にはより低い社会を形成する上で大きな役割を果たしたということになる。ただし、そこには加害者としての自己認識が希薄であるだけでなく、絶対平和主義的な文脈から戦争一般、軍隊一般を忌避する傾向が表れていたことも否定することができない。この点については、吉田純「現代日本におけるミリタリー・カルチャーの計量的分析」(『社会システム研究』第一九号、二〇一六年)が、戦後日本社会におけるミリタリー・カルチャー研究の動向とも関連させながら次のように指摘している。なお、吉田純は、私の研究、『日本人の戦争観――戦後史のなかの変容』(岩波書店、一九九五年。岩波現代文庫、二〇〇五年)も、このミリタリー・カルチャー研究の中に位置づけている。

それらは、戦争体験の意味を戦後日本社会の文脈の中に位置づけながら再解釈するという姿勢において一貫している。それは、戦後日本の軍事文化が、戦前・戦中のそれへの徹底的な批判ないし否定から出発せざるをえなかったことの必然的帰結であった。この点が、海外諸国と異なる日本のミリタリー・カルチャーの固有性をもたらし、また〔中略〕、安全保障問題をめぐる言説空間において、戦争・軍事のリアリティがしばしば隠蔽・忌避されるという逆説をもたらした。

問題は、戦争体験世代が減少し、そして、おそらくは戦争体験の継承が一定程度にしか進んでいないという状況の下で、日本社会が大きな転換点をむかえていることである。戦後生まれが総人口の五〇％を超えたのは一九七六年のことだが（『朝日新聞』一九七七年五月二日付）、まだ戦争体験世代がかなりの割合で分厚く存在していた一九八一年から一九八二年にかけて実施された国際調査を見てみると、日本は軍隊（自衛隊）に対する信頼度が目立って低い国であることがわかる（「非常に信頼する」と「かなり信頼する」の合計は全体の三六・二％）。それが一九九九年から二〇〇〇年にかけて実施された国際調査では、両者の合計は六一・五％にまで上昇している。「非常に信頼する」と答えた人の割合がアメリカ、イギリスなどと比べるとかなり低いとはいえ、明らかな変化を読み取ることができる（前掲『日本人の戦争観』）。この変化の要因の一つは、体験によって「戦争や軍隊はもうこりごりだ」という意識を身につけていた世代の減少だろう。ちなみに総務省統計局の人口推計によれば（二〇一八年一〇月現在）、体験に基づく戦争の直接の記憶を有していると考えられる世代（敗戦時に小学校低学年以上の世代を想定）が総人口に占める割合は、約九％に過ぎない。私たちは、元兵士たちの体験や経験をどのように継承するのかが厳しく問われる時代を生きているのである。

本書刊行後に、私は『日本軍兵士――アジア・太平洋戦争の現実』（中公新書、二〇一七年）を書いている。この本では、若い世代に読んでもらうことを強く意識して、戦争が兵士の「心と身体」をどのように蝕んだのかという問題を重視した。その理由は、「心と身体」は自分自身の問題に置き換えやすいと考えたからである。例えば、アジア・太平洋戦争期の日本軍兵士の負担量は体重の五〇%を超えていた。負担量とは武器、弾薬、各種の装具など、兵士が担うものの総重量である。この分析には、あなたは自分の体重の五〇%を超える重量のものを担いながら歩くことができますか、というメッセージを込めたつもりである。

今から考えると、本書でも、この「心と身体」の問題をもっと重視すべきだったと思う。それは、負傷による障害、治癒しない疾病、病気の後遺症、戦争によるPTSDなど、戦争が兵士たちの「心と身体」に刻み付けた傷跡の問題である。その場合、傷跡というのは「心と身体」に及ぼした影響という意味に、つまり広義に解釈すべきだろう。

最近、孝壽聡《こうじゅさとし》監督の映像作品「水筒と飯盒――ビルマ戦線　戦場の記憶」(二〇〇五年)を見る機会があった。インパール作戦から生還した五人の元兵士たちの語りを、何の解説もなしにひたすら撮り続けた作品だが、元兵士たちがゲートルを手際よく巻き上げていくシーンがとりわけ印象的である。ゲートルを巻くところを見るのは初めての体験だが、六〇年近くたっても体が巻き方を覚えていることに驚かされた。言葉を変えていえば、戦争や軍隊が一人一人の人間の身体を律していくという問題、身体の規律化を目の当たりにしたことになる。

大牟羅良《おおむらりょう》は、早くからこの身体の規律化という問題の重要さに気が付いていたように思われる。大牟羅は、『ものいわぬ農民』(岩波新書、一九五八年)の中で、「軍隊にいった者同士が、道路を話っコしながら歩いても、いつのまにか、ザックザックと足並みがそろって、その気持ちはいいもんでがんすじぇ」という農民の発言を記録している。この問題は、私の「戦後史の中の兵士」研究の今後の課題としたい。

二〇二〇年一月

吉田　裕

解　説

大串潤児

十五年戦争を「兵士」として経験をした人びとが近いうちにいなくなるという「一つの時代」の終わりに際会して、私たちは「兵士」経験者が存在した（あるいは存在している）「時代」をどのように捉えればよいのだろうか。本書は「兵士たちの戦後史」をはじめて通史として叙述したものとなる。そこでは、兵士を経験した人びとの敗戦直後の社会からの剝離感、高度成長の時代における意識のゆらぎ、一九七〇年代からの「加害」の記憶の自己切開と意識の転換、兵士・遺家族の意識の新しい変化と経験を引き継ぐことが課題となった現在までの時間、などが豊富な素材を通して説得的に描かれる。

本書における吉田氏の視点は、①「戦争の時代」を理解するためには「戦後史」の理解が不可欠であること、②その際、戦争経験を考えるにあたっては、個人はある経験をその後の「生き方」とあわせて生きるという人間理解の方法的視座が不可欠であること、③戦後日本の「政治文化」を考えるには、生き残った兵士たちの生の営みとの相関という問題設定が不可欠であること、である。その問題提起は明快であり、かつ鋭く深い。

そして戦後日本社会において「兵士たちの戦時・戦後経験」が持った意義について、

①戦争、そして軍隊がいかに非人間的なものであったのかを知り抜いた人びとが社会に多数存在したこと、②彼らがナショナリズムの温床とはならず、さまざまな曲折を経ながらも戦争の侵略性や加害性の認識を深めて行ったこと、③彼らによって多くの記録が残されたこと、とまとめられている。吉田氏が示す「その時代を生きなければならなかった兵士たちの内面」(本書八頁)への共感と違和の両義性をいかに自覚的に叙述するか、という姿勢は、本書を「歴史を生きた当事者と歴史家(――それは広い意味での歴史を考えようとする人びとと言い換えてもよいけれど)」との緊張に満ちた対話の実践ともしていると思う。描かれた「歴史」はもとより、実践された「対話」の試みとしても読まれるべき作品であろう。

また、たて軸に『日本の軍隊――兵士たちの近代史』(岩波新書、二〇〇二年)、『日本軍兵士――アジア・太平洋戦争の現実』(中公新書、二〇一七年)を、よこ軸に『日本人の戦争観――戦後史のなかの変容』(岩波書店、一九九五年。岩波現代文庫、二〇〇五年)といった他の仕事をおいて読むことで、本書の持つ意義がより広い視野のなかで明確になるだろう。兵士が戦った戦場の実相や、所属した軍隊のありよう、また彼らの生きた「戦後という社会」そのものを描いたこれらの仕事とあわせて、「兵士」という人間存在のあり方を軸とした政治・社会・民衆意識をふくみこんだ優れて体系的な「全体史」がダイナミックに描かれることになるからである。

さらに本書によって次のようなことがらが詳細に明らかとなったと思う。つまり、Ⓐ復員・引揚や恩給制度・援護行政など兵士の戦後史をめぐる制度史・政治史の基礎過程、Ⓑ靖国神社や戦没者慰霊・叙勲などの、「戦死」や軍隊経験の位置づけをめぐる思想・民衆意識を規定する基本的な枠組み、Ⓒ高橋三郎などの先駆的業績をのぞけばほとんど検討されてこなかった戦友会や、旧軍人が形成する社会運動・社会集団の諸相（およびその社会における担い手―下士官層）、Ⓓ論壇や書き手をふくんだ兵士をめぐる大衆文化の諸相や勤労倫理などに特徴的な意識形態である。

個人が自らの経験をある社会観にもとづきながら「総括」するのは容易なことではないだろう。兵士としての戦争経験の「総括」もまた同様である。そこには文化的・社会的な意味付与や、戦死の位置づけをめぐる象徴行為・政治的儀礼の力学が作用する。

こうした外的枠組みに一方では強く影響されつつ、同時に自らの経験を問い返し続けることにより戦争経験が形象化されるとすれば、そのプロセスの解明には、Ⓐの制度的諸問題を基礎としつつ（それは生活のありようそのものを直接に制約する）、Ⓑの諸儀礼が示す思想的象徴行為の論理の力学と、Ⓓとして示される社会的な通念や、「戦争の記憶」の消去をせまる社会変動（本書一二六頁）、Ⓒの経験を語りうる場であると同時に多様かつかけがえのない戦争経験をある意識形態に固定化させてしまう集団の力学（かつての上下関係や加害事実告白への規制力など)の相関を課題として考えることが必要であろう。「兵士たちの戦後史」はこうした諸力学の相互作用として示されるものである。戦後日本の独特な「政治文化」も元兵士個人の思想・行動に集約された諸力学を基礎にしていた。本書は、通史的な叙述にとどまらず、こうした方法的な問題を考える豊富な素材が提示されているのである。

また本書の特徴として次の点を指摘できよう。それは、経験者の作品(「記録」「小説」を含む)を単に「史料」としてのみ扱うのではなく、彼らの体験からしぼり出された「問題」の叙述として扱う方法的態度である。例えば本書に引用された伊藤桂一『草の海――戦旅断層』(文化出版局、一九七〇年)の次の叙述(本書四一―四二頁)には、吉田氏も早くから注目している。

私たち天皇の軍隊は、終戦後、武器なき集団として故国に帰ってきた。迎えてくれたのは、それぞれの近親者だけである。私たちは民族自身のために戦ったのではなかったから、祖国の土を踏んでも、祖国の人たちと、まるで他人同士のようにしか接しなかった。前線も銃後も、ともに惨憺たる目にあいながら、互いにいたわり合うことさえしなかったのである。

同じく伊藤の表現である「兵隊相互の連帯感」(本書一五四頁)もまたそうした「問題史

的記録」(小説という形式をとった)であり、さらに「身体化された記憶」(本書一二五頁)をあざやかに描き出した竹森一男『兵士の現代史』(時事通信社、一九七三年)や、兵士の表現史をめぐる野呂邦暢の提起、などもそうした「記録」と考えてよいと思う。

本書は、こうした記録を単なる叙述の一部(史料)として処理するにとどまっていない。兵士としての戦争経験者の叙述を、彼ら自身がつき出した「問題」として受けとめ、多様な記録のなかでその「問題」の広がりと深さ、と同時にその限界性、確からしさをも検証しつつ、改めて「歴史のなかの問題」として叙述する。小野茂正編『あゝ戦友 支那事変 台湾歩兵第一連隊第一中隊戦史』(一九八二年)や歩兵第百三十五連隊関係三部作など特色ある部隊史の読解にもそうした方法は貫かれている。吉田氏の仕事に多様なかたちで引照される多様かつ雑多な史料は、そういうものとして読むことが求められている。こうした記録の活用は、家永三郎『太平洋戦争(第二版)』(岩波書店、一九八六年。岩波現代文庫、二〇〇二年)や黒羽清隆『十五年戦争史序説』(三省堂、一九七九年)といった作品系列に連なるものともいえよう。ただ、家永や黒羽の仕事が「戦争／戦場の表現史」であるとすれば、吉田氏の仕事は「戦争／戦争の問題(表現)史」とでもいうべき差異はあると思う。

それでは、吉田氏の仕事を踏まえて私たちが向きあうべき問題は何だろうか。

第一に、本書を読む際に、読者がどのような「兵士の戦争経験」を念頭に置くか、という問題である。あたりまえのことだが、将官・下士官・兵卒などの軍隊内の地位により、また十五年戦争の時期により、彼らが経験した「戦場」は多様である。それに伴って彼らの戦後の生き方も多様性をもつ。本書は戦争による「死」のあり方への意識を戦後経験の重要な要素として位置づけている。本書で叙述される事例には、アジア・太平洋戦争期(一九四一年以降)のものが多い。もちろん、吉田氏自身は中国戦線の重要性を自覚しているけれど、私たちの中国戦線認識(そこでの経験の認識)はいまだに希薄であることも事実であろう。

例えば桑島節郎『華北戦記』(図書出版社、一九七八年)が描く占領地駐屯の「厳格さ」と討伐戦の「解放感」として表現される「占領と討伐戦」「燼滅作戦・粛正作戦」の経験がどのように戦後に還流してくるのか、という問題は重要であろう。吉田氏も指摘する「侵略の生活史」とでもいうべき領域・問題群にかかわるからだ(吉田「解説 本多勝一・長沼節夫『天皇の軍隊』」『現代歴史学と軍事史研究』校倉書房、二〇一二年)。「戦争/戦場経験」の多様なあり方を念頭において「兵士たちの戦後史」を読むべきだろう。

第二に、植民地出身兵の「兵士としての戦後史」をどのように叙述に組み込んでいくのか、という問題である。朝鮮人・台湾人、ウィルタなど大日本帝国の「兵士」として動員された異民族の経験史それ自体を描くことは、すでに膨大な蓄積があり、また本書の課題を大きく超えてしまうであろう（吉田氏自身も今後の課題としている―本書一三六頁）。ただ、朝鮮人元兵士の平和運動、同じく傷痍軍人の活動（大島渚のドキュメンタリー映像「忘れられた皇軍」一九六三年）、靖国神社をめぐる国際問題、戦後補償運動など、その時々の植民地出身兵士の主張に、本書に登場する人びとや集団がどのような態度を示していたのか（無視・無関心を含む―本書二〇四頁）、より突っ込んだ叙述が求められるだろう（慰霊碑建立事業への台湾出身元兵士の参加など―本書一三五頁）。

例えば、長野県下伊那郡松尾村のある中学校教師は、朝鮮戦争の際に生徒たちと平和運動を行っているが、彼は戦時中、植民地朝鮮で教育係として「黄」という朝鮮人を指導していた。その過程のなかで日本の植民地支配の誤りに気付いたことが彼の平和運動実践の一つの基礎となっている（藤本三郎『教師――よわ虫三郎奮戦記』郷土出版社、二〇〇〇年／拙稿「「逆コース」初期の村政と民主主義」同時代史学会編『占領とデモクラシーの同時代史』日本経済評論社、二〇〇四年）。異民族との出逢いとしての戦争経験がどのように戦後史における生き方の基礎となっているかはまだまだ個別の検討が必要なテーマだろう。また、沖縄出身兵士の「戦後史」も別途、独自の分析視角をもって書かれる必要がある。

第三に、第一の論点ともかかわるが、暴力の経験がどのように「兵士たちの戦後史」を形づくっていったのか、という問題である。私的制裁へのわだかまりが戦友会への忌避感の底流にあるとの指摘がある（本書一九〇頁）。加えて、戦後においても「暴力」は集団の秩序のためにふるわれる場合があって(例えば体罰など)、こうした観点から戦後社会にどのように「暴力」が内在しているか、という問題に視野を広げることができる。

しかし、何よりも「性」「性暴力」の問題としての検討が必要だろう。例えば、長野県南佐久郡にある佐久病院が戦後直後に実施した青年男女(八七一人)の「性欲」に関する調査では、「結婚前の性交経験　あり」と答えた青年男性のうち多かったのは「酒飲んで、売笑婦のもと」と「出征中のできごと」であった。戦後の青年たちのなかに、無視できない「出征帰り」＝性交経験者がいたのである。男女合同組織となり、地域の民主化を担った戦後の青年団の男性がどのような「戦争と性の経験」を持っていたのか、そのことの意味は何なのか、という問題の検討が深刻な課題になっていると思う(若月俊一『愛情のモラル　新しい性科学のために』白馬書房、一九四九年／同『健康な村』岩波書店、一九五三年／拙稿「若月俊一」『ひとびとの精神史(1)』岩波書店、二〇一五年)。また兵士たちがどのような「家庭」を築いていったのかについても、「兵士」の「妻たち」の立場から、DVの問題なども含めてさらに叙述されるべきだろう(本書一一〇―一一一頁など)。

第四に、「兵士たちの戦後史」をより〈個〉に即して検討し、そこに生まれる思想的可能性のふれはばを検証することである。例えば自身の戦場での加害経験を語り続けた近藤一の証言活動と、それに寄り添い、彼を支える人びとのありようである(内海愛子・石田米子・加藤修弘編『ある日本兵の二つの戦場――近藤一の終わらない戦争』社会評論社、二〇〇五年)。とくに「加害経験」の表現、思想化には、そうしたことばをうけとめ耳を傾けようとする人びととの「対話の共同体(性)」が不可欠となる。本書に描かれた元兵士の社会運動・社会集団のなかに、あるいはそれとは別に「対話の共同体」を構想してみることも重要だろう。それは兵士たちの多様な社会的立場同士の「出逢い」の意味をより広い歴史的文脈で考える課題にも通じ、さらには戦争経験の継承、という問題と無関係ではないはずである。「中帰連」の運動などもそうした視点で見ることもできよう(吉田「なぜ日本は「侵略」という認識をもたなかったのか」岡部牧夫ほか編『中国侵略の証言者たち』岩波新書、二〇一〇年)。

「社会と自己を再考する」という課題は、戦争経験論の重要な一側面だろう。このような問題設定は、「言語論的転回後」と言われる現代歴史学の最先端からも提起されている(リン・ハント『グローバル時代の歴史学』長谷川貴彦訳、岩波書店、二〇一六年)。「私は完全な「戦無派」世代の研究者であり、あの戦争の直接の当事者ではない。しかし、私はあの戦争とは全く無縁なところで、自己形成をとげたわけでは決してない」(本書七頁)という吉田氏の立場も、同じ問題と響き合っている。

第五に、「兵士たちの戦後史」を世界史的に位置づける試みである。ドイツ国防軍兵士の戦後史と、再軍備/非ナチ化の政治文化との関連、アメリカ軍兵士の戦後経験(こちらは「勝った戦争」であるが)、など思いつくかぎりでもいくつかの比較軸が思い浮かぶ。

ベトナム戦争帰還兵の分析からＰＴＳＤ―トラウマ研究という新しい学問分野が生まれたように、世界史のなかに「日本軍兵士たちの戦後史」を位置づけることは、新しい学問領域を創造する重要な作業ともなるだろう。

周知のように吉田氏は「軍事史研究」を牽引してきた代表的な歴史家である。氏は、軍隊非経験者の組みたてる軍事史として、「戦争の現実」の具体的で豊かな認識（「日本軍が中国でなにをしたかという戦争史の第一義的な問題」という江口圭一の提起）の形成を課題とし、最近では「戦場」研究の必要性を主張している（前掲『現代歴史学と軍事史研究』）。また、吉田氏が切り拓いていった、軍隊経験そして戦争がどのように「こころ」と「からだ」をもった「個としての人間」に影響を与えるのか、という問題領域は、軍隊の社会史的検討と本書のような「戦争／戦場経験の戦後史」として結実した。

ただ私にとって忘れられないのは次のような指摘である。「われわれの歴史認識は、現在の日本人および日本国家の現実の行動を律する強固な規範となりえているのだろうか。仮に日本人自身がそのように考えているとしても、それは日本の侵略の対象となったアジア諸国の批判に耐えられる認識なのであろうか」（吉田『天皇の軍隊と南京事件』青木書店、一九八六年）。同時に吉田氏は、侵略戦争の実態を書かせまいとする教科書検定を批判する文脈で、「民衆が侵略戦争の歴史のなかから負の教訓を学びとり、それを積極的な規範として新たな自己形成をなしうるという歴史認識」の重要性を語っていた(同)。

こうした歴史認識——戦争と平和をめぐる思想的規範が、民衆自身のなかから生まれてくる条件とは何だろうか。平和意識の規範化と戦争経験論の思想化における民衆自身の自己形成能力への信頼。同時に兵士の戦争経験を受けとめてきたのか、という「自責の念」(本書「あとがき」)。吉田氏の歴史学の根には、こうした想いがあるのではなかろうか。その想いそのものを受けとめることが出来るかどうかは、私たちの営みにかかっている。

(おおぐし・じゅんじ　日本現代史)

『兵士たちの戦後史』は二〇一一年七月、「シリーズ戦争の経験を問う」の一冊として岩波書店より刊行された。岩波現代文庫への収録に際し、書名を『兵士たちの戦後史――戦後日本社会を支えた人びと』とした。

マ 行

ヤ 行

ラ 行

ワ 行

ナ 行

ハ 行

タ 行

サ 行

索　引

兵士たちの戦後史――戦後日本社会を支えた人びと

2020年2月14日　第1刷発行
2023年11月15日　第4刷発行

著　者　吉田《よしだ》　裕《ゆたか》

発行者　坂本政謙

発行所　株式会社　岩波書店
〒101-8002 東京都千代田区一ツ橋2-5-5

案内 03-5210-4000　営業部 03-5210-4111
https://www.iwanami.co.jp/

印刷・精興社　製本・中永製本

ISBN 978-4-00-600416-3　Printed in Japan

岩波現代文庫創刊二〇年に際して

二一世紀が始まってからすでに二〇年が経とうとしています。この間のグローバル化の急激な進行は世界のあり方を大きく変えました。世界規模で経済や情報の結びつきが強まるとともに、国境を越えた人の移動は日常の光景となり、今やどこに住んでいても、私たちの暮らしは世界中の様々な出来事と無関係ではいられません。しかし、グローバル化の中で否応なくもたらされる「他者」との出会いや交流は、新たな文化や価値観だけではなく、摩擦や衝突、そしてしばしば憎悪までをも生み出しています。グローバル化にともなう副作用は、その恩恵を遥かにこえていると言わざるを得ません。

今私たちに求められているのは、国内、国外にかかわらず、異なる歴史や経験、文化を持つ「他者」と向き合い、よりよい関係を結び直してゆくための想像力、構想力ではないでしょうか。

新世紀の到来を目前にした二〇〇〇年一月に創刊された岩波現代文庫は、この二〇年を通して、哲学や歴史、経済、自然科学から、小説やエッセイ、ルポルタージュにいたるまで幅広いジャンルの書目を刊行してきました。一〇〇〇点を超える書目には、人類が直面してきた様々な課題と、試行錯誤の営みが刻まれています。読書を通した過去の「他者」との出会いから得られる知識や経験は、私たちがよりよい社会を作り上げてゆくために大きな示唆を与えてくれるはずです。

一冊の本が世界を変える大きな力を持つことを信じ、岩波現代文庫はこれからもさらなるラインナップの充実をめざしてゆきます。

（二〇二〇年一月）